El Zorrito de la Capilla de Guadalupe

Aventuras, travesuras y tragedias
de mi niñez en mi lindo pueblo

Por

Liborio Gutiérrez Martín del Campo
Y
José Gutiérrez González

© 2024 por Liborio Gutiérrez Martín del Campo y José Gutiérrez González
Todos los derechos reservados. Ninguna parte de esta publicación puede ser reproducida, distribuida o transmitida en ninguna forma o por ningún medio, incluyendo fotocopias, grabaciones, u otros métodos electrónicos o mecánicos, sin el permiso previo por escrito del editor, excepto en el caso de citas breves incorporadas en reseñas críticas y ciertos otros usos no comerciales permitidos por la ley de derechos de autor.

Hardback
ISBN# 978-1-963925-02-9

Paperback
ISBN# 978-0-9884025-6-0

E-book
ISBN# 978-1-963925-10-4

Publicado por New Trends Press,
P.O. Box 3001, Beaumont, Ca 92223
www.NewTrendsPress.Com

Datos de Catalogación-en-Publicación de la Biblioteca del Congreso
Nombres: Gutiérrez Martín del Campo, Liborio, autor. | Gutiérrez González, José, autor.
Título: El Zorrito de La Capilla de Guadalupe/Aventuras, travesuras y tragedias de mi niñez en mi lindo Pueblo / por Liborio Gutiérrez Martín del Campo y José Gutiérrez González.
Descripción: Primera Edición. | Beaumont: New Trends Press, 2024.

Temas: LCSH: Los Altos de Jalisco, México – Historia. | Los Altos de Jalisco, México – Biografía. | BISAC: HISTORIA / América Latina / México. | BIOGRAFÍA y AUTOBIOGRAFÍA / Memorias Personales.
Diseño de portada por José Gutiérrez González
Diseño del interior por José Gutiérrez González
Impreso en EE.UU.

Contenido

Prólogo 3
Capítulo 1 6
Capítulo 2 20
Capítulo 3 25
Capítulo 4 36
Capítulo 5 54
Capítulo 6 58
Capítulo 7 73
Capítulo 8 86
Capítulo 9 109
Capítulo 10 118
Capítulo 11 133
Capítulo 12 147
Capítulo 13 159
Capítulo 14 177
Capítulo 15 193
Capítulo 16 199
Capítulo 17 204
Capítulo 18 224
Capítulo 19 249
Capítulo 20 263
Capítulo 21 274
Capítulo 22 287
Capítulo 23 296
Capítulo 24 309
Capítulo 25 319
Capítulo 26 324
Capítulo 27 336

¡ADVERTENCIA!

No todo lo escrito aquí es cien por ciento verificado, pero es una recolección de memorias de individuos, libros leídos y otras formas de información colectada entre la vida de

Liborio Gutiérrez Martín Del Campo

Mi lindo pueblo, La Capilla de Guadalupe

"¡Ay Jalisco no te rajes!"

Por

Jorge Negrete

PRÓLOGO

En la vida nos encontramos con desafíos que, en cierto modo, pasan a ser parte de nuestra misión. Esto precisamente me ha sucedido con mi padre y su deseo de plasmar por escrito sus memorias, vivencias y conocimiento, y que de este modo pasen a la posteridad incluso cuando él ya no se encontrase entre nosotros.

Y es este precisamente el contexto que a mí como su hijo me tiene aquí con la responsabilidad y privilegio de darle continuidad a su sueño.

Mi padre, Liborio Gutiérrez, escribió esta autobiografía donde nos cuenta sus aventuras, travesuras y tragedias de su niñez en su lindo pueblo, van a disfrutar de muchas anécdotas que involucran a las familias de las que escribió en la precuela titulada "Por el amor de Dios" donde hizo un detallado recorrido por la historia de México desde la colonización hasta mediados del siglo pasado, con foco principalmente en Los Altos de Jalisco y una bonita exposición de los ranchos de las familias, los linajes, costumbres y tradiciones de las personas que ocupaban estos lugares.

Hay dos puntos que quiero resaltar de la composición y estructura de esta obra.

Primero, mi padre no alcanzó a publicarla y terminarla en vida, tenía el trabajo muy adelantado y me queda claro que ya estaba en una fase de recopilar sus apuntes, pulirlos y darle estructura al libro.

Segundo, al momento de ocuparme de estas tareas me encontré con mucha información fascinante y me ha resultado muy complicado hacer síntesis o eliminar algunos apuntes como seguro lo habría hecho mi padre.

Es por esto que me importa que se comprenda que si hay unos párrafos similares es porque los he transcrito incluso de manuscritos en sus agendas y he querido hacerlo respetando su voz y si en un apunte había un matiz o punto de vista lo conservé para que en verdad sea él con sus vivencias y memorias quien nos hablase a través de este libro.

Dejo a continuación una introducción escrita por mi padre que he decido añadirla a este prólogo.

José Gutiérrez

Palabras de mi padre, Liborio Gutiérrez

Este libro despliega una historia contada en tres segmentos cruciales. Es una historia que he cuidadosamente construido utilizando la indagación y la razón para descubrir verdades que alguna vez estuvieron ocultas y desconocidas. El más destacado de estos tres segmentos es el tercero, una representación de mi vida personal que comienza desde la inocencia de mis primeros años y culmina en el umbral de mi decimosexto año. Dentro de estas páginas yacen muchas revelaciones que ofrecen profundos conocimientos sobre mi viaje en la vida. Estas palabras escritas ahora inmortalizan esos momentos queridos, porque a medida que el tiempo inexorablemente avanza y mi salud declina, ya no podré expresarlos yo mismo.

Mi dedicatoria sincera

En la escritura de la historia de mi vida, junto con la colonización histórica de mis antepasados en y alrededor de la zona montañosa de Los Altos de Jalisco, México, estoy profundamente agradecido a mi hijo, José, la luz guía en este viaje. Su aliento y creencia en el valor de mis experiencias han sido fundamentales para dar vida a estas páginas.

José, más que un hijo, has sido mi ancla e inspiración. Tu apoyo e intuición han transformado el desafío de escribir esta autobiografía en un camino de autodescubrimiento y compartir. Este libro es un legado que juntos hemos creado, un reflejo de nuestro viaje compartido y el perdurable vínculo.

A José le debo la realización de un sueño largamente acariciado de inmortalizar mis historias. José, tu paciencia y comprensión inquebrantables, incluso en mis momentos imperfectos, significan mucho para mí. Mi esperanza es que este libro nos acerque a todos a la comprensión y la paz.

Por encima de todo, extiendo mi más profundo agradecimiento a todos mis hijos. En momentos en los que he titubeado, mostrando menos calidez y amabilidad de la que merecían, su paciencia y comprensión han permanecido inquebrantables. Las profundidades de mi amor por todos ustedes sólo son conocidas por lo divino. A medida que reflexiono sobre el mosaico de mi vida, coloreado por triunfos y errores, mi corazón anhela vuestro perdón. Mi ferviente esperanza es que esta comprensión allane mi camino hacia la paz eterna con Dios.

Con todo mi amor y profundo agradecimiento,

Liborio Gutiérrez

CAPÍTULO 1

El matrimonio de mis padres y mi nacimiento: Un capítulo de vida

La unión de mis padres en enero de 1933 fue un acontecimiento bendecido tanto por el gobierno como por la divinidad. Su matrimonio marcó el comienzo de una nueva familia, nacida del amor y de la esperanza en tiempos inciertos.

Mi hermano mayor, el primer hijo de mis padres, nació en la gran casa de mi abuela, donde vivieron al principio. A pesar de las dificultades económicas que enfrentaba mi padre, su amor por mi madre era inquebrantable. Él, un mestizo de tez morena y bien parecido, y ella, de una belleza que cautivaba su corazón, demostraron que el amor trasciende todas las barreras, incluso las económicas.

En agosto de 1934, llegó mi turno de nacer, un viernes 3, bajo un cielo lluvioso y tormentoso. Siempre he creído que mi afinidad por la lluvia proviene de aquel día lluvioso en que vine al mundo. En aquel tiempo, los campos de mi región de Los Altos estaban verdes y florecientes, un escenario perfecto para el nacimiento.

Mi familia vivía entonces en la casa de mi abuela, rodeada de pastos donde el ganado y los animales pastaban y engordaban. Era una época en la que la naturaleza mostraba su esplendor, y el dicho popular "mete ese animal al potrero de Agostadero" resonaba con verdad. Hacia finales de agosto, el paisaje se transformaba en un tapiz de flores y verdor, un testimonio de la vida que continuaba su curso a pesar de las adversidades.

Jardín gigante de floricultura: Un nacimiento entre colores y aromas

Nací en un lugar que parecía un jardín gigante, rebosante de belleza y vida. Este jardín estaba adornado con flores de todos los colores imaginables, creando un espectáculo visual impresionante. Entre ellas, la Santa María destacaba con su singular flor amarilla, y el mirasol, semejante a un girasol, pero de menor tamaño, adornaba el paisaje con sus flores rosadas y moradas.

La "cinco llagas", una pequeña flor de color mamey, era notable tanto por su belleza como por sus propiedades medicinales, siendo incluso utilizada en tratamientos contra tumores cerebrales. La variedad de la "maravilla", con sus múltiples colores, añadía un toque vibrante al entorno. Sin olvidar la galiza, una flor azul intensa con forma de campana y rayas blancas en el centro, y la "mano de león", una planta con flores blancas que se asemejaba a la Santa María, pero de mayor tamaño.

En este jardín, los botánicos encontrarían un paraíso, una fuente inagotable de plantas para sus colecciones y estudios medicinales. Fue en este escenario, el día 3 de agosto, cuando comencé mi vida, en medio de campos coloridos y perfumados, donde incluso el aire parecía cambiar, impregnándose de un aroma dulce y fresco, propio de aquella región.

Recuerdos de infancia: Los primeros años de vida

Ahora me dispongo a narrar los primeros hechos de mi vida, aquellos que marcaron mi infancia. Recién nacido, mi hermano Miguel ya tenía un año y medio. En aquel entonces, enfrentó un problema de salud: unas molestas lombrices en su estómago. Mientras recibía tratamiento, lo mantenían en su cuna para evitar que jugara en el suelo, pues se decía que el contacto con la tierra podía agravar su condición.

Curiosamente, Miguel desarrolló una inusual afición: rasguñaba la pared de adobe junto a su cuna y comía el adobe, algo que mi madre descubrió más tarde con sorpresa. Por mi parte, siendo apenas un bebé de uno o dos meses, desarrollé un absceso en el cuello, del tamaño de una pelota de tenis. La gente se compadecía de mí, augurando lo peor, pero finalmente, sólo quedó una cicatriz como recuerdo de aquel incidente.

Estos relatos me los contó mi madre, pues yo era demasiado pequeño para recordarlos. Sin embargo, hay un recuerdo vívido que permanece en mi memoria desde que tenía entre seis y ocho meses, una experiencia tan peculiar que muchos dudan de su veracidad, tal vez debido a mi corta edad en aquel momento.

Recuerdos y Cambios: Desde mi Infancia hasta la Partida de mi Padre "Esos Momentos Inolvidables"

Cuando era apenas un niño que aún no caminaba, mi madre tenía una ayudante, una señorita que era mi cuidadora y solía llevarme a su casa, ubicada en las afueras del pueblo. Recuerdo un día en particular, ella me llevó en brazos, y en el camino se encontró con un joven que, presumo, era su novio. Deseando estar a solas con él, me dejó sentado en el umbral de una ventana. Allí, sintiendo celos y abandono, comencé a llorar. Aunque la ventana no era alta, para mí se sentía como una montaña insuperable. Este es uno de mis primeros recuerdos, vivido cuando tenía menos de un año.

No mucho después, mi padre tomó una decisión crucial para nuestro futuro. A pesar de que trabajaba como sastre, las ganancias eran mínimas y no ofrecían una perspectiva de futuro alentadora. En la gran casa de mi abuela, madre de mi padre, nunca nos faltó comida ni un lugar donde dormir. Pero buscando mejores oportunidades, mi padre decidió emigrar a Estados Unidos. Se fue con su hermana, mi tía Chole, quien vivía en South San Francisco, California, junto con su esposo, a quien llamábamos tío José. Él era Navarro, perteneciente a la misma estirpe familiar que nosotros. Vivían felices con su hijo Reynaldo y tres hijas con las que Dios les había bendecido.

Mi padre pasó allí varios años, enfrentando nuevas experiencias y desafíos, en una tierra que le era ajena pero prometedora.

Mi niñez y los días en el Rancho El Cinco: Camino al Rancho El Cinco

Cuando tenía alrededor de dos años, mi padre ya llevaba un año trabajando en Estados Unidos, a menudo referido como "el Norte" en México. Durante este tiempo, mi madre había cambiado de residencia. Gracias a los dólares que mi padre enviaba ella pudo mudarse a su propia casa, buscando independencia, aunque siempre mantuvo una relación afectuosa con mi abuela, su suegra.

A esa edad, ya caminaba con seguridad. Recuerdo especialmente los viajes al Rancho El Cinco. Mi madre, junto con varias parientes y amigas, solían visitar el rancho, especialmente en tiempos de cosecha de maíz. En el rancho, propiedad de una pariente llamada Idelisa, se reunían para preparar platillos tradicionales como elotes (maíz cocido), tamales y tostachos, una especie de tortilla gruesa.

Idelisa, prima de mi abuela María y prima segunda de mi otra abuela, mamá de Chitos, era conocida por su hospitalidad y por el delicioso queso fresco que preparaba. Este queso, combinado con los elotes y los tamales recién hechos, creaba un sabor excepcionalmente delicioso y único.

Mi niñez: Aventuras en el Rancho El Cinco

Desde mi más tierna infancia, el Rancho El Cinco ejercía sobre mí una fascinación especial. Lo que más me atraía de aquel lugar eran los frondosos fresnos y el amplio corral, donde se albergaban entre

30 y 40 pilas redondas de cantera para alimentar a las numerosas vacas. Observar el ordeño y recibir un jarro de leche espumosa de manos de los hijos de la tía Idelisa, quienes también participaban en estas labores, era para mí un auténtico deleite. Eran personas bondadosas y trabajadoras.

Una vez, mi madre me dejó en casa con mi hermano Miguel, bajo el cuidado de una joven que trabajaba con ella. Aprovechando un descuido, escapé hacia el Rancho El Cinco. Cruzando el potrero conocido como El Llanito, cerca de La Capilla y rumbo al norte, me encontré con una valla de piedra. Aunque parecía muy alta, logré encontrar un punto más bajo para saltar. Sin embargo, en lugar de dirigirme hacia el Rancho El Cinco, inadvertidamente tomé el camino hacia el Cerro Gordo. En esa travesía, las hierbas y el paisaje me parecían enormes, como si estuviera adentrándome en un mundo desconocido.

Perdido entre la naturaleza: Una aventura infantil

En mi temprana niñez, me adentré en una aventura que quedó grabada en mi memoria. Los mirasoles, altos y majestuosos, se erguían a mi alrededor, superando el metro de altura. Me fascinaba la variedad de hierbas y plantas del campo, aunque también albergaban telarañas con arañas pintadas de amarillo y negro. A pesar de saber que estas arañas no eran venenosas, su presencia me causaba un gran pánico.

Mientras me internaba más y más entre las hierbas, las arañas se adherían a mi ropa. Intentaba quitármelas frenéticamente, con miedo y desconcierto. Pronto, mi aventura se convirtió en desorientación. El miedo me invadió por completo, y el pensamiento de encontrar a mi madre desapareció de mi mente. Me encontraba perdido, sin saber el camino de regreso a casa.

Caminé por lo que pareció una eternidad, y comenzaba a oscurecer. Me dirigía sin saberlo hacia la falda del Cerro Gordo, cerca del Rancho San Antonio, un lugar que habían mencionado muchas veces. Afortunadamente, no me encontré con ninguna víbora de cascabel, peligrosamente abundantes en esa zona.

Cuando ya estaba casi vencido por el miedo y la incertidumbre, escuché voces en la distancia. Eran una señora y su nieta, quienes regresaban del cerro después de cortar leña. Necesitaban leña para su cocina, donde la señora se dedicaba a hacer tortillas.

Mi ángel guardián: Doña Paulina y el encuentro inesperado: El rescate de un niño perdido

En aquellos días, mi madre, conocida cariñosamente como Paulina, era famosa por su delicioso atole blanco, hecho con masa de maíz. Pero la historia que quiero contarles hoy es otra, un episodio de mi niñez que me marcó profundamente.

Perdido y desorientado, me encontré con doña Paulina y su hija. Al verme solo, dejaron su carga de leña y comenzaron a buscarme ayuda. Doña Paulina se acercó y, con una mezcla de preocupación y ternura, me preguntó por mi madre. Incapaz de hablar y aún confundido, no supe qué responder.

Doña Paulina, convertida en mi ángel guardián, decidió llevarme a la plaza del pueblo. Allí, nos sentamos en una banca, esperando encontrar a alguien que me reconociera. Doña Paulina, consciente de mi vulnerabilidad, no quiso llevarme a su casa, pues desconocía mi procedencia.

La suerte estuvo de mi lado cuando un hombre llamado Santos se acercó. Reconociéndome de inmediato, exclamó: "¡Pero si es el niño de Cuca!". Doña Paulina le explicó cómo me encontró al pie del Cerro, perdido y asustado. Santos corrió a informar a mi madre, asegurando a doña Paulina que pronto se pondrían en contacto con ella para agradecerle su bondad y el tiempo dedicado a cuidarme.

La primera de muchas aventuras: Rescate y revelaciones

Esta historia, mi primera gran aventura, se ha quedado profundamente grabada en mi memoria, y nunca podré olvidarla.

Tenía apenas dos años cuando manifesté por primera vez mi espíritu aventurero, un rasgo que, creo, llevo en la sangre desde mis antepasados.

Todo comenzó cuando Santos llegó con mi madre, quien estaba visiblemente asustada, temiendo que me hubiera ocurrido algo grave, ya que no me encontraba por ningún lado. Santos le explicó dónde me encontraba y lo que había dicho doña Paulina. Mi madre, aliviada, se apresuró a llevar algo de dinero como agradecimiento a doña Paulina por cuidarme.

Desde ese incidente, he vivido innumerables aventuras. Siendo un niño intrépido y travieso, siempre me gustó desafiar el peligro. Afortunadamente, siempre he contado con la protección divina. En las páginas de este libro, intentaré compartir tantas aventuras como me sea posible, narrando las experiencias que han marcado mi vida.

En Guadalajara, con mi tía María M. del Campo, viví otro episodio inolvidable. Como diría mi tío, "ni se me olvidará", pues creo que fue una intervención celestial. Este suceso ocurrió antes de que mi padre regresara del Norte (Estados Unidos), tuve la oportunidad de pasar un tiempo en Guadalajara con una tía muy querida, María, hermana de mi madre. Tía María era una persona admirable: bondadosa, inteligente, y recién casada. Vivía en Guadalajara con su esposo, a quien cariñosamente llamábamos tío Gustavo Uribe, oriundo de Autlán de la Grana y proveniente de una distinguida familia.

Recuerdo con especial cariño una visita que tía María hizo a La Capilla. En aquella ocasión, vino sola y, al regresar, me llevó consigo. Yo, con mi espíritu aventurero y mi gusto por los nuevos lugares, estaba emocionado por el viaje. Este episodio ocurrió el mismo año en que me perdí y fui encontrado por doña Paulina.

La casa de mi tía en Guadalajara era amplia y acogedora. Las habitaciones, aunque separadas, estaban conectadas, careciendo de puertas. Dormíamos en dos camas en la misma habitación: una para ellos y otra para mí. Creo que tenía alrededor de tres años en ese entonces.

Una noche inquietante en casa de tía María: Mi Niñez en Guadalajara con tía María

Una noche, al apagar las luces para dormir, noté la ausencia de focos eléctricos, lo cual me pareció extraño, ya que por aquel tiempo la electricidad era común. En su lugar, usaban una lámpara de petróleo de excelente calidad, que iluminaba muy bien. Esa noche, al apagarse la luz para dormir, comenzó una experiencia en aquella casa de Guadalajara, propiedad de mi tía María, viví una experiencia nocturna que nunca olvidaré. Aquella noche, ya habían transcurrido varias horas desde que mis tíos y yo nos habíamos dormido. De repente, me desperté, sintiendo la presencia de alguien a mi lado. En la penumbra, pensé que tal vez fuera mi tío o mi tía, pero al observar bien, me di cuenta de que ellos seguían en su cama. Una débil claridad iluminaba la habitación, lo suficiente para confirmar que no había nadie más conmigo.

Asustado, comencé a gritar desesperadamente, lo que despertó a mis tíos. Mi tía, preocupada, se levantó para ver qué sucedía. Mi tío Gustavo encendió una vela, y entre los dos buscaron alrededor, incluso debajo de la cama, pensando que tal vez tenía fiebre o estaba sufriendo una pesadilla. Al comprobar que estaba bien, lograron calmarme y nos volvimos a dormir.

Sin embargo, más tarde esa noche, me desperté nuevamente. Esta vez, no vi a nadie en mi cama, pero al observar hacia la otra habitación, la que no tenía puerta, me pareció ver a dos personas vestidas con batas blancas largas. Daba la impresión de que estaban bloqueando a otras personas, impidiendo que se acercaran a mí. Esta inusual visión me dejó perplejo y aquella noche en casa de mi tía María fue una de las más inolvidables de mi infancia. Después de mi primer grito de miedo, mis tíos se despertaron y comenzaron a buscar en la habitación, pensando que quizás alguien había entrado. Sin embargo, no encontraron a nadie. Volvieron a dormir, pero poco después, una vez más, me vi obligado a despertarlos con mis gritos. Esta vez, dije haber visto figuras que se movían de una habitación a otra. Mis tíos, ya cansados, hicieron otra búsqueda exhaustiva, pero nuevamente, no había nadie más que nosotros.

Finalmente, logré calmarme y dejé que mis tíos descansaran. Esta experiencia nunca se borró de mi memoria. Siempre he creído que no fue una simple pesadilla, sino algo más, algo real. En mi corazón, siento que eran ángeles que vinieron esa noche para protegerme y defenderme, pues no estaba enfermo ni sufría de pesadillas en aquel momento.

En esa casa también vivía un primo de mi tío Gustavo, llamado Ángel, a quien todos llamábamos Angelito. Recuerdo vívidamente su triciclo, que me fascinaba. Tía María y tío Gustavo tenían una amplia casa donde vivían otras familias. Mi tío Gustavo tenía una bicicleta negra con parrilla, y una vez me llevó a dar un paseo en ella, un recuerdo que también atesoro profundamente.

Recuerdos de Guadalajara y el regreso de mi padre: Infancia en Guadalajara con tía María

En mi niñez, viví experiencias en Guadalajara que aún resuenan en mi memoria. Una vez, mi tío me llevó a un lugar con una pila cuadrada de cemento, usada para almacenar agua. En aquel momento, la pila estaba vacía. Recuerdo ver mucha gente alrededor, como si fuera un lugar de negocios donde todos trabajaban. Mi tío, al parecer, tenía que hablar con alguien y, por alguna razón que no entendí entonces, me dejó dentro de la pila vacía, pidiéndome que esperara allí. Esta anécdota, vivida cuando tenía alrededor de tres años, quedó grabada en mi mente.

El regreso de mi padre desde Estados Unidos a La Capilla

Tras mi regreso de Guadalajara, casi a la edad de tres años, mi padre todavía se encontraba en Estados Unidos. Durante su ausencia, mi madre decidió mudarse a una nueva casa, donde se sentía más feliz y cómoda en su propio espacio. Pasó más de un año en esta gran casa ubicada en la calle Guerrero, que aún se mantiene igual hoy en día, antes de que mi padre regresara del Norte. Esta casa, que una vez perteneció a Timo Alcalá, hoy difunto, era un lugar especial en nuestra familia y parte importante de mis recuerdos de infancia.

El esperado regreso de mi padre de Estados Unidos tuvo lugar cuando yo estaba a punto de cumplir cuatro años. Recuerdo que, al principio, me resistía a acercarme a él, pues mi memoria infantil apenas guardaba recuerdos de su figura. Sin embargo, con el tiempo, todo cambió. Mi padre nos trajo unos avioncitos de lámina que funcionaban a cuerda; hacían piruetas en el aire y lanzaban chispas de luz. Uno era para mí y el otro para mi hermano Miguel. Aquellos juguetes me parecieron fascinantes y, a través de ellos, mi padre comenzó a ganarse mi afecto. Pronto empecé a quererlo profundamente; él siempre fue muy bueno con nosotros y con todos los que le rodeaban.

También recuerdo los animalitos de barro negro que modelaba, una habilidad artística que había desarrollado en la laguna. Era un verdadero artista en la creación de figuras de caballos, cerdos, toros, gallinas y gallos. Su destreza era notable; todo lo que intentaba hacer, lo lograba con una habilidad excepcional. Aunque yo intenté imitar sus obras cuando crecí, nunca conseguí igualar su maestría.

Amigos de mi padre, como Santiago Padilla, me contaron que en su juventud había creado pequeños ejércitos de caballos con soldados federales, inspirándose en las escenas que había visto durante la Revolución Cristera. Incluso modelaba carretas con bueyes, un reflejo de su pasión y talento.

Recuerdos de una infancia movida: Cambio de casa y nacimiento de un hermano

Reflexionando sobre mi infancia, recuerdo claramente cuando mi padre, tras haber regresado de los Estados Unidos hace aproximadamente un año, decidió que nos mudásemos a otra casa. Esta nueva residencia pertenecía a un primo hermano suyo, Felipe

González, quien amablemente nos facilitó el traslado. Los recuerdos de aquel tiempo en la casa de mi tío Felipe son variados y vívidos.

Uno de los eventos más significativos que me marcó durante nuestra estancia en esa casa fue el nacimiento de mi tercer hermano, un acontecimiento que sucedió el 25 de mayo de 1939. Recuerdo ese día con una claridad sorprendente: era una tarde típica, jugando en la banqueta frente a la casa de mi tío Felipe, cuando una señora entró en nuestra casa. Mi abuela Chita, la madre de mi madre que vivía con nosotros en aquel entonces, salió poco después y me dijo que siguiera jugando afuera porque estaban muy ocupadas.

Pasó un buen rato, y cuando estaba a punto de volver a casa, una borrasca de tierra extremadamente fuerte empezó a azotar. El viento levantaba pequeñas piedras con tal fuerza que me resultaba incómodo y difícil avanzar.

El nacimiento de mi segundo hermano en medio de una borrasca

El día del nacimiento de mi segundo hermano quedó grabado en mi memoria por un acontecimiento inusual. Mientras una borrasca de tierra azotaba con fuerza, me vi obligado a sentarme pegado a la puerta de la casa de mi tío, protegiéndome la cara con mis brazos y piernas. El viento era tan intenso que tuve que buscar refugio en aquel rincón, esperando pacientemente a que pasara.

Cuando finalmente se calmó el viento, estaba a punto de regresar a casa cuando vi salir a una señora, quien resultó ser la partera que había asistido a mi madre en el parto. Fue un nacimiento marcado por la casualidad y la fuerza de la naturaleza, algo que siempre me ha hecho reflexionar.

Curiosamente, mi propio nacimiento también estuvo rodeado de circunstancias singulares, y siempre he pensado que estas coincidencias, mi nacimiento en medio de una tempestad y el de mi hermano Rubén durante una fuerte borrasca, podrían tener algún significado especial, quizás un mensaje o una señal divina.

Lamentablemente, aquel parto fue traumático debido a errores cometidos por la partera, lo que tuvo consecuencias duraderas para mi madre. Estos acontecimientos han permanecido conmigo, marcando profundamente mi visión de la vida y la interconexión con los elementos de la naturaleza.

Los camiones rojos de Los Altos y la iniciativa de mi padre: Mi niñez y la Sociedad Cooperativa Limitada

En aquellos años, se formó una importante línea de transporte conocida como "Camiones Rojos de Los Altos S.C.L.", una Sociedad Cooperativa Limitada. Las oficinas generales se ubicaron en Tepatitlán, pero contaba con socios de toda la región de Los Altos de Jalisco. Cada socio iniciaba su participación aportando 200 pesos, una suma considerable para aquel tiempo.

Mi padre tuvo la oportunidad de unirse a esta iniciativa gracias a la ayuda de mi tía Chole, quien vivía en California. Para reunir los 200 pesos necesarios, mi padre tuvo que tomar una decisión difícil: vender un valioso reloj que había traído del norte para mi madre. Recuerdo que se lo vendió a un doctor, al que cariñosamente llamábamos "el Pildorista" por su preferencia por la homeopatía, a cambio de casi la cantidad necesaria para completar la inversión.

Tras reunir el dinero, mi padre comenzó a trabajar como cobrador para la cooperativa, ya que no sabía manejar y nunca llegó a aprenderlo. Inició en la ruta de Guadalajara a Arandas, pasando a menudo por La Capilla. A veces, era asignado a otras rutas, ya que la cooperativa tenía varios destinos, incluyendo ciudades importantes como León, Guanajuato, Irapuato y San Luis Potosí.

Por las tardes, solíamos verlo mientras reparaba los camiones en la cochera de nuestra casa. Era un trabajo duro, pero lo hacía con dedicación. Además, le encantaba contarnos historias sobre sus viajes y experiencias en la carretera. Estas historias alimentaban nuestra imaginación y añadían un toque de aventura a nuestras vidas.

En aquellos días, los Camiones Rojos de la cooperativa ampliaron su ruta, llegando a lugares como Lagos de Moreno, Aguascalientes, Zacatecas, Durango, y hasta Torreón. Siempre me llenaba de alegría cuando pasaban por mi pueblo, especialmente porque seguían la ruta hacia Arandas y pasaban por la calle donde vivíamos. A menudo, mientras jugábamos en la calle, el conductor nos lanzaba monedas de cobre de veinte centavos, y de níquel blanco de diez y cinco centavos, además de las de catorce y veinticuatro centavos.

Nuestra casa tenía una habitación amplia donde dormíamos y otra donde guardábamos el carbón para cocinar, pues en esos tiempos aún no usábamos estufas de petróleo. El patio de la casa era grande y alargado, y al fondo había una pila cuadrada grande de cemento. Recuerdo una foto en la que aparecemos los tres hermanos: Rubén, sosteniendo un gato blanco, apenas tenía un año.

También vivía con nosotros mi abuela, a quien llamábamos mamá Hita. Un día, mientras intentaba encender un cigarrillo, su largo cabello suelto accidentalmente se prendió fuego. Ese incidente se quedó grabado en mi memoria por el susto que nos llevamos.

Salvando a mamá Hita y el ascenso en la Cooperativa de los Camiones de Los Altos: Un susto y un nuevo comienzo

En uno de esos días, mi abuela, a quien cariñosamente llamábamos mamá Hita, sufrió un accidente en nuestra casa. Mientras intentaba encender un cigarrillo, su pelo, largo y suelto, se prendió fuego. Las llamas se levantaron rápidamente, y ella, paralizada por el miedo, no sabía qué hacer. Mi madre, presa del pánico, sólo podía gritar pidiendo ayuda. Por suerte, mi padre, al darse cuenta de la gravedad de la situación, reaccionó con rapidez. Tomó una cobija y la colocó sobre la cabeza de mi abuela para sofocar el fuego, salvándose de sufrir quemaduras graves.

CAPÍTULO 2

La nueva casa en la calle Guerrero

Gracias al éxito que mi padre estaba teniendo en la Cooperativa Camiones de los Altos, su situación económica mejoró notablemente. Pronto, logró reunir suficiente dinero para comprar una nueva casa, ubicada en la misma cuadra de nuestra anterior residencia en la calle Guerrero, pero más cerca de la plaza. Era una casa bastante grande, aunque no tanto como la de mi abuela María. Mi padre la remodeló cuidadosamente, añadiendo un toque distintivo: una ventana en forma de arco con una barandilla única en el frente, y sobre ella, colocó una virgen de azulejos, rodeada de ladrillos decorativos.

La casa que mi padre compró y remodeló se convirtió en un símbolo de nuestro crecimiento familiar. En la fachada, destacaba una imagen de la Virgen de Guadalupe que adquirió en San Pedro Tlaquepaque. Esta representación, aún presente en nuestros días, le daba un carácter especial a nuestro hogar. Realizada entre 1940 y 1942, la casa todavía se mantiene en pie, conservando su encanto original.

El interior de la casa era igualmente impresionante. Mi padre decoró la cocina con cazuelas y jarros colgados en las paredes del comedor, creando un ambiente acogedor y tradicional. Había un patio de tamaño regular donde construyó un portal que daba acceso a la sala, cerca de la ventana adornada con un barandal exquisito. Desde allí se pasaba al zaguán y a los dos dormitorios.

En la parte trasera, había un corral grande y, más allá, otro aún más amplio con varias caballerizas. Un segundo piso servía para almacenar rastrojo (hojas secas de maíz), utilizado para alimentar a los animales. Había otro corral que llegaba hasta otra calle, donde se criaban cerdos.

Vivimos en esta casa, ubicada en la calle Vicente Guerrero N.º 20, hasta 1949, cuando mi padre se trasladó a San Luis Potosí. Fue en esta casa donde, a mis siete años, empecé a comprender mejor la vida cotidiana y las realidades materiales de la gente en mi pueblo.

La otra casa y mis años de niñez

A esa edad, continuaba siendo un niño lleno de energía y curiosidad, fascinado por descubrir cada rincón de mi pueblo y sus alrededores. El campo me atraía especialmente, y a veces me aventuraba solo en él, a pesar de los riesgos. Siempre llevaba conmigo mi resortera, que para mí era una herramienta de defensa contra cualquier peligro, especialmente los perros que intentaban morderme. Me gustaría compartir con ustedes cómo era mi pueblo y su vida cotidiana desde la perspectiva de un niño aventurero.

Mis exploraciones y aventuras empezaron realmente alrededor de los 8 años. A pesar de ser todavía un niño, ya empezaba a formar una idea más clara de mi entorno. El corazón de mi pueblo era la plaza y la iglesia. La plaza, con su gran belleza y extensión, era un lugar fascinante para mí. Medía aproximadamente 75 x 75 metros, aunque en mi memoria infantil parecía aún más grandiosa. Como en muchas plazas de México, era el centro de la vida comunitaria y un espacio que, con el tiempo, aprendí a apreciar aún más.

Recuerdos de la plaza en mi infancia: La plaza en mi pueblo y mi infancia

La plaza de mi pueblo, aunque hoy día ha sido remodelada y decorada, siempre tendrá un lugar especial en mis recuerdos de infancia. Ahora luce un quiosco muy bonito y bancas de cemento, pero en los años 40, cuando yo era un niño, tenía un encanto diferente.

En aquellos tiempos, la plaza estaba repleta de árboles frondosos: tabachines, álamos de la India y algunos fresnos. El canto de los pájaros llenaba el aire durante todo el día. Recuerdo especialmente los tordos, pájaros negros que en bandadas llegaban a descansar por las tardes. Por la noche, sus gorjeos eran tan intensos que parecía una sinfonía natural. Al día siguiente, el suelo debajo de los árboles amanecía cubierto de sus excrementos, lo que significaba mucho trabajo para los barrenderos.

Las bancas eran de madera, sostenidas con soportes de hierro fundido. El suelo estaba cubierto de ladrillo rojo, y había bancas alrededor de toda la plaza y también en torno a los cuatro jardines. Estos jardines estaban llenos de plantas y flores de diferentes tipos, creando un paisaje colorido y atractivo. En el centro de los jardines, se alzaba un quiosco típico y muy pintoresco, ubicado cerca del borde de la plaza.

El corazón de mi pueblo: La plaza y la iglesia en mis años de infancia

La plaza de mi pueblo, centro de nuestra vida comunitaria, y la imponente iglesia, son recuerdos vívidos de mi niñez. En aquellos días, la plaza estaba adornada con bancas y postes de luz de hierro fundido, rematados con dragones de hierro en las puntas, cada uno sosteniendo una bombilla ovalada, como si fueran pequeñas pelotas luminosas. El empedrado de las calles era lo típico de la época, agregando un toque rústico y tradicional al paisaje urbano.

Por la calle del poniente, la plaza se embellecía con unos portales majestuosos, elementos arquitectónicos que le daban un carácter distintivo. Aunque hoy la plaza ha sido modernizada y luce más bonita, lamentablemente, cuenta con menos árboles. Parece que en el pueblo ha prevalecido la preferencia por cortar los árboles, evitando así el trabajo de limpiar las hojas y los desechos dejados por los pájaros.

En el lado oriente de la plaza se encuentra la gran iglesia, el edificio más importante y emblemático del pueblo. Ahora convertida en una gran parroquia, su construcción fue iniciada en las décadas de 1850 y 1860 por Felipe Navarro, mi tatarabuelo. Esta iglesia reemplazó la pequeña capilla que había sido edificada por su abuelo, don Antonio de Aceves, también conocido como "el Amo Aceves".

Mi pueblo y mi infancia - La iglesia y las canteras

Frente a la iglesia, en la calle a la derecha, por muchos años se acumularon grandes piezas de cantera. Era común escuchar el constante ruido del martillo y el cincel, herramientas utilizadas por los artesanos en la elaboración de piezas para decorar la iglesia. Las cargas de cantera provenían principalmente de San Miguel el Alto, conocido por su excelente calidad de piedra, ideal para labrar.

Uno de los proyectos más destacados en los que se utilizó esta cantera fue la construcción de la nueva torre de la iglesia. Durante años, el templo sólo contó con una torre, la cual tenía dos pisos y culminaba con una cúpula abovedada, rematada con una cruz de hierro. La habilidad y destreza con la que fue erigida esta estructura es admirable; sólo Dios sabe cómo lograron subir esa imponente cruz a la cima.

Los herreros de aquel tiempo realizaron un trabajo exquisito en la punta de la cruz, donde instalaron un pararrayos. Este dispositivo se conectaba a una varilla que se extendía hasta el suelo, asegurando que cualquier rayo que impactara fuera conducido hacia un depósito subterráneo. Así, la iglesia no sólo se embellecía con la cantera y el arte de los herreros, sino que también incorporaba elementos de protección y seguridad.

CAPÍTULO 3

Las campanas de la iglesia en mi infancia

En mi niñez, una de las imágenes más emblemáticas de mi pueblo era la torre del campanario de la iglesia. Recuerdo que, para protegerla de los rayos, se colocaba una varilla de pararrayos, curiosamente adornada con un montón de pelos recogidos de las peluquerías. Es cierto, porque en varias ocasiones presencié cómo los rayos caían sobre la cruz y descendían por la varilla, un espectáculo visible desde la casa de mi abuela, situada enfrente de la iglesia.

En esa torre había una campana gigantesca y hermosa, hecha de cobre, cuyo sonido único se escuchaba a muchos kilómetros a la redonda. Siempre me pregunté cómo lograron subirla, dado su impresionante peso. Acompañaban a esta campaña principal otras tres más pequeñas. Lamentablemente, la campana grande empezó a rajarse y tuvo que ser reemplazada por otra más pequeña, que, aunque nueva, nunca igualó el sonido especial de la original. Se decía que la primera campana contenía un poco de plata, lo que le daba ese timbre distintivo.

De las otras tres campanas, una en particular, la más pequeña, se utilizaba tanto en conjunto con las demás como de manera individual para ocasiones especiales. Por ejemplo, cuando alguien fallecía, esta campana emitía un sonido especial, tocando a intervalos lentos y solemnes, marcando los momentos de agonía y duelo.

Mi infancia y los sonidos de la campanita chica

Durante mi niñez, una campanita pequeña en la iglesia de mi pueblo tenía un papel especial en la vida comunitaria. Cada sonido que emitía tenía un significado particular. Por ejemplo, en momentos de agonía, su sonido único anunciaba que alguien estaba cerca de partir de este mundo. Este sonido especial nos alertaba de que el sacerdote, acompañado por acólitos, estaba en camino para administrar los Santos Óleos y otorgar el último sacramento al moribundo. Vestidos con sus ropas litúrgicas y llevando la Eucaristía, su paso era seguido con un profundo respeto por los feligreses, quienes se arrodillaban al cruzarse con ellos, en señal de reverencia hacia Cristo y el agonizante.

Otro uso importante de la campanita era durante los bautizos. En estos eventos, la campana sonaba de manera rápida y alegre, marcando el fin de la ceremonia. Era una señal para que los padrinos lanzaran monedas al aire en celebración. Recuerdo que, como niño, al escuchar el tintineo de la campanita, corríamos emocionados hacia la iglesia, sabiendo que era el momento de recoger las monedas lanzadas, una tradición que nos llenaba de alegría y expectación.

Las tradiciones del bautizo y Santos, el campanero

Un recuerdo vivaz de mi infancia era la tradición del "Bolo" en los bautizos. Cada vez que el padrino lanzaba un puñado de monedas, los niños del pueblo formábamos un alboroto, gritando con emoción: "¡Bolo, bolo, y más bolo!", una expresión local para describir la alegría de recoger las monedas lanzadas tras el bautizo de un niño. Esta costumbre era un momento de gran expectación y alegría para todos nosotros.

Otro personaje emblemático de mi infancia era Santos, el campanero de la iglesia. Aunque no recuerdo su apellido, su humildad y serenidad eran bien conocidas por todos. Nunca lo vi enojado, ni escuché de alguien que se hubiera enojado alguna vez. Santos, a quien todos estimábamos por su bondad, debía tener unos 85 años o más en aquel entonces. Empezó su labor como campanero a la temprana edad de 10 años, ayudando al campanero anterior. Este había reemplazado a otro campanero que, tras muchos años de servicio, sufrió un trágico accidente al resbalarse de la torre de la campana, cayendo al suelo y falleciendo instantáneamente.

Cuando el campanero anterior murió, Santos, que ya llevaba 10 años ayudándolo, asumió el rol. Hasta la fecha que escribo estas memorias, continuaba siendo el fiel campanero, manteniendo viva una tradición esencial en la vida de nuestro pueblo.

Santos, el incansable campanero de mi pueblo

Es sorprendente pero cierto: Santos, el campanero de nuestro pueblo, ha dedicado más de 70 años a su labor, tañendo las campanas día tras día. Desde la primera misa a las 5 de la mañana hasta el rosario a las 8 de la noche, su compromiso nunca flaquea. Los domingos y días festivos, con sus múltiples misas y celebraciones especiales, él está siempre presente, asegurando que las campanas suenen en cada ocasión.

Aunque generalmente cuenta con ayuda voluntaria, como la mía en aquellos tiempos en que me encantaba subir al campanario para asistirle, Santos parece tener una energía y un espíritu inagotables. Sube la escalera de caracol hasta lo alto de la torre varias veces al día, sin mostrar nunca cansancio y siempre con una sonrisa en el rostro.

Cada vez que visito mi pueblo, hago una parada para pasar a ver a Santos en el campanario. Disfruto mucho nuestras charlas, en las que me comparte historias de nuestros antepasados. La alegría es mutua en estos encuentros. Realmente nos estimamos mucho. A veces me pregunto cómo nadie ha reconocido este récord mundial, pues dudo que exista otra persona con una trayectoria tan extensa y dedicada como la de Santos en el arte de tocar las campanas.

El legado de Santos, el campanero, y La Capilla de Guadalupe

Santos, el campanero de nuestro pueblo, es una figura que, creo, merece un reconocimiento extraordinario. Es difícil imaginar en el mundo a otro campanero con una trayectoria similar, dedicando más de 70 años a tocar las campanas cada día. Lo más admirable es que aún en su avanzada edad, sube la escalera de caracol con la misma agilidad que cuando era joven. Quizás sea un milagro concedido por Dios, y si es así, es posible que incluso a los 100 años, Santos continúe con su labor. En mi opinión, Santos es merecedor de un monumento por su dedicación y humildad.

La capilla de Guadalupe y el templo

Volviendo al tema del templo, recuerdo que originalmente tenía sólo una torre. El baptisterio, situado en el interior, justo a la derecha de la entrada principal, estaba resguardado por un cancel en la puerta. En medio del piso, se encontraba una pila de cantera utilizada para el bautismo. El atrio exterior era amplio, con un suelo de ladrillo, y en el lado oriente se ubicaba la residencia del padre Morales con un portal. Tras el fallecimiento del cura, la casa quedó abandonada.

Mi infancia y los recuerdos del templo y la casa del padre Morales: El templo en mis años de niñez

La casa del padre Morales, ubicada cerca del templo, es otro recuerdo marcado de mi infancia. Durante muchos años, estuvo casi en ruinas. Los sucesores del padre no optaron por vivir en ella, dejándola sin las reparaciones necesarias. Aún hoy, parece esperar a alguien que se anime a restaurarla. Recuerdo que cuando vivía el padre Morales, la casa lucía muy bonita.

En mi niñez, participaba en una banda musical junto con mi hermano Miguel y mi abuelo Tacho. Una de nuestras tradiciones era ir a darle las mañanitas al padre en su cumpleaños. Tras tocar algunas piezas musicales, él nos invitaba a pasar al comedor. Nos acomodamos en una mesa larga, donde cabíamos todos. El comedor, con sus paredes blancas, nos hacía sentir muy cómodos. Recuerdo con cariño el chocolate caliente y los deliciosos panes picón hechos por Gregorio Trujillo que nos servían.

También disfrutamos una pequeña copa de rompope que saboreamos con gusto. El padre Morales era muy querido por la gente del pueblo. Cuando llegábamos con la banda, no éramos los únicos; su atrio se llenaba de personas que venían a disfrutar las mañanitas. Todos cantaban y celebraban juntos en un ambiente de alegría y comunidad.

La casa del padre, el caracol y el coro

En mi infancia, la casa del padre Morales era un punto de reunión y celebración para todos en el pueblo. Tras las mañanitas, el padre agradeció a los presentes, ofreciendo a cada uno una copita de rompope. Nosotros, los miembros de la banda, teníamos el privilegio de ser invitados al interior de la casa, aunque nunca supe exactamente por qué. Mientras tanto, los que se quedaban afuera seguían la fiesta, algunos con guitarras y otros con acordeones, cantando y compartiendo por un buen rato más.

El padre Morales era muy apreciado en el pueblo por su incansable trabajo en la iglesia. Era un cura activo, caritativo, comprensivo e inteligente. Su casa, de varios pisos con numerosas habitaciones, estaba directamente conectada al templo, lo que le permitía acceder fácilmente a la sacristía para sus actividades religiosas. Un corredor recorría todo el largo de la casa, situado a unos cuatro o cinco escalones de altura.

En todo el perímetro del atrio, había una barda con redondos y elegantes pilares de cantera labrada. Cerca de la torre, había una puerta que conducía al caracol para subir al campanario. Antes de eso, se encontraba otra puerta que daba acceso al coro, donde estaba el órgano o piano. Este lugar, conocido como "el coro", era un espacio especial en la iglesia, dedicado a la música y al canto durante los servicios religiosos.

El templo por dentro y el cuadro de la Virgen de Guadalupe

Dentro del templo de mi pueblo, había una disposición particular para los feligreses durante las misas y otras celebraciones. A un lado de las dos hileras centrales de bancas, se sentaban las mujeres, y al otro, los hombres. Estas filas de bancas formaban una cruz, en cuyo centro se alzaba un hermoso altar de cantera labrada, una verdadera obra de arte adornada con candelabros dorados y un gran cáliz.

En la parte superior del altar, enmarcada elegantemente, se encontraba la pintura de la Virgen de Guadalupe. Esta pintura, mencionada anteriormente, fue traída por don Antonio de Aceves. Provenía de la ciudad de los abuelos castellanos, quienes llegaron al Obispado y desarrollaron una profunda devoción por ella. La pintura, junto con otros objetos sagrados, incluido un Divino Rostro de lámina que poseo, enriquecía el altar. Pero fue la imagen de la Virgen de Guadalupe la que se convirtió en el centro de todas las miradas, embelleciendo aún más ese hermoso altar.

Justo debajo del altar se encontraba el sagrario, igualmente adornado, un lugar sagrado que guarda la Eucaristía y simboliza la presencia permanente de Cristo en la iglesia.

Mi infancia: El Señor de los Afligidos y otros Santos en el templo

En el templo de mi infancia, había varias figuras religiosas que me cautivaron. Bajo el altar, a la derecha, se encontraba una nave que albergaba varias estatuas de santos. Al lado izquierdo, había una disposición similar, pero con una pieza muy especial: un Cristo tallado en madera de los árboles del Cerro Gordo. Esta figura, conocida como el "Señor de los Afligidos", posee una belleza extraordinaria y se asemeja mucho al "Señor de la Misericordia" de Tepatitlán y al "Señor del Perdón" del rancho Los Sauces, situado al pie del Cerro Gordo.

Se dice que estos tres Cristos fueron bautizados el mismo día, aunque puedo estar equivocado. Hay quienes creen que el autor de estas esculturas era un escultor muy profesional, aunque su identidad y sus motivaciones son un misterio, especialmente considerando que las obras datan de alrededor de 1840 o 1850. Lo que es innegable es la similitud entre estas tres figuras: parecen haber sido creadas por las mismas manos, con la misma idea y una profunda inspiración sentimental por Cristo en la Cruz.

La tienda de don Luis Gutiérrez y su familia: Un legado de amor y negocios

Dejando atrás el templo, cuya arquitectura es distintiva y diferente de los otros templos en los pueblos cercanos, me dirijo hacia la gran puerta de madera que da a la plaza en el lado poniente. Allí se encuentra un hermoso portal que ahora abarca toda la cuadra. En medio de este portal se sitúa la tienda de ropa más famosa y antigua de la región, la cual conozco desde mi niñez. Su dueño, don Luis Gutiérrez, es un hombre de negocios excepcional y una figura muy respetada en nuestro pueblo.

Don Luis es un verdadero orgullo para La Capilla. No estoy seguro si nació en nuestro pueblo o si fue traído de niño por su padre desde San Miguel. Lo conocí desde que era muy joven, así como a varias de sus hermanas y a un hermano que falleció joven, ya casado, dejando una esposa hermosa y dos hijas. Don Luis se casó con una señora de La Capilla, y es posible que incluso sea pariente mío, ya que en nuestro pueblo casi todos estamos relacionados de alguna manera.

La tienda de don Luis no es sólo un negocio, sino un punto de encuentro y un símbolo de la historia y la vida cotidiana en La Capilla. Entre nosotros, hay quienes viven cerca y otros más lejos, algunos más acomodados y otros menos, pero todos somos descendientes de aquellos ancestros que quizás fueron más afortunados en lo económico.

Don Luis y su esposa, doña Rebeca, quien creo es de apellido Navarro, son el ejemplo perfecto de una familia típicamente castellana, dedicada al templo de su hogar. Su historia de amor es digna de admiración: se enamoraron, se casaron y siguen enamorados hasta el día de hoy. Como decía don Teófilo, su amor perdurará hasta el final de sus días, y Dios quiera que eso sea dentro de muchos años.

El matrimonio Gutiérrez no sólo construyó un patrimonio significativo, sino también una familia unida y próspera. Su hija Rebequita, conocida por su destreza en los negocios, es un verdadero torbellino, al igual que sus padres. Quedó viuda joven con dos hijos y, aunque le han sugerido volver a casarse por su juventud y belleza, ella no se cierra a la idea, pero afirma que sólo lo hará si encuentra a alguien que realmente valga la pena.

Todos los hijos de don Luis Gutiérrez heredaron su espíritu emprendedor y su compromiso con la comunidad, continuando el legado familiar con orgullo y dedicación.

Las notables familias y comercios alrededor de la plaza

Al hablar de las familias de mi pueblo, es imposible no mencionar la diversidad y el carácter de estas. Si bien algunos descendientes de familias solventes pueden caer en el derroche, como sucede en cualquier lugar, los hijos de la notable pareja formada por don Luis Gutiérrez y su esposa han sabido responder con responsabilidad, incluso superando el capital de su padre en algunos casos. Este es sólo un ejemplo de las muchas familias ejemplares en mi pueblo.

Centrándome ahora en los alrededores de la plaza durante mi infancia, había una tienda de abarrotes muy conocida, propiedad de don José María Navarro. Al igual que don Luis, don José María se mudó fuera de La Capilla para vivir en Autlán de la Grana. Su tienda, en aquel entonces, era un punto de encuentro importante en el pueblo. Posteriormente, pasó a ser propiedad de Juan Alcalá, hijo del famoso comandante Herminio Alcalá.

Otra figura prominente de la zona era don Juan Casillas, cuya casa se ubicaba también cerca de la plaza. Hoy en día, ese lugar ha sido transformado en un banco. Don Juan, perteneciente a la familia Casillas del Terrero, estaba casado con una prima de mi madre, ambas bisnietas de don Miguel Franco el Grande. Su matrimonio también es recordado como un ejemplo de dedicación y compromiso con la comunidad.

Lo que había en mi pueblo y sus alrededores

En mi niñez, recuerdo vívidamente los personajes y lugares que daban vida a mi pueblo. Justo cruzando la esquina hacia el este, se encontraba la oficina de don Juan Casillas, un socio destacado de los Camiones de los Altos, donde vendía boletos. Pegada a esta oficina estaba la casa de don José Navarro, otra figura notable del pueblo. Tanto él como su esposa, doña María Navarro, prima hermana de mi abuela María, eran ejemplos de las buenas familias de la zona. Su matrimonio, sin embargo, tuvo la triste circunstancia de que tres de sus hijas nacieron mudas, y dos de ellas enceguecieron, al igual que mi tía Matilde, prima de mi madre.

La casa de don José Navarro era en realidad una herencia de mi tatarabuelo don Felipe Navarro, que poseía toda la manzana. Doña María recibió esta propiedad como parte de su herencia. Recuerdo que don José tenía un rebaño impresionante de vacas de ordeña, más de 50. Poseía varios pastizales al norte de La Capilla, y en su casa contaba con un amplio corral donde las vacas dormían. Por las mañanas, el sonido de las vacas y la actividad en el corral eran una parte cotidiana del paisaje sonoro de mi infancia.

Don José Navarro y sus vacas

Temprano, después de ordeñar las vacas y alimentarlas, las conducían por la calle hacia el potrero para que pastaran y realizarán ejercicio. Cuando las llevaban, la calle se llenaba de vacas y parecía que se dirigían en masa al potrero. Había tantas que, para evitar encontrarnos con ellas, corríamos por otras calles para no ser aplastados. Así, por la tarde, las traían de vuelta para ordeñarlas y las dejaban descansar en el corral.

Don José Navarro era un caballero que siempre vestía pantalones con un estilo antiguo, casi como los de un charro, pero más sencillos. Llevaba un sombrero grande y redondo, no demasiado grande, hecho de palma o paja. Era una persona muy alegre y dicharachera. Sus carcajadas resonaban y siempre tenía bromas y ocurrencias que nos hacían reír. Parecía tener un sinfín de anécdotas y chistes que no sabíamos de dónde sacaba. Era una persona muy inteligente y tenía el don de hacer reír a la gente con sus ocurrencias.

Don José era muy feliz junto a doña María, su esposa, quien también era una persona muy amable. En su presencia, no conocíamos la amargura, ya que eran una familia de buen corazón, como la mayoría de los Navarro. A don José no le gustaba ver a nadie en necesidad, ya que creía que ayudar a los demás traía alegría. Siempre estaba dispuesto a ayudar en lo que pudiera.

El Tajo y la Laguna Carelasa

Continuando con la narración, me adentro en la descripción de las casas que se encontraban al oriente de la de don José Navarro. La siguiente en la línea era la casa de don Zacarías Navarro, quien también era primo hermano de mi abuela María y heredero de don Felipe Navarro, su abuelo. Inmediatamente después, llegaba a la imponente casa de mi abuela, el lugar de mi nacimiento.

Avanzando hacia el centro del pueblo, recuerdo las calles, el 70% de las cuales estaban pavimentadas. Desde la plaza, que se extendía hacia el poniente, la misma calle alineaba todas las casas que he mencionado anteriormente. Esta calle, que antes tenía alrededor de cinco cuadras, ha crecido con el tiempo y ahora cuenta con más extensiones.

Hacia el sur de la plaza, la calle se reducía a sólo dos cuadras, ya que se encontraba con la laguna, que solía aumentar su tamaño durante las épocas de lluvia. A pesar de esto, era un espectáculo hermoso, ya que se llenaba de lirios y recibía visitas frecuentes de patos y garzas. Había una cerca de piedra en el centro de la laguna que quedaba casi sumergida por el agua. A lo largo de esta cerca, se encontraban alineados numerosos eucaliptos pegados a la orilla de la laguna.

En la parte oriental de la laguna, se había construido un estanque grande, que llevaba el nombre de "El Tajo", nombre que todavía perdura. Este estanque servía como depósito de agua para todo el año y, además, como un hermoso punto de referencia en el paisaje del lugar.

CAPÍTULO 4

El Tajo

En este capítulo, mi relato se centra en el uso que se le daba al terreno en el pueblo y sus alrededores, específicamente en relación con el estanque. Alrededor de dicho estanque, existía un alto borde de tierra de un profundo tono negro. Este terreno parecía haber sido excavado previamente cuando se limpió el estanque.

Bajo la capa de tierra, se encontró otra capa de tepetate de considerable profundidad. Se cree que esta capa de tepetate se formó a partir de la lava que fluyó desde el Cerro Gordo hace millones de años. Les comparto esta información porque las pruebas y evidencias respaldan la existencia de esta capa de tepetate, cuyo grosor parece no tener fin. Permítanme explicarles por qué.

Cuando se construyó una carretera federal financiada por el gobierno que pasaba por esta área, en lugar de utilizar piedra molida, optaron por usar tepetate. Resultó ser un error, ya que, durante la construcción, se descubrió un pozo muy grande, de aproximadamente 75 x 75 metros y con una profundidad de unos 15 a 20 metros. Lo sorprendente es que, en el proceso, se encontraron con que debajo del tepetate, junto con la tierra negra, también extraían piedras negras. Estas piedras, aunque no eran muy grandes, variaban en tamaño desde el de una pelota de béisbol hasta el de un balón de fútbol, pero lo que destacaba es que estas piedras evidenciaban su origen volcánico.

Este hallazgo nos dejó perplejos, ya que en el mismo estrato donde se encuentra el tepetate, también se descubrieron estas piedras de lava. Así concluye mi relato sobre "El Tajo", un lugar que sigue siendo un enigma en nuestras tierras.

El enigmático Tajo

En este segmento, deseo explorar un misterio que me ha intrigado durante mucho tiempo. Se trata de un pozo redondo que don Juan Casillas excavó en el terreno. Después de haber excavado aproximadamente veinte metros, don Juan decidió continuar cavando, haciendo el pozo aún más profundo, alcanzando unos quince metros adicionales. Sin embargo, la sorpresa fue que no encontró el final de la capa de tepetate, lo que aumentó la intriga. Este enigma, tal vez sólo conocido por Dios o posiblemente por científicos, no tiene una solución clara.

Prefiero dejar este misterio aquí, ya que he detallado en capítulos anteriores el asombroso entorno de "El Tajo", la laguna y sus alrededores, así como el Río Tajo. Cabe mencionar que el nombre "Tajo" probablemente proviene de nuestros antepasados castellanos, que vivieron en Castilla antes de llegar a esta región de Los Altos de Jalisco. Fue precisamente esta generación de castellanos y sus descendientes quienes fundaron mi querido pueblo, La Capilla, en el año 1823.

Aquellos que llegaron de Castilla aportaron con ellos el recuerdo de su tierra natal, un lugar de ensueño que compartían en comunión con el Río Tajo. Este río, el más largo de España, atraviesa paisajes hermosos y enigmáticos, dejando una huella imborrable en la memoria de quienes tuvieron la fortuna de habitar cerca de sus aguas.

El Tajo y la laguna

Todo este relato me hace recordar que, en la región de Castilla, hacia la dirección de Toledo, existe un río majestuoso que lleva el nombre de Tajo. Además, en la misma dirección, se encuentra una pequeña ciudad llamada Tajo. Este Río Tajo, después de recorrer su camino, desemboca en el majestuoso mar Atlántico, atravesando Portugal en su camino. No puedo evitar pensar en estos lugares, pero debo volver al corazón de mi pueblo y a todo lo que rodea el Tajo.

Lo que estoy a punto de describir ocurrió mucho antes de que comenzaran a extraer el tepetate para construir la carretera. Permítanme llevarlos de vuelta a ese lugar, el Tajo y la laguna, en los últimos días de agosto, cuando todo estaba en su máximo esplendor. En esa época, la laguna era un hermoso sueño hecho realidad. Se llenaba completamente de agua, extendiéndose por aproximadamente un kilómetro y medio de largo y un ancho que rondaba más o menos la misma medida. La laguna estaba rodeada por una cerca que corría de oriente a poniente, junto a la línea de eucaliptos que se alzaban altos y frondosos.

El Tajo, situado entre el este y el norte, era en ese momento un gran depósito de agua, con dimensiones de alrededor de 40 por 40 metros. Su profundidad llegaba hasta donde alcanzaba la capa de tepetate, que se estimaba en aproximadamente metro y medio o quizás dos metros. No estoy seguro si aquellos que excavaron el Tajo se encontraron con desafíos relacionados con el agua, pero si lo hicieron, estoy convencido de que pudieron resolverlos.

Alrededor del Tajo, existía un alto borde de tierra negra que había sido extraída para crearlo. Este borde añadía aún más encanto a este paisaje que guardo con cariño en mis recuerdos.

La laguna y sus bellezas, y las chalupas

Hace tiempo, en la época en la que la laguna estaba en su plenitud, recordar este lugar me llena de nostalgia. Había medidas para asegurarse de que el agua de la laguna no entrara donde no debía. Recuerdo que había una pila o un abrevadero largo, pero no muy alto, para que los animales pudieran beber agua. También había varios lavaderos de piedra donde las mujeres acudían a lavar la ropa. Además, había numerosos eucaliptos y muchas matas de maravillas, cuyas flores parecían pequeñas campanitas de varios colores.

En la zona oriental, fuera de la laguna, había abundantes matas de maravillas. Las mujeres solían hacer collares coloridos y hermosos con estas flores. Cuando se reunían y paseaban por la zona, muchas lucían hermosas con sus collares. Algunas de ellas tenían un talento especial para cantar, lo que añadía aún más belleza al lugar con sus melodías encantadoras.

Mientras escribo estas líneas recuerdo con cariño aquellos tiempos en los que convivía con estas personas y sus costumbres. No puedo olvidar mencionar las chalupas que se fabricaron para navegar en la laguna. Si mal no recuerdo, se construyeron dos de ellas, y su fabricación estuvo a cargo de un buen amigo y alegre compañero llamado Zacarías, aunque no estoy seguro de su apellido.

Zacarías era un hombre amigable y jovial. Además de su habilidad para construir chalupas, era un talentoso músico. Él alquilaba estas embarcaciones a aquellos que deseaban explorar la belleza de la laguna.

La encantadora charca de la grifa

Dudo que alguien se haya enriquecido con ello, pero lo que es seguro es que nuestro amigo emprendió una iniciativa maravillosa para nuestra comunidad. Por cierto, poseo una foto que captura uno de esos momentos en una de las chalupas, donde se encuentran varias mujeres hermosas, incluyendo a mi madre, luciendo los famosos collares de maravillas. En ese tiempo, estas mujeres estaban en la flor de su juventud.

La laguna se adornaba con una profusión de lirios que, cuando florecían, conferían un aspecto verdaderamente encantador. Venían en dos colores, blancos y rosados. A pesar de que mis amigos y yo éramos aún niños en ese entonces, nos encantaba intentar nadar en estas aguas. Teníamos una verdadera pasión por bañarnos en una época en la que el agua estaba disponible por todas partes.

Yo, por ejemplo, llevaba mis días bañándome al sol, y como resultado, a menudo tenía la nariz pelada debido a las ampollas que surgían por pasar tanto tiempo bajo el sol mientras nadábamos. Pero mi lugar favorito para bañarme estaba en una pequeña charca conocida como "la charca de la Grifa". El propietario de la charca era conocido como "la Grifa", probablemente debido a que parecía estar de buen humor o entusiasmado todo el tiempo (el término "grifado" denota estar en un estado de ánimo alegre). Fue en esta charca donde aprendí a nadar. De hecho, me adentré tanto en la natación que incluso mi madre me castigaba en ocasiones. Me escapaba dos o tres veces al día para disfrutar de ese placer. Aunque en ese momento no lo comprendía completamente, mi madre tenía toda la razón en preocuparse y castigarme.

El arroyo de los Linos y sus secretos

Cerca de La Capilla, hacia el oriente, se encuentra un lugar especial que ha dejado huellas imborrables en mi memoria: la charca de los Linos. Aunque esta charca aún existe, se encuentra ahora enclaustrada por el desarrollo urbano que ha tomado lugar en la zona. No obstante, los recuerdos de mis días de juventud, cuando solía disfrutar de sus encantos, siguen vivos en mi mente.

También me atraía de sobremanera bañarme en el arroyo que serpenteaba por la región y que era conocido como el "arroyo de los Linos". Hasta hoy, no tengo una respuesta clara sobre el origen de ese nombre peculiar. A diferencia de las aguas cristalinas que uno podría esperar, el agua en este arroyo tenía un tono más bien parduzco.

Mis amigos de la infancia y yo encontrábamos un placer indescriptible al sumergirnos en los charcos del arroyo. Sin embargo, mi entusiasmo por estas aventuras a menudo me metía en problemas con mi madre. Ella era insistente en que comiéramos diariamente a las 2 de la tarde, y mi afición por el agua me llevaba a tener la nariz enrojecida y pelada debido a las ampollas del sol. Además, las nalgas moradas eran un recordatorio de las correcciones que mi madre nos daba con varas de membrillo.

No obstante, estas varas de membrillo no eran utilizadas para castigarnos, sino que servían para airear la lana de nuestros colchones. Cada año, mi madre desarmaba los colchones, lavaba la lana, la exponía al sol para secarla y luego la volvía a colocar en los colchones, rellenándolos y cociéndolos con cuidado.

Pero estas varas también tenían otro propósito: mantenernos a raya. Si nos portábamos mal, mi madre sabía cómo usarlas para hacernos entender que debíamos corregir nuestro comportamiento. A pesar de ello, en mi juventud, no comprendía por qué mi madre siempre parecía dispuesta a aplicar correcciones al menor signo de desobediencia.

La aventura en la charca de la Grifa

Recuerdo claramente que cuando era un niño travieso, mi madre solía mandarme a nadar en la charca de la Grifa. Cada vez que me enfrentaba a la idea de sumergirme en el agua, hacía todo un espectáculo. Comenzaba a gritar desesperadamente y llorar como un campeón. A pesar de ello, mi madre me daba uno o dos azotes, ya que veía que me estaba comportando mal y temía que algo malo me sucediera. Aunque me dolían los azotes, en realidad no eran tan graves. Mis gritos asustaban a mi madre, y yo, siendo un niño muy ingenioso, a menudo exageraba la situación. Desde muy joven, mostré un espíritu juguetón y travieso. Estoy recordando esos tiempos, que datan desde que tenía unos 8 años, hasta mis 13 años, aproximadamente en 1947 o 1948.

En esos días, cuando tenía alrededor de 8 años, viví una anécdota en la charca de la Grifa. Aún no sabía nadar y todos los niños de mi edad estábamos tratando de aprender. Uno de los niños mayores me retó diciendo: "Te desafío a que te lances al agua para aprender a nadar". Mientras algunos niños más grandes sostenían a los más pequeños dentro del agua, esta parte de la charca no era demasiado profunda para ellos; el agua les llegaba hasta el pecho. Esto ocurría en una sección de la charca por donde solíamos pasar al ganado para que bebiera.

Uno de los niños mayores me agarró de la quijada y pretendía enseñarme a nadar. Sin embargo, debido a su sentido del humor y por diversión, decidió soltarme de repente. Fue un susto enorme, pero la verdad es que no había razón para preocuparse, ya que los otros niños estaban cerca. Aunque al principio estaba asustado, con el tiempo aprendí a nadar en esa misma charca.

Una dramática experiencia en la charca de la Grifa

En la charca de la Grifa, tuve una experiencia que me dejó marcado. Estábamos allí para divertirnos, y yo, como un niño inquieto, me encontraba jugando en el agua. Pero la diversión tomó un giro inesperado. De repente, me di cuenta de que estaba en problemas. Me encontraba en un lugar donde no podía mantenerme a flote y me debatía en el agua, desesperado. Sólo podía mover mis manos, intentando aferrarme a algo en el fondo.

Un amigo trató de sacarme y metió sus manos, pero no me encontraba. Mis movimientos desesperados bajo el agua no lo ayudaron a localizarme. Estaba al borde del ahogamiento cuando, de alguna manera, finalmente logró encontrarme. Me agarró del cabello y, en un acto de desesperación, salí del agua, tosiendo y escupiendo agua que había tragado. Esta fue la tercera vez que escapé de una situación de peligro en mi vida. La primera vez fue cuando tuve una inflamación en el cuello que la gente pensaba que me llevaría a la muerte, y la segunda vez fue cuando, a los dos años, me aventuré a buscar a mi madre en el rancho y me encontré perdido en los caminos del Cerro Gordo, hasta que fui rescatado por doña Paulina, mi ángel guardián.

A lo largo de mi vida, he enfrentado situaciones más difíciles, y les contaré al menos unas 50 historias más, aunque no todas estarán en este libro, ya que aquí me centraré en mi vida hasta los 15 o 16 años. Ahora, continuemos con mi relato sobre la Laguna al sur.

El equipo infantil de fútbol

Pasando la cerca de piedra hacia el sur, se extendía un hermoso paisaje donde abundaban las garzas, patos, gallaretas y tildíos. En ese mismo potrero, había un pequeño camino o brecha que servía como ruta para los vehículos, incluyendo camiones y trocas.

Al llegar a la cerca de piedra, encontrábamos un "guardaganado" compuesto por vigas de madera, diseñado para evitar que el ganado atravesara. Al oeste de ese "llanito" se encontraba un campo de fútbol que era oficialmente utilizado por un equipo de fútbol. En esos tiempos, nuestro símbolo deportivo era el equipo llamado "Nacional". El uniforme de este equipo era muy atractivo, con los colores de la bandera mexicana: camiseta verde, calzoncillos blancos y medias rojas.

Recuerdo algunos de los jugadores de aquel tiempo: el talentoso portero, Juan Carranza, apodado "Pollo"; el tranquilo Gerardo Castellanos en la defensa, conocido como "Churica"; su hermano

Victoriano Castellanos, a veces portero y otras veces defensa; Eleazar Casillas, hijo de don Juan Casillas, destacando en el mediocampo, junto con dos jugadores del Rancho Domínguez, quienes también eran muy buenos. En ocasiones, algunos de ellos se colocaban en la defensa.

El equipo de fútbol Nacional era un orgullo para nosotros y representaba un verdadero símbolo de unidad y pasión por el deporte.

El equipo de fútbol

En el equipo de fútbol, conocido cariñosamente como el "Nacional", había varios jugadores destacados que dejaron una huella imborrable en nuestra comunidad. Entre ellos se encontraban:

- "Chuyanga" Navarro y su hermano José.
- Arnulfo, otro de sus hermanos, quien jugaba en la posición de lateral.
- "Chava", hijo de José María Navarro, destacando en la posición lateral izquierda, un jugador muy ágil y líder en el campo.
- Un jugador al que apodaban "el que pateaba el balón", una de las estrellas del equipo que ocupaba la posición de delantero. Era hábil y talentoso, capaz de hacer maravillas con la pelota.

Además de estos jugadores, había otros cuyos nombres no recuerdo en este momento. Lo que sí recuerdo con claridad es la dedicación y pasión de los del Rancho Domínguez, quienes, cuando venían a entrenar, lo hacían a pie, incluso en tiempos de lluvia. El campo de juego se transformaba en un lugar mágico durante esos días, con un césped verde y natural que parecía una alfombra delicadamente cuidada.

En aquellos tiempos, algunos de nosotros usábamos "huaraches" (sandalias tradicionales) para entrenar, ya que resultaban más cómodos para caminar sobre el césped y evitaban que se ensuciaran nuestros pies.

Sin embargo, cuando entrenábamos en conjunto, todos usábamos medias, vendas y teníamos nuestro propio equipo infantil. En cuanto a los zapatos, quiero aclarar que, en mi caso, no tenía zapatos apropiados para el fútbol, pero los hermanos Domínguez solían usarlos sólo en los días de sol, y se los quitaban cuando entrenaban, algo que hoy en día consideraríamos valiente.

El equipo sin zapatos

Los jugadores del equipo de fútbol demostraban su destreza y habilidad, incluso jugando descalzos. Parecían más fuertes y ágiles sin zapatos. Los Domínguez, en particular, destacaban en el campo, a pesar de ser personas altas y delgadas. El balón parecía chispear cuando lo golpeaban, y tenían el peligro de reventarlo con las uñas que se engrosaban debido al trabajo en el campo.

Es importante mencionar que, en aquellos tiempos, los Domínguez eran agricultores y utilizaban el mismo enfoque y energía que empleaban en el campo de fútbol cuando cultivaban sus parcelas de maíz. Trabajaban la tierra sin zapatos, incluso cuando las malezas eran obstáculos, y eso dice mucho sobre su determinación y fuerza.

El equipo de fútbol infantil también era una parte importante de nuestra comunidad. En ese equipo, yo era muy popular y me apodaban "el Zorrito" debido a mi agilidad y habilidad para driblar a los oponentes. Ocupaba la posición de delantero centro, aunque en ocasiones también jugaba como lateral izquierdo.

El equipo infantil era una fuente de unidad y amistad, y nos llevaron a enfrentar a equipos de otras localidades, como Tepatitlán y San José de Gracia. Siempre nos desafiaban, ya que tenían equipos muy talentosos, y esos enfrentamientos eran todo un reto para nosotros.

El equipo infantil de futbol

El equipo infantil de fútbol estaba compuesto por un grupo de jóvenes talentosos que compartían su pasión por el deporte. Entre los integrantes destacaban:

- "Goyo Trujillo", quien a veces jugaba en diferentes posiciones según las necesidades del equipo.
- "Chava", su hermano, que ocasionalmente se desempeñaba como portero.
- "Pilló", un buen amigo mío que también tenía sus momentos bajo la portería.
- "La Sandunga", quien solía ocupar la posición de portero.
- "Salvador", apodado "la Rana", era una pieza clave en la delantera debido a su destreza.
- "Cisto", otro de los jugadores del equipo que aportaba su talento.
- "Tachín", mi primo, hijo de Eulogio.
- "Heriberto González Mereage", hijo de mi tío Felipe.
- "Javier Paredes", hijo de don Pancho Paredes.
- "Chayo", a quien también conocíamos por su apodo.
- Además, contábamos con algunos parientes míos, hijos de don Leandro Martín de Mirandilla, como "el Garbanzo", cuyo nombre real es Ramón, y su hermano "Chicharra", quienes eran excelentes jugadores.

Nuestro equipo infantil tenía un espíritu inquebrantable y jugábamos con pasión y corazón en cada partido. Contábamos con el apoyo y el ánimo de todo el pueblo, y compartíamos momentos memorables en el campo de juego. Entre los espectadores, destacaban figuras como Pedro, conocido como "el de Eligio", y Pepe, quienes siempre estaban presentes para alentarnos.

Habiendo compartido estas experiencias sobre el fútbol en el llanito, continuaremos explorando otros aspectos de esa etapa de mi vida en el próximo capítulo.

El Llanito, los partidos de fútbol y las porras

En El Llanito, además del césped natural, florecían diversas plantas que añadían belleza al entorno. Entre ellas, se destacaban la mano de león y la galusa, esta última conocida por sus hermosas flores azules que parecían campanitas, así como la maravilla, que se caracterizaba por flores más grandes que asemejaban campanillas. También encontrábamos el mixosol, la Santa María y las flores amarillas que adornaban la zona.

Los fines de semana, especialmente los domingos, solían ser días de celebración en El Llanito. Las mujeres jóvenes se reunían para disfrutar de las tardes juntas, a menudo participando en actividades desarrolladas en el césped, donde la diversión y la camaradería eran protagonistas. En estas reuniones, las coreografías de canto también eran comunes, y el ambiente se llenaba de alegría.

Los domingos eran aún más especiales cuando teníamos partidos de fútbol. En esos días, El Llanito se llenaba de entusiasmo y emoción. Los hombres eran los principales asistentes a estos eventos, aunque también se sumaban mujeres. Cuando un equipo visitante llegaba, las porras se volvían apasionadas y bulliciosas.

Nuestra porra local tenía su cuota de brío, encabezada por una hermana de "la Churica" y "el Tinaco", conocida como Mercedes. Aunque era una persona amable en otros contextos, cuando se trataba de apoyar al equipo, su entusiasmo y fervor eran inquebrantables. En ocasiones, podía surgir rivalidad con las porras visitantes, y nosotros, los jóvenes, también éramos fervientes defensores de nuestro equipo.

Mirando hacia atrás, pienso que esa pasión y energía que desplegamos en los partidos y en las porras eran una manifestación de nuestro amor por el fútbol y por nuestra comunidad.

El fútbol y las travesuras en la huerta de Zacarías

El fútbol era una pasión en nuestra comunidad, y disfrutamos de cada partido como si fuera un gran evento. Cuando llegaban los equipos visitantes en sus camiones de redilas, nos organizábamos para recibirlos a la salida de La Capilla. Nos escondíamos en silencio, esperando el momento oportuno para sorprenderlos. De repente, salíamos de nuestro escondite, gritando y arrojando piedras, lo que realmente nos convertía en unos insoportables. Éramos indiscutiblemente los campeones de las travesuras, pero cuando llegaba el momento de que nuestro equipo visitará a los demás, también nos exponíamos a recibir una buena dosis de pedradas, ya que las reglas de la liga dictaban que las travesuras eran parte del juego.

En esos tiempos en los que no había televisión, teníamos mucho más tiempo para idear nuestras "malicias" y nuestras fechorías parecían interminables. Pero dejando a un lado nuestras travesuras, explorábamos todo lo que rodeaba la laguna. Al dirigirnos hacia el poniente, encontrábamos una puerta que nos llevaba a la huerta de Zacarías. En ese lugar, Zacarías tenía su casa y una huerta considerable. Era un lugar mayormente tranquilo, y a menudo íbamos a robar guayabas cuando estaban maduras. Al principio, nos esforzábamos por ser sigilosos y actuábamos como si no hubiera nadie en la casa. Brincábamos cerca y subíamos a los guayabos para cortar las jugosas frutas. Sin embargo, en algunas ocasiones, un perro guardián nos detectaba, y nuestras escapadas se volvían aún más emocionantes.

El perro nos perseguía, pero era astuto y se desviaba cuando la abuela de Zacarías bajaba la escopeta. Corríamos como auténticos campeones, conscientes de que los dueños de la huerta venían tras nosotros. Una vez fuera de la huerta, nos encontrábamos en un potrero donde nos entreteníamos buscando talayotes y chirles. La planta de los talayotes se extendía por el suelo y producía un fruto de aspecto peculiar, similar al de un huevo de gallina, pero más achatado. En su interior, tenía fibras y semillas aplastadas, de aspecto plateado, como terciopelo. Aunque carecía de sabor, era apreciado por su singular textura. Mi madre, cuando le llevábamos varios talayotes, los bañaba con queso batido, lo que los hacía deliciosos. Creo que esta región era el único lugar donde se encontraban estos frutos, ya que nunca he oído hablar de ellos en ningún otro sitio. Además, los chirles, unas pequeñas verduras de un blanco cristalino, sin sabor aparente y de tamaño similar a un dedo, eran otro de nuestros placeres culinarios favoritos. Las hojas de estas plantas se asemejaban a las palmas en miniatura, con un aspecto similar al de un paraguas y alcanzaban unos 40 centímetros de altura.

Ranchos cercanos a la laguna en el norte

En el entorno de la laguna, al norte, se encontraban diversos ranchos, cada uno con su propia historia y singularidad. El más cercano de todos era el Rancho El Cinco, que ya he mencionado anteriormente. En este lugar, dos familias coexistían en armonía: la familia de mi tía Idelisa González y los Domínguez, personas pacíficas y de gran corazón.

Siguiendo hacia el norte a lo largo del Camino Real que venía desde Zacatecas y finalizaba en el Rancho Los Sauces, donde se cruzaba con el Camino Real de Guadalajara a la Ciudad de México, se encontraba un lugar especial: La Capillita. En este humilde rincón, el Señor del Perdón era venerado con profundo respeto y devoción.

Continuando hacia el este, llegábamos al querido Rancho de San Antonio, un lugar lleno de recuerdos y anécdotas, en gran parte gracias a la labor de mi padre, Simón Navarro, quien construyó una imponente casa en ese terreno. Esta finca se convertiría en un escenario donde se tejían innumerables historias.

Tras el fallecimiento de mi padre, San Antonio pasó a manos de mi bisabuela Matilde, quien era la esposa de Simón. Luego, la responsabilidad del rancho recayó en mi abuela y, posteriormente, en mi madre, quienes continuaron el legado de cuidar y administrar esta hermosa propiedad.

En un determinado momento, mi abuela Chita y sus dos hermanas, quienes eran esposas de mi padre Demetrio y mi tía Matilde respectivamente, tomaron una decisión trascendental. Optaron por vender todas las propiedades que incluían el ilustre Rancho San Antonio y una ganadería excepcional. En aquellos tiempos, no había una propiedad igual en todo mi pueblo.

Dentro de estas propiedades destacaba una majestuosa capilla que pertenecía al Rancho San Antonio de los Franco, una familia renombrada y apreciada en la región. Los Franco también residían en San Antonio y tenían otras propiedades en la misma localidad. La relación entre nuestras dos familias se remontaba a varias generaciones atrás, comenzando con mi tatarabuelo Simón, y se había consolidado a lo largo del tiempo.

Nuestra amistad era tan fuerte que vivíamos como una sola familia. Cuando se requería, nos apoyábamos y defendíamos mutuamente, unidos por la estima que sentíamos los unos por los otros. En los momentos de necesidad, estábamos dispuestos a luchar juntos, incluso enfrentando a los cuatreros que solían robar ganado en la zona. Los Franco, al igual que nosotros, eran incansables en su determinación por proteger sus propiedades y su ganado, y no escatimaban en enseñar una lección a quienes intentaban robar en la región.

En última instancia, los propios Franco de San Antonio decidieron adquirir todas nuestras propiedades, dando un nuevo rumbo a la historia de estos valiosos terrenos y propiciando un capítulo final en esta apasionante saga.

Con gran satisfacción, observo cómo los Franco de San Antonio toman el relevo, ya que considero que realmente se lo merecen. ¿Quiénes mejor que ellos, que compartían una estima tan profunda entre sí? El enlace de mi abuela Chita (doña María de Jesús Estrada) con mi abuelo Antonio Martín del Campo Franco, quien era nieto del ilustre don Miguel Franco el Grande, se tradujo en una conexión con los propios Franco. Así, a pesar de que ahora somos parientes un tanto distantes, seguimos siendo parte de la misma familia.

En consecuencia, los renombrados Franco han establecido su presencia en todo San Antonio, incluyendo la capilla que mi padre Simón construyó en la década de 1860. Esta estructura alberga una historia fascinante, con una docena de habitaciones y un castillo adyacente que él erigió en una esquina cercana al Camino Real. Este castillo presenta una arquitectura única, con una forma redonda que permite una vista panorámica desde el suelo hasta el techo. Está adornado con numerosos tragaluces que permiten apuntar con rifles desde su interior, lo que era esencial dadas las amenazas constantes que se presentaban en ese camino.

En resumen, esta casa es una verdadera obra de arte en la que cada detalle, desde la disposición de las piedras hasta la creación de las ventanas tragaluz, muestra la meticulosidad y la dedicación que Simón puso en su construcción.

Debe de haber sido un experto en su oficio, ya que diseñó la plaza de tal manera que estaba perfectamente acomodada con piedra pulida y labrada, amplia y perfectamente nivelada. Parece que no se sentía ninguna pendiente al caminar por ella. Además de servir como plaza para diversas actividades, también se utilizaba para la herradura del ganado, dado que la familia de don Juanillo Franco tenía una gran cantidad de ganado en la región. De hecho, hasta el día de hoy, sigue siendo uno de los que posee más ganado en la zona, conservando una tradición que se remonta a nuestros antepasados.

A raíz de esta riqueza ganadera, comenzaron a surgir los primeros Charros auténticos en la región. Como mencioné anteriormente, el más famoso de aquellos tiempos fue don Miguel Aceves Galindo. Su renombre era tal que incluso en Guadalajara le erigieron un monumento en la entrada oriental, en la glorieta que se encuentra frente a la gran La Paz, cerca de San Pedro y Lázaro Cárdenas. Este hermoso monumento representa a don Miguel Aceves Galindo vestido de charro, luciendo una soga que florecía de manera impresionante. En sus tiempos no había otro charro que manejara la soga de esa manera. Hoy en día, es probable que haya muchos charros talentosos, pero es importante reconocer que don Miguel Aceves Galindo fue un verdadero pionero en este arte.

CAPÍTULO 5

Charros campeones

En la actualidad, los Franco de San Antonio, que son mis parientes, son motivo de gran orgullo en mi pueblo y en toda la región de Los Altos de Jalisco. Si don Miguel Aceves Galindo estuviera vivo, sin duda estaría inmensamente orgulloso de ellos. A pesar de la existencia de cientos de equipos charros en México, este equipo en particular ha logrado ganar el título de Campeones Nacionales en dos ocasiones. Los trofeos y reconocimientos que han obtenido son tantos que ni siquiera pude contarlos todos sin perder mucho tiempo.

Tuve el privilegio de visitar la casa de Miguel Franco, el mayor de los hermanos Franco y líder del equipo charro. Además, el presidente del equipo, Miguel, es alguien de mi edad y se casó con una prima mía llamada Beatriz, hija de mi tío Felipe González, quien es conocida tanto por su destreza en la música como por ser una gran esposa.

En la sala de la casa, que es bastante amplia, los trofeos llenaban todas las paredes. Incluso tuvieron que colocarlos en tres o cuatro filas para acomodarlos todos. Y eso no es todo, ya que también tenían otra sala llena de premios. Realmente, es un motivo de gran orgullo que debemos conservar en la memoria para las generaciones futuras.

El equipo charro está compuesto en su mayoría por miembros de la familia Franco, siendo Miguel el presidente del equipo y Chava, quien es el más alto de todos.

Entre los miembros destacados del equipo de charros, se encuentra Rafael, un típico Franco con una estatura de alrededor de 2.10

metros, de cabello rubio y tez muy blanca. Es una gran persona en todos los sentidos. Otro hermano sobresaliente en el equipo es Arturo González, un amigo de infancia y una persona excepcional, casado con una mujer maravillosa que también es una gran madre y esposa.

Además de los mencionados, hay otros miembros valiosos en el equipo, como los Franco Palao, unos jóvenes talentosos que residen en Tepatitlán y se sienten orgullosos de formar parte del equipo de La Capilla. Estos jóvenes son parientes cercanos nuestros, ya que son nietos de un hermano de mamá Dolores Franco, quien es hija de don Miguel Franco el Grande.

Aunque no puedo recordar a todos los miembros del equipo en este momento, lo que sí puedo recordar es que la primera vez que ganaron el Campeonato, llegaron a las semifinales, compitiendo contra equipos de todo México. Entre los equipos en las semifinales estaban la Ciudad de México y uno de los equipos de Guadalajara, específicamente los Charros de Jalisco, con algunos miembros que tienen descendencia de La Capilla.

Uno de mis mejores amigos de la infancia, a quien solíamos llamar "Juven", era hijo de don Juventino Aceves, una persona de gran nobleza y un corazón generoso. Él y su familia se mudaron a Guadalajara, una ciudad que, en comparación con mi pequeño pueblo, parecía inmensa. Ciudad de México tenía 20 millones de habitantes, Guadalajara tenía 3 millones, y en contraste, mi querida Capilla contaba con apenas 15 mil habitantes.

Sin embargo, ¡qué sorpresa y qué orgullo cuando los Charros de La Capilla se convirtieron en Campeones Nacionales! Demostraron que provienen de una gente decidida y valiente, con una fuerte tradición en la charrería que ha perdurado a lo largo del tiempo. Sus herederos alcanzaron la cima del Campeonato Nacional, y esto es motivo de gran orgullo para todos nosotros.

Lo más sorprendente es que lograron este título en su primera participación, con un récord único en la historia de la charrería mexicana. Una hazaña impresionante, ya que ningún equipo charro había logrado tal hazaña. Estamos todos muy orgullosos de ellos y de su gran equipo charro campeón.

Así, les he compartido un poco del orgullo que sentimos en La Capilla de Guadalupe por nuestros grandes campeones charros y sus hazañas en la charrería. Ahora, continuaré con las travesuras que viví cuando ya tenía alrededor de 7 u 8 años.

Mis amigos y mis travesuras

Como mencioné, ya tenía alrededor de 7 u 8 años. Mi padre cada vez estaba en casa debido a su trabajo en los Camiones Rojos que viajaban de una ciudad a otra. Lo veíamos cuando le tocaba trabajar cerca de Arandas, y en ocasiones, se quedaba con nosotros por la noche. Mi madre pasaba la mayor parte del tiempo sola cuidando de nosotros, que ya éramos tres, pero yo era quien le daba más trabajo.

Tenía varios amigos con los que solía juntarme, pero también me gustaba explorar y conocer los alrededores de mi pueblo por mi cuenta. A la vez, asistía a la escuela y, una o dos veces por semana, iba a la iglesia para estudiar el Catecismo. Recuerdo a una señorita llamada Ivanita, hermana de Zacarías, el músico que tocaba la trompeta y que había creado las chalupas que se alquilaban para pasear en la laguna.

También tengo recuerdos de la señorita Clica Navarro, quien vivía justo enfrente de la casa de mi abuela María, donde nací. Ella también era pariente, descendiente de papá Felipe Navarro. Otra señorita que recuerdo con cariño es Cuca, una persona muy amable y religiosa, al igual que Lupe, su hermana.

Estas eran algunas de las personas que formaban parte de mi vida en aquel entonces, y en los siguientes capítulos, compartiré más sobre mis amigos y las travesuras que viví durante esa etapa de mi vida.

CAPÍTULO 6

Mis travesuras: Mis amigos y actividades en mi pueblo

La profesora Lola Cacillas, hija del fundador don Juan Casillas, era una de nuestras más estimadas profesoras. Todos los que estudiamos con ella en la escuela secundaria la considerábamos una excelente persona y profesional. Lola Cacillas tenía algo especial, una forma de enseñar que nos cautivaba a todos. Sus historias y la forma en que las contaba eran únicas.

Se casó con Salvador Navarra, un hombre igualmente respetable y devoto. Juntos formaron una hermosa familia, la cual era merecedora de toda nuestra admiración. Doña Lola, además de ser una excelente profesora, era profundamente respetada y querida en la comunidad. Se dedicó con pasión tanto a su labor en la escuela como a su papel en la iglesia local.

Siempre estuvo al servicio de la comunidad, dispuesta a ayudar en lo que fuera necesario. Su bondad y dedicación eran conocidas por todos en el pueblo, y se puede decir que su legado es imborrable. Todos la recordamos con gran cariño y admiración por su noble labor y por las bellas lecciones de vida que nos enseñó.

Recuerdo especialmente las veces que se reunía con nosotros en la iglesia del Carmen. Nos juntábamos después de la misa para conversar y aprender de sus sabias palabras. Esos momentos son inolvidables y marcaron profundamente nuestras vidas.

Escolares y promesas

En aquellos tiempos, numerosas señoras y señoritas de gran virtud participaron con fervor en las ceremonias religiosas, siguiendo las creencias que se originaron cuando María, la madre de Cristo, apareció en el mismo lugar donde falleció, en el Monte Carmelo, el 16 de julio de 1257. Por esta razón, se venera a la Virgen del Carmen, cuya imagen se asocia con ese sagrado lugar que en aquel entonces era un monasterio.

La historia cuenta que se le apareció a uno de los monjes del monasterio, llamado San Simón Stock, de origen inglés. La Virgen le entregó un escapulario y le hizo la promesa de que aquellos que murieran llevándolo no sufrirían las penas del infierno. Quienes aceptan el escapulario deben creer en esta promesa. Es común que los padres lleven a sus hijos, alrededor de los 10 años, a una ceremonia de iniciación en la Cofradía, donde comienzan a llevar el escapulario como parte de su compromiso de fe. Desde ese día, se espera que conserven el escapulario durante toda su vida. Algunos lo olvidan o restan importancia, mientras que otros lo llevan siempre consigo. Por lo general, son escapularios pequeños y se renuevan cuando se desgastan. En mi pueblo, hasta la fecha, se mantiene esta costumbre religiosa con profunda fe.

Mis profesoras: La señorita "la Chona"

Continuando con mis recuerdos de la escuela, quiero hablar de mis queridas profesoras durante mi niñez. Entre las señoritas que marcaron mi educación inicial, recuerdo especialmente a una cuyo padre era conocido cariñosamente como "la Chona". Esta profesora impartía clases en su propia casa, y fue con ella donde comencé mi primer año escolar. Las lecciones se daban en un amplio corredor, al lado de un estanque de agua cristalina, un lugar que aún recuerdo vívidamente.

Fue durante este tiempo que empecé a mostrar mi lado más travieso y a ganarme el sobrenombre que me acompañaría durante años. En La Capilla, casi nadie se salvaba de tener un apodo. Jugábamos en el recreo a un juego llamado "Los Encantados", que consistía en quedar inmóviles cuando éramos "encantados" por otro niño, mientras los demás corrían para evitar ser tocados.

Recuerdo un día, jugando a este juego, nadie podía alcanzarme por mi agilidad; era muy ligero en mis movimientos. Frente al patio había un potrero cercado por una pared de piedra. Aunque era pequeño, podía saltar con la destreza de una ardilla, a las que nosotros llamábamos "Zorritas". Ese día, al saltar la cerca de piedra con facilidad, uno de mis compañeros, conocido como "la Sandía", exclamó: "¡Mírenle, parece una Zorrita!". Así nació mi apodo, "el Zorrito". Con el tiempo, evolucionó a "el Zorro". Sin embargo, mi estancia en esa escuela no fue muy larga; mi madre decidió no permitirme continuar allí tras un desacuerdo con "la Chona".

La primera gasolinera de la Chona

Un día, alguien fue a mi casa para decirle a mi madre que yo había tomado un tapón de gasolina de una de las trocas de la Chona. Siempre fui un niño travieso, pero nunca un ladrón. Desde pequeño, esa conducta no iba conmigo y mi madre lo sabía. Por esa razón, ella confiaba en mí y no me reprendió. El verdadero culpable era un joven muy bueno que, con el tiempo, se convirtió en sacerdote. Pero, lamentablemente, algunos de los muchachos me echaron la culpa a mí.

La Chona tenía como negocio dos trocas. Se dedicaba al transporte de mercancías y al traslado de gasolina desde Guadalajara. Era la única gasolinera en el área. Recuerdo que tenía alineados innumerables barriles de 200 litros cada uno. Esa era su gasolinera. Además, traía petróleo para abastecer las tiendas y tenderetes, los cuales lo utilizaban en los aparatos que alumbraban por la noche.

"El del Zorrillo"

Justo al norte, en la otra esquina, había otro estanque conocido como "el del Zorrillo", nombre dado a su dueño. Este estanque también tenía agua muy cristalina y el dueño hacía negocio vendiéndola. Un día, mi madre me envió a buscar agua de este estanque. Llevé unos botes cuadrados, con capacidad para varios litros cada uno. Era una tarea común para todos en el pueblo, ya que esa era la fuente principal de agua.

Mis amigos y mis travesuras

Era nuestra rutina llevar agua a las casas para los animales y para el uso diario. La única manera de tener agua era llenar los botes comunes que solíamos transportar en una estructura a la que cariñosamente llamábamos "la Burra". La cargábamos en los hombros, sosteniendo los botes que pesaban cerca de 50 kilos. A pesar de ser pesados para mí, los transportaba con descansos intermitentes.

Recuerdo un día en particular cuando fui a buscar agua al pozo del Zorrillo. Llevaba mis botes habituales y tenía que pasar por la escuela de la señorita Senaida. Allí, me encontré con un grupo de muchachos que aún no habían entrado a clase; estaban apenas llegando. Entre ellos había un chico que venía de un rancho vecino. Era un poco mayor que yo y nos encontramos mientras yo llevaba el agua. Los muchachos mayores solían buscar diversión provocando peleas entre los demás. Y aquel día, sin entender completamente la situación, me vi involucrado en un altercado con el muchacho del rancho, justo al lado del estanque del Zorrillo.

Infancia y travesuras fuera de la escuela de la profesora Senaida

En aquellos días de mi infancia, a pesar de nunca admitir que tenía miedo, me vi involucrado en una pelea. El enfrentamiento comenzó cuando, ni yo ni mi contrincante, un chico igualmente valiente, quisimos mostrar temor. La lucha duró un buen rato, intercambiando golpes hasta quedar exhaustos. Ninguno de los dos quería continuar peleando. En mi caso, ya tenía un ojo amoratado y anhelaba que alguien mayor interviniera. Estaba a punto de rendirme, cuando un segundo antes, mi adversario declaró: "Ya está bueno, tú ganaste". Fue una victoria agridulce, ya que, en realidad, ninguno ganó.

Reflexionando sobre el incidente, me di cuenta de que había cedido a la presión de los demás chicos mayores, mostrando valentía sólo para no admitir mi miedo. Con prisa y algo maltrecho, volví a casa para entregar el agua. Mi madre, al verme en ese estado y sospechando que algo había ocurrido, me reprendió con sus famosas varas de membrillo. Las marcas moradas de la pelea se sumaban al ojo amoratado que me había causado el muchacho. Ahora, dejando atrás ese episodio, continúo con las historias de las Posadas.

Actividades de mi pueblo desde los 6 hasta los 10 Años

Quisiera relatar las vivencias y actividades de mi pueblo durante mi infancia, especialmente entre los 6 y 10 años. Diciembre es un mes particularmente activo en nuestra Capilla, como en muchos otros lugares, debido a la celebración de la Navidad, que se festeja el 25 de diciembre. En nuestra Capilla, las preparaciones para Navidad comenzaban con las Posadas, que se iniciaban una semana antes de Nochebuena, aproximadamente una hora antes del rosario, el cual siempre empezaba a las 8:00 p. m.

Las Posadas eran una especie de peregrinación que comenzaba alrededor de las 7:00 p. m. Desde las 6 de la tarde, mucha gente empezaba a congregarse en la plaza, convirtiendo en un espectáculo ver tanta gente reunida. Personas de los ranchos vecinos venían a la plaza, que se llenaba de puestos de dulces, cañas, fruterías y, sobre todo, de cacahuates, a los que cariñosamente llamábamos "ruido de uña" debido al sonido que hacían al pelarse. Con el frío, la gente consumía muchas calorías y los cacahuates eran especialmente apetecidos. Era una alegría ver la plaza por la noche, que parecía una alfombra de cáscaras de cacahuates.

Recuerdo que los puestos que vendían cacahuates tenían grandes montones en aquellos tiempos, aunque ya contábamos con electricidad, la iluminación era muy tenue. En cada cuadra había apenas un foco, y en la plaza, aunque había postes, cada uno sólo sostenía un foco de luz tan débil que parecía una naranja colgando. Todo el pueblo se alimentaba de sólo un motor eléctrico, propiedad de don Pedro Castellanos, conocido como Pedro Chico.

El encargado del motor era llamado Maestro Masás. Este motor no sólo proporcionaba electricidad; también se usaba para moler el nixtamal para hacer masa y, con ella, las tortillas diarias. Cada mañana se formaba una larga fila de gente esperando su turno para moler su nixtamal, y por la noche, el motor se volvía a encender para proveer de luz eléctrica a las casas y al pueblo.

Colocaban un foco en el centro de las cuatro esquinas de cada cuadra. A las 11:00 p. m., se apagaba la luz, anunciándose primero con un breve apagón quince minutos antes. Después de esto, la gente se iluminaba con velas o lámparas de petróleo.

Posadas y Navidad

Volviendo a las Posadas y continuando con el tema de los cacahuates, recuerdo que, en la mayoría de los puestos durante las Posadas, los vendedores extendían un petate; una palabra indígena que describe grandes tapetes hechos de tule. Colocaban puñados de productos sobre el petate, dispersándose con cuidado. Cada puñado cuidadosamente colocado atraía a los clientes con sus llamados: "¡Aquí están los más dorados!". "¡Pásele, sólo veinte centavos!". Había una competencia amistosa entre los vendedores, pero todos lograban vender, invitando constantemente a los transeúntes.

Las Posadas iniciaban al pie del altar dentro de la iglesia, representando la búsqueda de hospedaje por parte de José y María antes del nacimiento del Niño Jesús. Se representaba su peregrinación por Belén, buscando un lugar donde quedarse. Nadie les ofrecía posada hasta que encontraban un portal en las afueras de la ciudad, donde María finalmente daría a luz.

Siguiendo con las tradiciones, durante las Posadas llevaban figuras de José, María, vacas y corderos. Estas figuras no eran muy grandes y se colocaban en plataformas con asas para ser llevadas sobre los hombros. La procesión comenzaba desde el altar, y al mismo tiempo, el coro dentro de la iglesia iniciaba sus cánticos, marcando el comienzo de esta hermosa tradición.

El coro y la Chaparra: Recuerdos musicales

En la parte superior del templo, había varios niños que acompañaban a la organista, a quien cariñosamente llamábamos "la Chaparra". Era una persona excepcionalmente buena y estaba acompañada por un violinista extraordinariamente talentoso, Jorge Venegas. Su habilidad con el violín era maravillosa, y su muerte, acaecida a una edad no muy avanzada, fue profundamente lamentada por todo el pueblo. Jorge no sólo era un violinista prodigioso, sino también una gran persona, al igual que la Chaparra. Nunca faltaba al rosario por las tardes y estaba presente en todos los eventos especiales del año, incluyendo elegantes matrimonios y primeras comuniones.

En los días regulares, se dedicaba a enseñar canto a los niños. Mi hermano Miguel, por ejemplo, fue entrenado por él para cantar en el coro. A mí no me enseñaban, ya que era bastante travieso.

Prosiguiendo con las Posadas, cuando salían del templo, daban una vuelta a la plaza, cantando alabanzas en coro. La gente se unía con voces que sonaban maravillosamente a capela, entonando cánticos propios de las vísperas navideñas. Nosotros, los niños, casi siempre llevábamos algún instrumento que hacía ruido, imitando los cantos de los pájaros. Estos instrumentos eran de lámina y los llamábamos "guajes de lata".

Canto de las güijolas

Había un artesano en nuestro pueblo, un hábil hacedor de güijolas, a quien todos conocíamos por su destreza en su oficio. Las güijolas eran como recipientes redondos de 10 centímetros de diámetro, cuya tapa tenía una forma similar a un embudo invertido, terminando en un orificio pequeño, del grosor de un cartucho de pluma. Estos instrumentos tenían un tubo de aproximadamente 5 centímetros de largo y del grosor de un lápiz. Se llenaban de agua haciendo buches y luego soplaban a través de ellos, produciendo un sonido que recordaba el canto de los pájaros.

Éramos tantos muchachos con güijolas que, al tocarlos juntos, el sonido se asemejaba al de un coro de pájaros. Con estos instrumentos acompañábamos la peregrinación hasta regresar al templo. Al final de la procesión, cuando José y María, llevados en una plataforma, se acercaban a una granada colgada como una piñata, el coro empezaba a cantar. En ese momento, abrían la granada en cuatro partes, liberando un aluvión de confeti de colores y serpentinas, creando un momento mágico y festivo.

Travesuras con las güijolas

Qué hermosos eran aquellos tiempos. Entre nuestras travesuras, también estaba jugar con la güijola. La llenábamos de agua, que, al ser soplada, producía un sonido peculiar. Ingeniosamente, tapábamos el orificio por donde salía el aire y, al ladear la güijola, lanzábamos un fuerte chorro de agua, mojándonos unos a otros. Salíamos del rosario completamente empapados, llevando siempre una botella de agua para rellenar la güijola cuando se vaciaba.

Además, solíamos tocar la güijola en cada misterio del rosario, coincidiendo con el canto del coro y de toda la gente. Todo resonaba tan hermoso, como si fueran cantos del cielo. Al terminar cada misterio, en lugar de seguir rezando, comenzábamos a mojarnos. Incluso mojábamos a las personas mayores, actuando como si, entre tanta gente, no supieran quién había sido.

Sin embargo, una vez, mojamos a un muchacho más grande. Al lanzarle un chorro con la güijola, él se volteó de repente y nos vio. Rápidamente nos escondimos al verlo venir hacia nosotros, visiblemente enfadado. Mi amigo, a quien llamábamos el Cisto, estaba conmigo. Ambos corrimos juntos para alejarnos de su ira.

El aire de los cacahuates

En aquella ocasión, debido a la gran multitud, tuvimos que correr agachados entre las piernas de la gente para escapar. Casi al llegar a la salida del templo, nos detuvimos al darnos cuenta de que habíamos evadido a nuestro perseguidor. Sin embargo, nos encontramos en una situación similar a la del ratón que no quiere queso, sino escapar de la ratonera. Justo donde nos detuvimos, alguien no pudo contener un aire, y como todos habían comido cacahuates, algunos estaban con el estómago delicado.

¡Ay, madre mía! Casi pedimos auxilio ante el olor tan fuerte que nos rodeaba. Nos torcían tanto los olores que perdimos toda orientación, sin saber dónde estaba la salida. Tratamos de aguantar la respiración lo más que pudimos, pero habría hecho falta ser campeón de natación para resistir mucho tiempo sin respirar. Y como estábamos agachados, nos golpearon en la cara. Finalmente, tambaleándonos como borrachos, encontramos la salida, agradeciendo a Dios por volver a respirar aire fresco. Detrás de nosotros, venían otras personas que también habían sido afectadas por el aire de los cacahuates. Así terminaban esas Posadas tan bonitas, y tras ellas seguía la celebración de Navidad.

Navidad

En vísperas de Navidad, tras concluir las Posadas, la llegada de la festividad llenaba el pueblo de alegría y expectación. La gente se reunía en mayor número, y las vendimias disfrutaban de su momento de gloria, vendiendo juguetes en cada esquina. Todos nosotros esperábamos con ansias ese día, imaginando qué regalos nos traería el Niño Dios.

En esos días, una orquesta tocaba en el quiosco de la plaza, formada por talentos locales como Jorge Venegas y Zacarías, creo que era su pariente, que tocaba la trompeta. Había otro, al que llamaban el Hory, y mi abuelo don Tachito tocaba el barítono. La orquesta, dirigida por Jorge V., un violinista magnífico, deleitaba a todos con su música. La venta de cacahuates era una fuente de alegría, y el suelo se llenaba de cáscaras mezcladas con confeti y serpentinas, especialmente durante las serenatas.

Tras el rosario, las muchachas y los jóvenes comenzaban a dar vueltas alrededor de la plaza, mientras las amas de casa se sentaban en las bancas para observar todo el emocionante movimiento. Cuando las señoritas daban una vuelta, los hombres lo hacían en sentido contrario, creando un baile de miradas y encuentros.

Navidad y la serenata

En la plaza, había varios puestos en Navidad, los puestos de la plaza se llenaban de vida. Vendían confeti y serpentinas, y muchos ofrecían claveles y gardenias. Las mujeres recibían estas hermosas flores con gran alegría, manteniendo viva una costumbre que perdura hasta nuestros días. También era popular la venta de huevos pintados de colores, rellenos de confeti, que se rompían en las cabezas de los presentes, añadiendo color y risas a la festividad. La Navidad brillaba con fuegos artificiales, un espectáculo que nos maravillaba mientras buscábamos nuevas travesuras que hacer.

Huevos guerreros y otras travesuras

Recuerdo una vez que, en la casa que mi padre había comprado, descubrí un nido en un agujero de la pared. Una gallina había abandonado allí unos ocho huevos, ya viejos. Pensé en venderlos en la tienda, pero al mover uno, escuché el sonido de su contenido al batirlo, señal de que estaba podrido. Aunque el olor era casi insoportable, decidí llevarlos de todas maneras. Junto con mi inseparable amigo, el Cisto, a quien también le encantaban las travesuras y juntos ideamos un plan.

Ingenio y travesuras

Me llevé algunos de esos huevos y, junto a mi abuelo Tachito en su carpintería, situada en su casa, encontramos la oportunidad perfecta para una de nuestras travesuras. Allí pintamos unos huevos con la pintura que mi abuelo usaba a diario, y les pegamos confeti para que parecieran aquellos rellenos de confetis que se vendían en la plaza. Nuestra idea era sacar unos centavos vendiéndolos.

Esperamos hasta la noche, cuando la gente salía del rosario y comenzaba la serenata. Nos encontramos con unos muchachos mayores, a quienes les vendimos los huevos a mitad de precio. No les regalamos los huevos para evitar sospechas, ya que lo que realmente nos interesaba era la travesura en sí, más que el dinero que pudiéramos obtener.

Creían que los huevos tenían confeti dentro, y hasta les vendimos unas flores que cortamos de las macetas de mi abuela María. No recuerdo cuánto nos dieron por todo, pero pronto nos escondimos para observar qué pasaba con esos huevos.

Uno de estos muchachos, conocido por ser un abusón con los más pequeños, nos había robado canicas en el pasado. Aquella noche, mientras daban vueltas por la plaza, se detuvieron a hablar con dos muchachas, de unos 13 a 15 años, siendo ellos un año o dos mayores. El abusón, en particular, era alguien a quien no le teníamos mucho cariño debido a sus acciones pasadas.

Una broma inolvidable

Recuerdo aquel día en el que decidimos vengarnos de un chico que nos había robado las canicas un día que estábamos jugando y nos había golpeado. Nuestra travesura se centró en la serenata de Navidad. Mientras los muchachos charlaban con unas chicas, aprovechamos para romper sobre sus cabezas unos huevos güeros malolientes que habíamos preparado.

Los gritos no se hicieron esperar. El hedor era insoportable, tanto que los chicos cercanos se tapaban la nariz con sus manos, dejando a las muchachas solas, gritando y limpiándose frenéticamente, incluso usando sus rebozos para cubrirse.

Nosotros, ocultos y sin perder de vista la escena, nos conteníamos la risa al ver el caos que habíamos causado. Pronto, un policía llamado Pancho, a quien todos conocíamos como Pancho Pistolas, se acercó para averiguar qué había sucedido. Incluso él tenía que taparse la nariz por el mal olor. Las chicas, tras explicarle lo sucedido, se marcharon rápidamente para bañarse, siendo esa la única solución posible.

Un plan ranchero

Más tarde, Herminio Alcalá, el comandante de aquel entonces durante mucho tiempo, conocido por su rigurosidad, estuvo buscando a los dos muchachos implicados en el incidente de los huevos duros para arrestarlos. Al enterarse, huyeron al rancho de sus padres para evadir la justicia y esperar a que el asunto se olvidara. De alguna manera, aquello nos dio un respiro de sus molestias.

Sin embargo, no tardamos en encontrarnos. Cada vez que los veíamos, corríamos como si fuéramos campeones, pues sabíamos que querían vengarse. Recuerdo un día, jugando en la cuadra donde vivía mi amigo Cisto, cuyo nombre real era Manuel Castellanos, hijo del famoso Chepillo. En esa ocasión, los muchachos idearon un plan para acorralarme: uno apareció por una esquina y el otro por la opuesta. Seguramente pensaban que no podríamos escapar.

Cisto, cuya casa estaba cerca, corrió a refugiarse allí por el susto y cerró la puerta detrás de él, olvidándose completamente de mí. Me quedé paralizado por un momento, viendo a los muchachos acercarse, uno por cada lado. Pero entonces, recordando por qué me llamaban "el Zorrito", reaccioné rápidamente.

Corrí hacia una ventana. Era una de mis travesuras más memorables ocurrió frente a la casa de Cisto. Su casa tenía un barandal y, justo encima de la ventana, había un canal de cantera para el desagüe del agua de lluvia. En una ocasión, trepé por ese canal hasta llegar a la azotea. Los muchachos que me perseguían intentaron alcanzarme, pero desde arriba les lancé un ladrillo, mientras ellos gritaban que tenían que atraparme. Nunca lo lograron; sólo se quedaron con las ganas. Después de que se fueron, bajé y así terminó otra de mis muchas travesuras.

CAPÍTULO 7

Año Nuevo y los Santos Reyes

Tras la Navidad, llegaba el Año Nuevo. Esta celebración era más tranquila, generalmente marcada por una misa a medianoche. Las ventas de cacahuates continuaban, ya que aún se reunía gente por la noche para esperar la misa. En esos tiempos, era raro ver a alguien con abrigo; los del rancho no dejaban sus sombreros grandes en casa. Luego, el 6 de enero, celebramos el Día de los Santos Reyes. En esa fecha, a veces nos traían regalos, pero otras veces no había nada, pues ya se había gastado mucho durante la Navidad.

Las bolsas quedaban vacías, y aun así, en esta fecha también se celebraba con una misa, pero durante el día. Al siguiente día, comenzaban a retirar los adornos navideños y desmontar las posadas. Recuerdo especialmente el hermoso Nacimiento que se formaba al frente del altar del templo, que era el más impresionante de todos los que se armaban en La Capilla.

Nos fascinaba observar cómo en el Nacimiento del templo recreaban todo el pueblo de Belén con sus casitas, muchas figuras en miniatura, vacas, burros, borregos, camellos, y vendimias. A la orilla de este Belén ponían un portal con un pesebre, representando el nacimiento del Niño Jesús, con San José, la Virgen María y la burra. Estas figuras eran de tamaño mediano, similares a las que se usaban en la peregrinación de las Posadas. También incluían vacas, corderos, varios pastores y, al colocar al Niño Jesús en el pesebre, añadían a los Santos Reyes con sus camellos y caballos, creando una escena conmovedora y detallada.

Homenaje a Tomás Torres

Recuerdo con cariño el Nacimiento que ponían en el portal de la iglesia. Destacaba una estrella que lo iluminaba, creando una escena realmente hermosa. El segundo Nacimiento más impresionante pertenecía a una señora llamada Aureliana, esposa de un señor conocido como Tomás Torres. Aunque había rumores de que era egoísta, mi experiencia personal siempre fue que era una persona muy buena.

Tomás también era famoso por ser un excelente cazador de liebres, nunca faltaba a las reuniones de caza que se organizaban en la plaza cada miércoles, especialmente durante la temporada de lluvias cuando el pasto estaba alto. La gente que deseaba participar en las cacerías llegaba con sus perros, y hasta los perros galgos que vagabundeaban por las calles parecían entender el alboroto y se acercaban a la troca para ser llevados también.

Don Tomás Torres nunca subía a la troca. Tenía un caballo mediano cuyo trote era tan rápido que era difícil encontrar otro caballo que pudiera igualarlo, excepto quizás el de don Felipe, el agrarista, que también era conocido por su buen trote. Don Tomás madrugaba para ir a las cacerías, montaba su caballo y, para cuando nosotros llegamos, ya estaba allí.

Desde niño, siempre me gustó participar en las actividades del pueblo, y una de ellas era ir a las cacerías con don Tomás Torres. Cuando llegamos en la troca, don Tomás ya estaba allí, listo para empezar a recorrer los potreros. Su esposa, Aureliana, a quien ya he mencionado, era una señora excepcionalmente amable y apreciada. La relación entre don Tomás y ella era evidente; se llevaban muy bien y se querían mucho.

Hablando del segundo Nacimiento más bonito, doña Aureliana lo armaba en su sala, que era bastante amplia y daba a la calle. Cada año, montaba un Nacimiento hermoso y grande que mantenía abierto a la observación pública. Abría la ventana que daba a la acera para que cualquiera que pasara pudiera admirarlo, y se sentía muy contenta cuando la gente se detenía a verlo.

Este matrimonio nunca tuvo hijos, pues así lo quiso el destino. Convivían con un ahijado, una persona muy amable que se quedó con ellos hasta el fallecimiento de don Tomás, asistiéndolos en todo lo necesario. Don Tomás tenía cerdos, y Lunis, que así se llamaba el ahijado, se encargaba de alimentarlos. Poseían varios cebaderos de cerdos con una gran cantidad de animales. A Lunis lo veíamos todos los días llevando agua en su par de botes para los cerdos.

Tomás Torres y Lunis

Don Tomás Torres tenía una peculiar relación con su ahijado, Lunis. Aunque Lunis era muy querido por don Tomás, a menudo se le trataba casi como a un esclavo, siempre con la esperanza de recibir una herencia cuando don Tomás falleciera. Sin embargo, cuando don Tomás murió, Lunis sólo permaneció un corto tiempo más con doña Aureliana. Después se fue a trabajar a Guadalajara, dándose cuenta de que su padrino no le había dejado nada en herencia. Don Tomás, que casi nunca le pagaba, dejó a Lunis en la misma pobreza, con la vaga esperanza de que doña Aureliana pudiera reconocer su trabajo casi gratuito durante todos los años que estuvo con ellos.

Lo que pasó después fue triste para Lunis. Cuando doña Aureliana falleció, se llevó consigo las esperanzas del joven. Antes de su muerte, el sacerdote del pueblo, el padre Vera, comenzó a visitarla diariamente para prepararla para el más allá. Como don Tomás Torres había sido muy rico y le había dejado todo a su esposa, ella era considerada muy pía y se decía que iría directamente al cielo, al igual que su marido.

El cura Vera y las propiedades del templo

La esposa de don Felipe Navarro, doña Mariquita de la Torre, fue quien se encargó de las propiedades del templo. Al fallecer, dejó numerosas propiedades alrededor y frente al templo en beneficio de los feligreses y de todo el pueblo. Sin embargo, el cura Vera, encargado de estos bienes, vendió algunas de ellas, y no está claro si respetó o no la voluntad de los difuntos. Queda la duda si tenía el derecho de hacerlo.

Cuando doña Mariquita murió, dejó todas sus propiedades a su hijo menor, Vicente, quien nunca se casó. Entre estas propiedades se incluía la gran casa que su padre, don Felipe Navarro, había construido, así como un pozo que aún permanece y es conocido como "el Pozo de Adentro". Otro pozo, situado a media cuadra del templo hacia el norte, era conocido como "el estanque". Este pozo, hecho completamente de piedra, era impresionante. Siempre me pregunté cómo lograron extraer tanta roca para construirlo. Se llenaba rápidamente cuando llovía, recogiendo el agua de las calles circundantes, pero esa agua no era apta para beber, ya que también recogía el agua de los corrales y establos cercanos, entre ellos los de Elpidio Gonzales y Juventino Aceves, lo que hacía que el agua se tornará oscura.

Propiedades del templo

En el estanque cercano al templo, durante todo el año, se formaba una capa de verdor, como una alfombra de lirios en miniatura, debido al estiércol del ganado. A veces, mi abuela María me enviaba a recoger agua de este estanque, llevando los botes en una burra, es decir, un palo de madera sobre los hombros. Con el paso del tiempo, este estanque fue tapado y reemplazado por casas.

En realidad, ya no era necesario, especialmente después de que el cura Vera vendió la propiedad. Fue una de las muchas que vendió, algo que su predecesor, el padre Morales, no había hecho. Claro, el cura Vera lo hizo con un pretexto convincente.

Otra propiedad importante era un templo situado al este del principal, en la esquina de La capilla, conocido como el "Templo Nuevo". Este templo, que nunca se terminó, es el mismo que he mencionado en ocasiones anteriores. Fue iniciado por mi tatarabuela, doña Mariquita de la Torre, después del asesinato de su esposo, don Felipe Navarro. Además, como mencioné antes, en ese "Templo Nuevo", también llamado Alebo, se encontraba el primer cementerio donde fueron sepultados los primeros fundadores de La Capilla.

El Templo Nuevo

El Templo Nuevo, un proyecto iniciado por doña Mariquita de la Torre, fue un homenaje a los fundadores del pueblo y a sus ancestros. Entre ellos se encontraba don Antonio de Aceves, junto a otros apellidos prominentes como Navarro, González, de la Torre, y Franco, quienes fueron los primeros en llegar al pueblo originalmente llamado Guadalupe. Más tarde, el nombre evolucionó a Capilla de Guadalupe, que es su designación oficial.

Este templo fue concebido por doña Mariquita no sólo como un lugar de culto, sino también como un monumento en honor a su esposo, don Felipe Navarro, quien murió como un héroe, y a su abuelo, el Amo Aceves. La idea era edificar un templo alrededor del cementerio para crear un recuerdo permanente de aquellos que se sacrificaron para fundar nuestro pueblo, La Capilla.

Recuerdo el Templo Nuevo como una gran estructura de ladrillo, con todas sus paredes ya formadas. Tenía arcos hermosos, naves bien definidas, y una torre que ya estaba en construcción. En el suelo del medio, todavía se podían ver las cruces de madera marcando cada una de las sepulturas. De niño, solía explorar esos lugares libremente y me divertía mucho. Recuerdo la primera vez que fui; me llevó un primo mío, Ligo Ascencio, que vivía cerca del Templo Nuevo. Nos subimos por una de las paredes donde mi primo me mostró una vista impresionante.

Desde allí, podíamos ver claramente las cruces del cementerio, sin darnos cuenta en ese momento de que entre esas tumbas yacían nuestros antepasados. Digo "nuestros" porque Ligó también compartía esa misma parentela. Él era hijo de un tío primo hermano de mi padre, don Eduardo Ascencio González, nieto de don Eulogio

González "el Plateado", abuelo también de mi padre y que, junto con su esposa doña Teodora Navarro, hija de don Felipe Navarro, descansaban en ese cementerio. Doña Teodora, recordada como una santa por su paciencia y resignación ante una enfermedad que se la llevó en la plenitud de su vida, también estaba allí.

Doña Mariquita de la Torre había concebido el Templo Nuevo como un homenaje a todos estos antepasados. Sin embargo, la mala suerte quiso que ella falleciera cuando la construcción apenas iba a la mitad. Tristemente, el cura de la Mora, que había estado al frente del templo por muchos años y apoyaba la obra del Templo Nuevo, también falleció, y con su muerte, la construcción se detuvo. Creo que los herederos, enfrentando problemas en la repartición de la herencia, no mostraron interés en continuar con la obra del Templo Nuevo, dejándolo inacabado.

El Templo Nuevo y el legado nuevo

Se relata cómo el Templo Nuevo quedó inacabado y, con el tiempo, fue olvidado por la comunidad, incluyendo el respeto que debíamos a nuestros ancestros allí sepultados. Parece que no hubo nadie que tomara la iniciativa de continuar la obra, quizás porque se perdió el conocimiento del valor histórico y familiar que representaba.

El sucesor del padre de la Mora, el padre Morales, se dedicó completamente al templo principal, que aún necesitaba mucho trabajo para ser terminado y embellecido. Bajo su liderazgo, el templo principal se transformó en una obra de arte, destacando por sus hermosos murales de la Virgen de Guadalupe. Está claro que invirtió mucho tiempo y dinero en este proyecto, lo que probablemente le impidió prestar atención al Templo Nuevo. No puedo culparlo, ya que, siendo originario de Arandas, era un sacerdote excepcionalmente activo y organizador, destacando por su humildad, una cualidad esencial en cualquier representante de la iglesia de Cristo.

Aunque me estoy desviando un poco del tema principal, es importante reconocer que, por una razón u otra, apreciamos mucho al padre Morales como un gran benefactor para nuestra comunidad y nuestra fe.

La gente del pueblo, aunque no reconoció lo que realmente representaba el Templo Nuevo más allá de unas simples ruinas, siempre mantuvo un respeto hacia el lugar. Creo que la falta de un iniciador entre los descendientes que organizara una cooperación para terminar la obra fue la razón principal por la que nunca se completó. Era un homenaje muy significativo, y me entristece haberme dado cuenta de su importancia demasiado tarde.

Lo que les relato ahora es el fruto de conocimientos adquiridos a lo largo de los años, recuerdos acumulados en mi memoria de las historias contadas por mis abuelos y otros ancianos del pueblo, incluso algunos mayores que ellos. Todo esto lo fui juntando como un rompecabezas, y Dios me ha dado la paciencia y la capacidad de recordar y meditar para discernir la verdad.

Recuerdo que solía hacer travesuras en el Templo Nuevo. Cuando Ligo, mi primo, me llevó allí por primera vez, también me advirtió que no bajáramos de las paredes. Había rumores de que entre las sepulturas vivía una víbora de cascabel con plumas, lo que nos mantenía alerta. En nuestras visitas, nunca nos atrevíamos a bajar al suelo. A Ligo también le pusimos su propio sobrenombre, "el Sopal".

Recuerdo vívidamente una anécdota con él, Un día, su madre lo mandó a la tienda con 104 centavos para comprar sopa de fideo, hecha por Chepillo. Parece que le dieron una cantidad generosa por esos 104 centavos, y al salir de la tienda, nos mostró el gran bulto de sopa, gritando emocionado. Desde entonces, comenzamos a llamarlo "el Sopal".

En otra ocasión en el Templo Nuevo, junto a Pillo, hijo de Elpidio Gonzales y amigo mío, exploramos los grandes arcos del templo. Descubrimos un agujero entre los ladrillos de uno de los arcos y, al ver salir una paloma, me trepé curioso, esperando encontrar pichones. Efectivamente, hallé dos. Cada uno se llevó uno a casa. Eran palomos hermosos, de un color negro azulado con algunas plumas blancas y un distintivo rodete blanco alrededor del cuello. Eran especiales, aunque nunca supe exactamente de qué raza eran.

En otra ocasión, fui al templo con otro amigo de mi edad, Jesús Galván, a quien llamábamos "Chu". Él y yo decidimos subir a las paredes más altas del templo, construidas completamente de ladrillo. Lo hicimos porque vimos, en lo más alto, un nido de arconcillos.

A pesar del riesgo de caernos, avanzamos con cuidado. Encontramos una tabla cerca y decidimos usarla como puente para cruzar. La trajo Chu, que vivía cerca, y con esfuerzo la colocamos para poder atravesar.

Al llegar al nido, me agaché para recoger dos arconcillos pequeños, pero de repente, la arconcilla madre llegó volando hacia nosotros, atacándonos con un fuerte graznido. En ese momento, ya tenía un arconcillo pequeño en mis manos. Chu empezó a lanzar terrones para ahuyentar a la arconcilla madre, y así logramos escapar, aunque con el peligro de caer. Me llevé el pequeño arconcillo a casa, después de rifarlo me tocó a mí. Lo alimenté con lombrices que encontraba en las macetas de casa, donde crecían plantas y flores.

Así eran mis días de diversión en el Templo Nuevo. Nos encantaba andar entre sus paredes. Estoy seguro de que, si se hubiera terminado, habría sido un lugar hermoso. Pero lamentablemente, el proyecto se detuvo con la muerte de mamá Mariquita y el cura de la Mora.

Con la llegada del padre Vera, se inició una nueva etapa en nuestro pueblo. Aunque comenzó con poco conocimiento sobre la historia y los fundadores del pueblo, sus primeros pasos fueron prometedores. Se involucró en levantar varias obras materiales, beneficiando especialmente al sistema escolar. Gracias a ciertas influencias y al capital acumulado, así como con la ayuda de varios habitantes del pueblo y la venta de algunas propiedades del templo, logró renovar el sistema de luz eléctrica, una necesidad urgente para la comunidad.

Con su carácter y liderazgo, parecía ser un benefactor magnífico, pero con el tiempo, su enfoque cambió drásticamente. Tomó la decisión controversial de demoler el Templo Nuevo para construir un Campo Charro, un deporte noble y muy arraigado en nuestra región y mi pueblo. El equipo charro de La Capilla incluso llegó a ser campeón nacional dos veces.

Sin embargo, esta decisión implicó, quizás inconscientemente, una falta de respeto hacia el lugar sagrado de nuestros antepasados. Al transformar el espacio en un Campo Charro, se perdió el rastro de los vestigios sagrados, incluyendo la consagración del cementerio y el último sacramento otorgado a cada uno de los allí sepultados, así como la consagración original del templo. Estoy convencido de que no existe ningún rito que pueda borrar lo consagrado; si lo hay, es desconocido para mí.

En la historia y la fe, hay misterios profundos, como el respeto a los muertos, que descansan en espera de la resurrección prometida por Cristo. Este respeto es fundamental, como lo demuestra el ejemplo bíblico de Jacob. Cuando Jacob dejó las tierras de Canaán, donde vivía con su padre Abraham, se fue a Egipto con su hijo José, un hombre poderoso y de confianza del faraón. José llevó a toda su familia, sumando en total 70 personas, incluyendo a sus hermanos, esposas, hijos y su padre Jacob.

Al acercarse el momento de su muerte, José prometió a su padre que lo enterraría en la tumba donde habían sepultado a su padre Isaac y a su abuelo Abraham. Esta propiedad, adquirida por Abraham, tenía una cueva convertida en sepulcro familiar. Allí descansaban Abraham y su esposa Sara, Isaac y Rebeca. Jacob ya había preparado su propia sepultura en esa cueva.

Le pidió a José que, al morir, lo llevara a esa tumba. Y así sucedió. Al fallecer Jacob, José organizó una caravana con carretas, caballos y camellos, y con el permiso del faraón, trasladó el cuerpo de su padre Jacob para cumplir con su promesa, respetando el lugar sagrado y la memoria de sus antepasados.

El respeto a los muertos

Con el permiso del faraón, José emprendió un largo viaje de cientos de kilómetros hasta Canaán para enterrar a su padre Jacob con toda la solemnidad y respeto que merecía. Esta ceremonia, llena de luto y honor, destacó la importancia del respeto hacia los antepasados.

Más tarde, al acercarse su propia muerte a la edad de 110 años, José habló a su familia sobre el futuro. Les dijo que llegaría el día en que Dios los ayudaría a salir de Egipto y, cuando ese momento llegara, les pidió que llevaran sus restos con ellos y los enterraran junto a su padre.

Pasaron varios cientos de años y la descendencia de José creció exponencialmente en Egipto. Cuando finalmente partieron hacia la Tierra Prometida, eran más de medio millón de personas sin contar mujeres y niños. Aunque Moisés, quien lideró la salida, no llegó a Canaán, los restos de José sí fueron llevados hasta el sepulcro familiar, tras 40 años de sacrificios y travesía por el desierto. Finalmente, llegaron a Canaán, al este del río Jordán.

Esta historia ilustra la profunda importancia y el amor que se debe tener hacia la voluntad de los difuntos. La decisión de llevar los restos de José hasta Canaán, cumpliendo su última voluntad después de siglos, muestra un respeto y devoción ejemplares por el legado familiar.

La idea de que los cuerpos deben descansar en paz hasta el día de la resurrección encierra un misterio profundo. ¿Por qué es tan importante respetar la voluntad de los difuntos? Antiguamente, parece que se tenía un mayor conocimiento sobre estos asuntos, conocimiento que hoy parece estar perdiéndose. A menudo escucho decir que, una vez muerto, el cuerpo ya no importa, puede ser depositado en cualquier lugar. Sin embargo, creo firmemente que, aunque en vida el cuerpo es un templo del Espíritu Santo y tras la muerte, el alma se separa, el cuerpo sigue siendo sagrado y merece respeto.

Escribir sobre esto me llena de emoción, casi como si tuviera un nudo en la garganta. Puede que esto sea una especie de reclamo, y siento que tengo derecho a hacerlo. Mis antepasados, que descansaban en el Templo Nuevo, merecen nuestro respeto. El hecho de que estén en silencio no significa que no sean conscientes de lo que está sucediendo con sus descendientes. Creo que, si los espíritus pudieran llorar, habrían derramado muchas lágrimas por cómo han sido tratados sus restos y su memoria.

En lo referente a lo sucedido con el cementerio sagrado, no creo que signifique que Dios castigará a quienes violaron, tal vez inconscientemente, su consagración. Estoy seguro de que fue así porque sé que los charros de mi pueblo son cristianos de gran fe. Sin embargo, hay aspectos como este que a veces no entendemos completamente, y todos somos susceptibles de cometer errores de este tipo. A veces no se nos enseña a valorar el amor y el esfuerzo que nuestros antepasados pusieron en crear una economía hereditaria para mejorar la vida de sus descendientes.

Quienes supieron aprovechar ese legado, bien por ellos; y quienes lo desperdiciaron, qué lástima. Pero es innegable que nuestros antepasados se sacrificaron, arriesgando e incluso perdiendo sus vidas en luchas, como el caso de don Felipe, que murió heroicamente. Vivieron enfrentándose constantemente a peligros para preservar lo que eventualmente nos dejarían, siempre luchando contra bandidos que querían arrebatarles lo que con tanto sacrificio habían logrado.

Parece que, con el paso del tiempo, aquellos que viven bien pueden olvidar fácilmente los sacrificios y las luchas de quienes les precedieron.

El legado olvidado

Muchos de los que hoy viven cómodamente en nuestro pueblo parecen haber olvidado sus raíces, ignorando los grandes sacrificios de quienes les precedieron. Lo más doloroso es cómo se han manejado las sepulturas de nuestros antepasados. Tristemente, fueron removidos de sus tumbas y trasladados a lo que se conoce como la Tumba Común, un lugar destinado a aquellos desamparados que no pueden costear su sepultura. Es como si fueran descartados, olvidados.

Todo el esfuerzo y la intención noble de mamá Mariquita por honrar la memoria de sus seres queridos y fundadores de nuestra Capilla de Guadalupe se desvaneció, borrando el gran respeto que se les debía. A veces me pregunto si hay alguna forma de comprender y redimir lo ocurrido. Si estoy equivocado en mis pensamientos, pido perdón, y perdono a quienes hayan cometido estos errores, si es que hay algo que perdonar.

En nuestro pueblo, casi todos somos parientes de alguna manera, algunos más cercanos, otros más distantes. Aprecio a todos y siempre he sentido su cariño. Ojalá algún día podamos, juntos, enmendar este error. Créanme, he reflexionado mucho antes de escribir este capítulo, buscando palabras para expresar estos sentimientos y pensamientos.

Sentí una profunda responsabilidad al escribir sobre el Templo Nuevo. Aunque mis antepasados no pueden regresar para corregir este error, me siento honrado de que Dios me haya dado la oportunidad de hablar en su nombre, expresando el amor y respeto que les tengo. Creo firmemente que el espíritu de mis antepasados, y de toda mi región de Los Altos, sigue presente en cada uno de los lugares donde vivieron, esperando el día en que nos reunamos con ellos en la vida eterna.

Así, les narro la historia del Templo Nuevo, que, aunque es un relato algo triste, sentí la necesidad de contar lo que sucedió. Algunos quizás no estén de acuerdo con mis palabras sobre el cura Vera y el error que cometió, pero los hechos hablan por sí solos. Las decisiones conscientes, aunque equivocadas, llevan consigo una responsabilidad, y quien lidera y decide tiene la mayor parte de la culpa.

Para aliviar este nudo en mi garganta, prefiero continuar con las cosas hermosas que ofrece La Capilla, incluyendo sus maravillosas mujeres, que con su presencia y belleza realzan cada evento celebrado en el pueblo. Su belleza es como flores adornando las fiestas, aportando alegría y embelleciendo cada ocasión.

CAPÍTULO 8

La fiesta de mi pueblo

En estas festividades en honor de la Morenita Guadalupana, que originalmente se celebraban en diciembre en la Ciudad de México y en todo el mundo, hubo un cambio significativo durante el tiempo del padre Morales en mi pueblo. Bajo su liderazgo y con el consentimiento de la comunidad, la festividad se trasladó a febrero.

Este cambio atrajo no sólo a los residentes de La Capilla, sino también a visitantes de otras regiones. En los últimos días de la festividad, la plaza se llenaba hasta el límite, y además de las celebraciones en la plaza, se llevaban a cabo peleas de gallos y emocionantes carreras de caballos.

Antes de que comenzara el primer día de celebraciones, las calles se adornaban con elaborados ornamentos hechos de tiras de papel de colores. Estos adornos se adherían a las paredes con un pegamento especial hecho de harina de trigo y agua, que resultaba muy efectivo. La vista de estas calles engalanadas con papel de colores era un espectáculo hermoso.

Además, algunos de nuestros vecinos colgaban faroles en los marcos de sus puertas. Estos faroles estaban equipados con velas que iluminaban la noche y añadían un toque especial a la celebración. Estos detalles contribuyen a crear un ambiente festivo y lleno de encanto que todos esperaban con ilusión.

Las festividades en nuestro querido pueblo eran un verdadero espectáculo que llenaba de alegría nuestros corazones desde que éramos niños. Las celebraciones comenzaban con las posadas y se prolongaban durante la Navidad. Desde temprano, la anticipación se apoderaba de nosotros, y nuestros corazones se llenaban de regocijo al saber que nos esperaban días de gozo y celebración.

Uno de los aspectos más emocionantes eran los juegos pirotécnicos que iluminaban el cielo nocturno. El encanto de los fuegos artificiales se hacía evidente con el magnífico castillo de pólvora que estallaba en colores brillantes. Además, los cohetes de luces y los estruendosos cohetes de trueno, cuidadosamente alineados alrededor de la plaza y la iglesia, creaban un ambiente mágico.

No podían faltar los toros de buscapiés, que después de su propia exhibición, daban paso a la grandiosa quema del castillo. Los dos últimos días de las festividades eran el momento culminante con el desfile de los carros alegóricos. Estos carros, diseñados con maestría artística, representaban pasajes bíblicos y eran una verdadera obra de arte.

El desfile más colorido y esperado era el de la Morenita Guadalupana, un homenaje lleno de fervor. Además, no podemos olvidar el desfile de los valientes charros locales, montando sus hermosos caballos y portando con orgullo las banderas del Vaticano, México y H.S.A.

Todos nos sentíamos unidos en un espíritu de comunidad y vecindad, compartiendo la alegría de estas festividades que enriquecían nuestras vidas y fortalecían nuestros lazos.

La fiesta de mi pueblo: Los Danzantes

El estruendo de tambores y trompetas resonaban en el aire, anunciando la llegada de la festividad. A veces, los distinguidos Charros de Tepatitlán se unían al desfile, acompañados por la melodiosa música de la Banda del Colegio Morelos. En ocasiones especiales, incluso se contrataba a la Banda Municipal de Tepatitlán o la de Arandas. Como las festividades tenían lugar en febrero, todo esto era posible.

Pero no podemos olvidar a los incansables Danzantes, quienes expresaban su amor y agradecimiento a la Morenita Guadalupana por haber descendido a México, especialmente para nuestra humilde raza indígena, representada por el noble Juan Diego. El mensaje y el amor que transmitían trascendían las barreras del color de piel, llegando a todos por igual.

Durante los últimos dos días de celebración, los Danzantes, provenientes de diversas regiones, comenzaban a danzar en el atrio de la iglesia. El repiqueteo constante de los cascos y el sonido de los cascabeles en sus tobillos creaban una sinfonía única. Vestidos de manera idéntica a los antiguos indígenas, lucían trajes multicolores y penachos adornados con largas plumas que se mecían al compás de la danza. A veces, para mantener el ritmo, llevaban consigo un violinista, cuyo violín tenía más historia que el mismo Moctezuma.

En sus manos, sostenían sonajas que añadían cadencia a su danza, y el conjunto era simplemente fascinante.

En medio de las festividades, los Danzantes destacaban como una parte esencial de la celebración. Uno de ellos portaba una máscara espeluznante que reflejaba valentía y misterio, pero que también imponía cierto temor. Sostenía un largo látigo que estallaba de vez en cuando, manteniendo la línea de espectadores que se amontonaba en grandes cantidades.

Para nosotros, los jóvenes intrépidos que solíamos meter nuestras narices en todo, esta figura era un enigma que debíamos resolver. En particular, mi amigo Cisto y yo éramos inseparables y decidimos ponernos de acuerdo para quitarle ese látigo, ya que constantemente intentaba azotarnos. Éramos dos metiches empeñados en cambiar la dinámica de la celebración.

Nuestra estrategia consistía en distraerlo hábilmente: uno de nosotros lo entretenía mientras el otro intentaba arrebatarle el látigo. La tarea no fue sencilla, pero teníamos un aliado en esta misión, un joven conocido como la Carioca, quien se unió a nosotros. Entre los tres, logramos tomar por sorpresa al Danzante y quitarle el látigo.

Sin embargo, la escena se volvió aún más entretenida, ya que, en medio de la confusión, el Danzante perdió su máscara debido a su dificultad para ver claramente. Como no podíamos avanzar con el látigo en nuestras manos, decidimos soltarlo. La risa y la diversión se apoderaron de la multitud mientras disfrutaban de nuestras travesuras.

La fiesta de mi pueblo: Los Carcamanes

En la celebración de mi pueblo, una de las atracciones más emocionantes eran los Carcamanes, y nosotros, como jóvenes intrépidos, no podíamos resistir la tentación de enfrentar el desafío que representaban. Corríamos como si fuéramos ciervos cuando nos perseguían, pero estábamos decididos a disfrutar al máximo.

En esa festividad que marcó mi infancia, experimentábamos algo casi mágico. Ver cómo la gente de todas partes se congregaba para instalar sus negocios y se acomodaba en sus respectivos lugares era un verdadero espectáculo. En este contexto, los Carcamanes se destacaban como una actividad de apuestas muy particular.

En una mesa cuidadosamente preparada, se disponían números del 1 al 20, cada uno marcado con alambre. Junto a esta, se encontraba una hilera de cartas numeradas del uno al veinte. El responsable de los Carcamanes era un hábil anfitrión que conocía todos los trucos del juego. Comenzaba el juego con entusiasmo, invitando a los participantes a realizar sus apuestas.

El proceso era fascinante: el anfitrión giraba la ruleta con las apuestas y, al detenerse, anunciaba que ya no se admitían más apuestas. Con un gesto sereno, insertaba una flecha en la ruleta y soplaba sobre ella. La flecha se clavaba en un número específico en la rueda. En ese momento, la emoción inundaba el lugar, ya que todos esperaban ansiosos para saber si habían ganado.

Este juego de Carcamanes era un auténtico desafío de habilidad y suerte que mantenía a todos entretenidos durante horas. Aquellos momentos, llenos de camaradería y emoción, dejaron una marca imborrable en mi memoria.

Un encuentro con los Carcamanes

Durante la festividad de mi pueblo, me aventuré a participar en esta actividad que mezclaba la emoción del juego y la astucia. Cargaba en mi bolsa unas cuantas monedas, aunque no eran muchas, pero suficientes para unirme a la diversión. Aunque aún era joven, ya empezaba a adquirir una astucia innata que me impulsaba a estudiar las reglas antes de apostar.

Antes de lanzarme a las apuestas, observé atentamente el juego y sus secretos. No quería arriesgar lo poco que tenía sin entender completamente cómo funcionaba. Me di cuenta de que el anfitrión del juego tenía sus propias artimañas. Soplaba sobre la flecha de la ruleta, a veces desde un lado de la mesa y otras desde el otro. Esta habilidad engañosa era su estrategia para mantener el misterio del juego.

Con paciencia y astucia, descubrí su patrón. Cuando veía que las apuestas se inclinaban hacia los números pares, lanzaba el dardo desde un extremo de la mesa. Y cuando las apuestas se volvían favorables para los números impares, cambiaba de lado. Mi ingenio no se hizo esperar, y comencé a apostar y ganar.

Disfruté de una racha de éxito durante un tiempo, acumulando alrededor de 5 pesos en ganancias. Sentí la emoción de la victoria, pero mi confianza me traicionó en un momento crucial. En mi última apuesta, aposté una cantidad considerable, pero el anfitrión se negó a pagar. La situación se volvió tensa, y yo no estaba dispuesto a retirarme sin recibir lo que me correspondía.

Justo cuando las cosas parecían complicarse, surgió una inesperada ayuda. Apareció Alcalá, el comandante, saliendo de su propia cantina, y allí comenzó un giro inesperado en este emocionante episodio de mi vida.

La fiesta de mi pueblo y un encuentro inesperado

La celebración de mi pueblo siempre trae consigo un aire de emoción y sorpresas. Durante una de estas festividades, me encontré con don Herminio, un hombre imponente que portaba su 38 Super y sus cuatro cargadores con una solemnidad que infundía respeto a su alrededor. Su sombrero de fieltro, siempre en su lugar, añadía un toque de autoridad a su apariencia.

Sin dudarlo, me acerqué a él antes de que desapareciera entre la multitud. Don Herminio me conocía y me trataba con amabilidad. Le compartí mi situación y decidimos hablar en privado. Cuando finalmente encontramos un lugar adecuado, le expliqué la situación y le pedí que me pagara lo que me debían. Mi conversación con él fue directa, y pronto me recompensó con más de cinco pesos.

Cine en la casa

En medio de todos los acontecimientos, hubo un detalle que se me había pasado por alto mencionar. Mi padre había tenido la suerte de descubrir algo interesante en la casa que había adquirido. La vivienda tenía un sótano con un gran ventanal que, incluso en los días más luminosos, permanecía sumido en la penumbra debido a su ubicación en la parte trasera y a la puerta sólida que tenía.

Lo curioso era que esta puerta maciza presentaba un pequeño agujero redondo, de aproximadamente dos centímetros de diámetro. Paradójicamente, permitía que la luz del día más radiante penetrara y atravesara el sótano. El agujero tenía alrededor de diez centímetros de longitud y creaba un fascinante juego de luces y sombras en el interior del sótano. La casa guardaba secretos y sorpresas que poco a poco se iban revelando.

La luz que atravesaba el agujero proyectaba sombras y reflejos en esa pared de color blanco. Todo lo que ocurría en la calle y en la acera de enfrente se reflejaba de manera nítida y parecía una especie de proyección cinematográfica. Carretas, burros, personas; todo se manifestaba en la pared, como si fuéramos espectadores de nuestro propio espectáculo al aire libre.

En esa época, había numerosos arrieros que traían sus manadas de burros cargados con leña y carbón del cerro. La leña y el carbón eran esenciales en una época en la que la mayoría de las cocinas funcionaban con estos combustibles. El petróleo y el gas aún no habían llegado a nuestras cocinas, y el fenómeno del reflejo en la pared se convirtió en una fuente constante de entretenimiento para nosotros.

Un personaje destacado en nuestra comunidad fue "la Chona", cuyo nombre real nunca supimos. Los Martínez, una familia emigrada a La Capilla de Arandas, eran muy queridos en el pueblo. Tenían tres hijos, personas trabajadoras y solidarias que ayudaban a su padre en el negocio de transportar gasolina para los vehículos que ocasionalmente pasaban por La Capilla. En esa época, la llegada de vehículos no era muy frecuente, y creo que la familia Martínez tenía sólo dos camiones de carga. Uno de los hijos, al que llamábamos "Probado", se encargaba de manejar uno de los camiones.

El legendario carro de "la Chona"

En mi pueblo, la figura de "la Chona" se había convertido en un personaje entrañable. Aunque su verdadero nombre era un misterio para la mayoría, todos la conocían como "la Chona". Era una persona amable y sencilla, a pesar de su aparente riqueza. Su hermano, al que cariñosamente llamábamos "Gordito", manejaba otra camioneta en la que se le conocía simplemente como "el Gordito". Además, tenían otro hermano menor cuyo nombre no puedo recordar, pero sé que en su juventud decidió ingresar al seminario y se convirtió en un respetado sacerdote.

La Chona y su familia eran muy queridos en el pueblo, y su generosidad era conocida por todos. Como era maestra de primer año y trataba a los niños con gran cariño, la adorábamos. Su fama se extendió por toda La Capilla, y aunque venían de una familia acomodada, nunca perdieron su sencillez, lo que les valió el cariño y el respeto de la comunidad.

Sin embargo, un día "la Chona" decidió hacer algo que sorprendió a todos. En medio de las festividades de La Capilla, decidió viajar a Guadalajara para comprar un automóvil y traerlo a nuestro pueblo. Nadie en el pueblo tenía un automóvil en ese momento, y ella quería ser la primera en tener uno. Esto sucedió durante una de las festividades más concurridas de La Capilla, y su objetivo era presumir su nuevo vehículo ante la multitud.

En ese tiempo, nuestra comunidad ya tenía buenas brechas de terracería que permitían el paso de camiones y algunas camionetas de carga, que llamábamos "trocas". Pero "la Chona" quería ser la pionera en traer un automóvil a nuestro pueblo y destacar en la celebración.

Para asegurarse de que su nuevo automóvil fuera manejado con destreza, contrató a alguien que tenía experiencia en su conducción.

Este recuerdo que comparto sobre "la Chona" lo hago con todo el respeto que merece, ya que ella fue una persona digna de admiración. Aunque su historia resulta curiosa y entretenida, es importante resaltar que su llegada al mundo de los automóviles marcó un hito en nuestro pueblo.

Continuando con la famosa fiesta de La Capilla, en una de estas festividades, "la Chona" hizo su entrada triunfal con su primer automóvil. Esto no sólo fue memorable, sino que, a mi entender, es un acontecimiento único, ya que difícilmente alguien más habría llegado con un automóvil de esa magnitud a nuestro pueblo.

La Lotería: Una emocionante tradición en las fiestas

La celebración de La Capilla ofrecía una amplia gama de actividades, y entre ellas se encontraba una que llamaba mucho la atención.

Consistía en una rifa de artículos diversos que estaban dispuestos en el centro de una carpa sobre una plataforma. Esta rifa era conocida como "La Lotería", y se llevaba a cabo para recaudar fondos destinados a la ayuda del templo.

En "La Lotería", vendían tablas de cartón cuadradas que contenían alrededor de 16 cartas con diferentes figuras, como animales, insectos, y personajes realizando diversas actividades. Los participantes podían comprar las tablas que deseaban y luego esperaban ansiosos a que comenzara el juego.

Uno de los momentos más emocionantes de la fiesta era cuando el anunciador empezaba a cantar las figuras y los números correspondientes a las cartas. La tensión en el aire era palpable, ya que todos esperaban con entusiasmo la oportunidad de ganar uno de los premios.

Sin embargo, ese año en particular, "la Chona" decidió llevar las cosas a otro nivel. Aprovechando la presencia de su flamante automóvil, decidió hacer algo completamente inesperado que dejó a todos los asistentes boquiabiertos.

En medio de la emoción, uno de los asistentes, conocido como "el Valiente", se destacaba al sostener una baraja con las mismas figuras presentes en las tablas. Con una destreza sorprendente, comenzaba a destapar las cartas y a gritar las figuras en voz alta. "¡la chalupa! ¡el borracho! ¡la Rana!", eran algunas de las voces que resonaban en medio de la expectación general.

La tensión iba en aumento hasta que alguien finalmente gritaba "¡Lotería!", en cuatro ocasiones. En ese momento, dos o tres afortunados se convertían en ganadores y compartían el premio entre ellos. La carpa donde se llevaba a cabo la Lotería siempre estaba repleta de personas, y a veces era necesario esperar a que alguien abandonara su lugar para poder participar.

La emoción crecía aún más gracias a la música que inundaba la plaza durante todo el día, con mariachis tocando y amenizando la celebración. Por la noche, la banda se encargaba de la serenata, mientras los jóvenes arrojaban serpentinas y confeti al aire, creando una atmósfera festiva y alegre.

Uno de los momentos más tiernos de la noche era ver a las jóvenes con montones de claveles y gardenias que les habían regalado los muchachos. Estos gestos de cariño contribuyen a hacer de las fiestas un evento alegre y lleno de vida.

Las fiestas en nuestro pueblo eran una celebración que unía a la comunidad en un espíritu de alegría y camaradería, donde la Lotería y todas las demás actividades eran parte fundamental de la diversión y la tradición.

Las emocionantes peleas de gallos

Las fiestas en nuestro pueblo eran un espectáculo completo que ofrecía entretenimiento de día y de noche. Durante el día, la plaza se llenaba de música y alegría gracias a las magníficas bandas, como la Banda Municipal de Tepatitlán o la de Arandas, que amenizaban el ambiente con su música cautivadora. La música se convertía en el latido del corazón de la celebración, llevando a todos a un estado de ánimo festivo y jubiloso.

Pero la diversión no terminaba allí, ya que por la tarde comenzaban las emocionantes peleas de gallos. Para mí, esto fue una experiencia fascinante llena de emoción, gritos y música. Desde pequeño, me atraía esta actividad y no podía resistirme a la emoción que desencadenaba.

En aquella época, no tenía la posibilidad de ser acompañado por un adulto, como algunos niños que eran llevados por sus familiares. Sin embargo, encontré una solución ingeniosa. Había una casa adyacente a la plaza de gallos donde vivía la familia de un amigo apodado "Tolano", conocido como "el Camotero" debido a su talento para vender camotes deliciosos.

Esta familia me acogió con amabilidad y me trataron con cariño, como si fuera uno de los suyos. Tanto Tolano como otros amigos y yo, ideamos travesuras para esquivar la vigilancia y colarnos en la plaza de gallos. Sabíamos que debíamos ser discretos, aprovechando los momentos en que todos estaban concentrados en las peleas.

Las peleas de gallos eran auténticos duelos de emociones encontradas. Los enfrentamientos de los gallos desencadenaron una gritería ensordecedora, mientras que la música y los mariachis ofrecían intermedios llenos de entretenimiento y diversión.

Estos momentos se convertían en una pausa bienvenida entre las peleas, y los artistas locales deleitaban a la audiencia con sus canciones. Era la combinación perfecta de emociones y entretenimiento en medio de las peleas de gallos que duraban varios días.

Las fiestas en nuestro pueblo eran una celebración completa, donde la música, las peleas de gallos y el ambiente festivo unían a la comunidad en un espíritu de alegría y camaradería.

En las fiestas siempre se desataba una pasión intensa con las peleas de gallos. Dos equipos representando diferentes pueblos o ciudades se enfrentaban en duelos emocionantes, como La Capilla contra San Juan o La Capilla contra Guadalajara. El ambiente era tan intenso que un grito estruendoso daba inicio a cada pelea: "¡Cierren las puertas!", anunciando que las apuestas estaban a punto de comenzar. Las puertas se mantenían cerradas hasta que todas las apuestas estaban acordadas y confirmadas.

En una de estas emocionantes peleas, se enfrentaban La Capilla y Arandas. Uno de los gallos, conocido como "el Jiro", pesaba 1 kilo y 700 gramos, mientras que su contrincante de La Capilla, apodado "el Colorado", pesaba 1 kilo y 750 gramos. Ambos gallos se preparaban para librar un enfrentamiento limpio, usando navajas de media pulgada. Las apuestas ascendían a tres mil pesos, y los entusiastas comenzaban a gritar sus pronósticos: "¡Quién va por el Jiro!", o "¡Quién apuesta por el Colorado!".

En medio de la emoción, a menudo se sorteaban premios, siendo los más deseados los centenarios de oro de 50 pesos. Cuando finalmente las navajas estaban aseguradas y todo estaba listo, los espectadores y los apostadores abandonaban el área del ring. Sólo quedaban los encargados de soltar a los gallos y el juez, observando atentamente para garantizar un combate limpio y sin trampas.

Las peleas de gallos eran un espectáculo lleno de emoción y pasión que reunía a la comunidad en una celebración inolvidable.

Tras cada emocionante pelea de gallos, el juez declaraba al ganador, y se esperaba un breve momento antes de que se oyera el grito: "¡Todo está bien! ¡No hay reclamos!". Si nadie presentaba ninguna objeción, se anunciaba emocionadamente: "¡Abran las puertas!". Y así continuaba la celebración, acompañada de la música, hasta que concluía la última pelea del compromiso.

Luego, en ocasiones, se llevaban a cabo peleas extraordinarias en la noche. Aquellos que deseaban quedarse disfrutaban de mesas largas donde se compartían albures y anécdotas. También se organizaban juegos de cartas en otra mesa, y a veces, el mariachi seguía tocando para aquellos que deseaban disfrutar de la música pagando por ello.

La noche apenas ofrecía descanso, ya que a menudo se contrataba a mariachis para realizar serenatas románticas. Estos músicos llegaban de diferentes lugares, como Guadalajara o conjuntos norteños con sus guitarras. En todas partes, se podían oír las serenatas que los jóvenes llevaban a cabo para sus novias o pretendientes, expresando así su amor. A veces, se encontraban con cubetas de agua lanzadas desde los techos, pero eso no empañaba la alegría del momento, y todos disfrutaban de la diversión.

Estos recuerdos me trajeron a la mente a una niña que me gustaba mucho, una hermosa joven conocida como "la güerita de Victoria".

Yo la admiraba profundamente, y ella también me caía muy bien.

Un encuentro en las peleas de gallos con la güera de Victoria

En aquellos tiempos, cuando asistía a las emocionantes peleas de gallos, algo inesperado sucedió: la güerita de Victoria, una joven que me gustaba mucho, asistió a las peleas. Era el año 1945, y yo tenía alrededor de 11 o 12 años. Ese día, cuando la vi entre la multitud, mi corazón dio un salto de emoción. Sus ojos verdes eran simplemente hermosos, y su cabello rubio y rizado la hacía parecer aún más encantadora. Me miró con una sonrisa que parecía decir: "Qué alegría verte". Mi corazón latía con fuerza.

Tenía la oportunidad de hablar con ella, y no podía dejar pasar la ocasión. A pesar de los nervios, me acerqué temblando y le pregunté si quería ser mi novia. Su reacción fue instantánea: una risa encantadora que iluminó aún más su rostro.

En ese momento, me sentí afortunado y emocionado por haber tenido el coraje de acercarme a ella. La güerita de Victoria y yo éramos jóvenes, pero aquel encuentro en las peleas de gallos marcó el inicio de una historia que perdurará en mis recuerdos.

El encanto y tristeza de la güera de Victoria

Aunque nuestras palabras eran tímidas y nuestras conversaciones escasas, compartimos un vínculo especial. Nos veíamos de vez en cuando, pero la última vez que la vi fue en la plaza de una tienda propiedad de don Luis Gutiérrez, donde ella y una amiga llamada Josefina Navarro Gutiérrez, se encontraban.

Fue en ese encuentro que tuve la oportunidad de platicar un rato con ella y recibí un retrato como regalo, un tesoro que conservé con cariño. Sin embargo, la alegría que me dio su compañía fue efímera, ya que en poco tiempo nos dejó. Sufría de problemas cardíacos, y su partida dejó un vacío en mi corazón. Tenía alrededor de 13 o 14 años cuando ella nos dejó, y yo ya no vivía en La Capilla, ya que mi padre me había llevado a San Luis Potosí. A pesar de la distancia, siempre la recordaré con cariño y gratitud.

Dejando atrás estos recuerdos, regreso a las festividades de La Capilla y sus emocionantes actividades. Cada mañana, aún en la oscuridad, comenzaba la peregrinación con la llegada de una multitud de personas.

La peregrinación en la madrugada: Una celebración inolvidable

La fiesta en La Capilla era una experiencia única, llena de tradiciones y emociones. Una de las actividades más destacadas era la peregrinación que tenía lugar en la madrugada, acompañada por una banda o conjunto de música en vivo. Desde el momento en que comenzaban a caminar, el repique de las campanas anunciaba la festividad que se avecinaba.

Un pirotécnico se encargaba de lanzar cohetes a lo largo del camino, cuyos estruendos resonaban como truenos en el cielo. La peregrinación recorría las calles del pueblo, cantando hermosas alabanzas al ritmo de la orquesta y los estallidos de los cohetes. La combinación del sonido de las campanas y la música en vivo hacía imposible conciliar el sueño. Recuerdo una de las festividades que viví en 1971, cuando me encontraba cerca de la plaza en la primera cuadra. Era imposible dormir con el bullicio, así que preferí unirme a la peregrinación y acompañarla con cantos en honor a la Morenita Guadalupana.

Al regresar al templo, se celebraba la primera misa del día. El templo estaba magníficamente decorado con una gran cantidad de flores de diversos colores y tipos. Esta tradición continuaba durante ocho días, culminando el 12 de diciembre. Cada día, una persona o grupo asumía los gastos de la festividad. Algunos de los más afortunados tenían el honor de patrocinar el día de mayor esplendor y gastos.

Las festividades eran inolvidables, y los camiones de los Altos se sumaban a la celebración, contribuyendo a la atmósfera festiva y alegre.

La fiesta en mi querido pueblo: Un encuentro emocionante

Las festividades en mi querido pueblo, La Capilla, eran momentos llenos de tradición y emoción. Diversas organizaciones y comerciantes se unían para patrocinar los días de celebración, haciendo que cada día especial fuera aún más memorable. Sin duda, uno de los momentos más emocionantes era cuando los "Hijos Ausentes", aquellos que residían en otros lugares lejos de La Capilla, tenían su día especial.

Esta ocasión era profundamente conmovedora, ya que se llevaba a cabo una larga procesión desde los alrededores del pueblo hasta la iglesia. La procesión estaba encabezada por una banda o una orquesta, y la mayoría de los participantes llevaban consigo una vela gruesa de cera. Para los "Hijos Ausentes", este día tenía un significado especial, ya que algunos de ellos llevaban años sin visitar su tierra natal. Era un momento de alegría al reunirse con amigos y, en su mayoría, con familiares a quienes no habían visto en años.

Así eran las festividades en aquel entonces, y aunque la pasión y el ímpetu pueden haber disminuido con el tiempo, siguen siendo hermosas. El padre se encargaba de organizarlo todo con maestría, pero aun así, había un sentimiento de que algo faltaba...

Continuando con mis recuerdos de cuando era niño, la plaza se transformaba en un mar de carpas, mientras que las calles circundantes se llenaban de vendedores ambulantes. Era un deleite ver a tanta gente reunida. Además, se instalaron carpas que funcionaban como cantinas ambulantes, todas ellas de gran tamaño. Durante todo el día y la noche, conjuntos norteños y mariachis tocaban melodías, creando un ambiente festivo. Aunque no faltaban los borrachos y, en ocasiones, los altercados, en ese entonces, los enfrentamientos no llegaron a la violencia que vemos hoy en día.

Fiestas en La Capilla: Una época de emocionantes balaceras

Las festividades en La Capilla eran, sin lugar a dudas, un período lleno de emociones y acontecimientos sorprendentes. En aquellos tiempos, la mayoría de las personas portaban pistolas y, en ocasiones, cuando las desenfundaban, los disparos resonaban en el aire. Los individuos que ya habían consumido más de la cuenta solían apretar el gatillo sin mucha precaución, y esto a veces resultaba en tiros que alcanzaban zapatos o piernas. Personalmente, recuerdo haber presenciado uno o dos de estos incidentes, ya que mis amigos y yo éramos curiosos por naturaleza y en lugar de huir, corríamos hacia el lugar de los hechos para ver quién había resultado herido.

Durante las festividades, los pleitos y las balaceras eran una constante, especialmente entre los rancheros, la mayoría de los cuales llevaban consigo pistolas. Estos enfrentamientos fueron inmediatos, y los disparos retumbaron en el aire de manera incesante. Para nosotros, los jóvenes de entonces, esto se percibía como una especie de entretenimiento. Cuando llegamos al lugar de la disputa, el agresor y su víctima ya habían huido, mientras nosotros observábamos, semiocultos, pero sin dejar de cruzar la zona. La policía, por su parte, a veces llegaba y a veces no. Cuando lo hacía, solía perseguir al agresor, quien ya llevaba una ventaja considerable, y nosotros seguíamos la escena con gran interés.

Es curioso cómo aquello que podría haber sido peligroso para algunos se convertía en una especie de diversión para nosotros, aunque siempre con la intención de verificar si la policía lograba atrapar al agresor. Sin embargo, en ocasiones, la policía parecía estar un paso atrás en esta especie de juego.

La fiesta de las serenatas en La Capilla: una batalla de emociones

El agresor, al sentirse perseguido, comenzaba a disparar a la policía, y su habilidad para esconderse era sorprendente, ya que la mayoría de los potreros estaban rodeados de grandes piedras que ofrecían refugio. La policía, por su parte, se retiraba cuando esto ocurría, y nosotros nos encontrábamos cerca, corriendo el riesgo de ser alcanzados por una bala perdida. Cuando la persecución llegaba a su fin, regresamos rápidamente para evitar el encuentro con la policía y, en cambio, dirigíamos nuestros pasos hacia la plaza, donde la fiesta seguía su curso.

La noche traía consigo una nueva oleada de emociones, ya que en la plaza se comenzaban a instalar los puestos que vendían confeti y serpentinas. Montones de sacos repletos de papel picado y bolsas de confeti de colores inundaban la zona.

La gente compraba confeti con entusiasmo y lo arrojaba en el aire, creando una atmósfera de alegría. Además, se vendían serpentinas de diferentes tipos, que eran lanzadas alegremente a las jóvenes que daban vueltas por la plaza. También se colocaron puestos de claveles y gardenias, cuyos fragantes aromas llenaban el aire.

Los cubos, pequeños recipientes rellenos de confeti de colores variados, eran una atracción adicional. En esta época, la fiesta estaba en su apogeo, y todos participaban en la celebración con gran entusiasmo.

La serenata en la plaza: Una danza de emociones

Como mencioné anteriormente, después del rosario, la plaza cobraba vida con la majestuosa música de la banda. Las melodías resonaban en los corazones de todos, y a mí particularmente me encantaba escuchar la "Marcha de Zacatecas". Durante este tiempo, aprovechamos para dar vueltas alrededor de la plaza, que estaba cubierta de confeti.

Buscábamos bolsas de papel en el suelo y las llenábamos con confeti para luego arrojárselo a las niñas. Cuando me interesaba alguna de ellas, solía visitar la casa de mi abuela María, que tenía un amplio patio y un hermoso jardín siempre lleno de flores. Cortaba algunas de esas flores para regalárselas a las muchachas. En ocasiones, me alegraba el corazón al ver a la güerita de Victoria paseando por ahí con su madre.

Otra diversión que disfrutamos en cada fiesta era el "volantín" y la "rueda de la fortuna". El volantín no tenía motor, por lo que requería que la gente le diera vueltas manualmente. Estaba rodeado de barras gruesas donde se colocaban jóvenes para girar. Cuando el giro se volvía rápido, el encargado del volantín gritaba "¡arriba!", en lugar de pagarnos por montar en él, nos cobraban 10 centavos por barra. A pesar de esto, nos gustaba tanto que buscábamos la manera de pagar los 10 centavos y disfrutar de esta emocionante experiencia.

El volantín: Un juego de estrategia y travesuras

La fiesta continuaba, y cuando no tenía los diez centavos necesarios para montar en el volantín, lo que ocurría la mayoría del tiempo, recurría a una estrategia ingeniosa. Mi abuela María era mi aliada en esta travesura, ya que solía pasar mucho tiempo con ella e incluso dormía en su casa para acompañar a mis dos abuelos. La mayoría de los hijos ya se habían casado, lo que me brindaba la confianza para realizar mi plan.

Mi plan consistía en robar algunos huevos de los nidos de gallina que estaban en la casa de mi abuela. Sabía exactamente dónde estaban los nidos y, una vez que tenía algunos huevos en mi posesión, los llevaba a vender a la tienda local. En ese momento, recordaba que los huevos se pagaban a 5 centavos cada uno. Con las ganancias obtenidas de esta pequeña travesura, podía permitirme disfrutar de la diversión que ofrecía el volantín.

Después de divertirme en el volantín, la anticipación crecía mientras esperábamos el emocionante momento en que encendían el castillo de fuegos artificiales. A veces, incluso encendían dos castillos, y la plaza se llenaba de pólvora que estallaba en colores deslumbrantes. Después del castillo, llegaba el turno de los toros de pólvora, que estaban llenos de buscapiés que se disparan como flechas, creando una escena llena de diversión y emoción mientras intentábamos evitar ser alcanzados por ellos.

El espectáculo de la pólvora en la fiesta

La fiesta estaba en su apogeo, y el momento más esperado era la exhibición de fuegos artificiales que iluminaban el cielo y atraían a multitudes de personas, no sólo a nosotros, los jóvenes, sino también a personas de todas las edades. Antes de encender los toros de pólvora, el castillo de fuegos artificiales deslumbraba a todos los presentes. La plaza se llenaba de espectadores mientras se encendían cientos de cohetes que pintaban el cielo con luces de colores, acompañados por estruendosos estallidos.

Después de la exhibición del castillo, llegaba el turno de los toros de pólvora, y para aumentar la emoción, se colocaban una serie de cohetes y truenos alrededor de la iglesia, en la pared del atrio. Estos cohetes ascendían hacia el cielo, llenándolo de luces de colores y creando un espectáculo impresionante. Entre ellos, había un cohete que no explotó, al que llamábamos "cuete cebado".

En un momento de curiosidad, me acerqué al cuete cebado que había caído cerca de mí y traté de encenderlo. Sin embargo, no tenía una fuente de fuego adecuada, por lo que pedí ayuda a un amigo mío del rancho de la presa de Gómez, quien parecía tener un cigarrillo encendido. Sin saber que se trataba de un cohete de trueno, intentamos prenderlo de manera inocente. Trágicamente, el cohete explotó en su mano, causando lesiones graves a varios dedos.

Nos quedamos atónitos y en silencio, viendo la sangre brotar de su mano. Rápidamente, se le aplicaron primeros auxilios, se le envolvió la mano con un trapo y lo llevaron al doctor Isidro.

El accidente con los buscapiés en las fiestas

En aquella época, durante las festividades, siempre había ciertos riesgos, y uno de esos incidentes involucró a un joven llamado Trujillo, quien se quemó con un buscapiés. Por aquel entonces, trabajaba en una farmacia que era atendida por Isidro, un enfermero muy competente y conocido como "Chencho". Fue Chencho quien lo trató y lo curó. Afortunadamente, el destino quiso que yo no resultara herido en ese incidente.

Durante las festividades, los accidentes de este tipo eran lamentablemente comunes. Recuerdo otro amigo que sufrió un incidente similar en la misma fiesta. Llevaba varios buscapiés en el bolsillo y, al encender uno de ellos, ocurrió un descuido que provocó que se encendieran todos a la vez. No pudo sacarlos a tiempo, lo que resultó en una quemadura que tardó años en sanar. Su herida quemada por la pólvora se mantuvo abierta durante mucho tiempo, y la curación fue un proceso lento y doloroso.

Este joven era hijo de un pariente retirado llamado Julio Martín, quien había sido uno de los policías de La Capilla. Julio Martín era una figura querida por todos los niños y jóvenes del lugar. Le apasionaba hablar sobre fútbol y llevaba consigo una pistola .38 Especial con cachas ornamentadas y una cartuchera llena de balas.

Trágicamente, su vida llegó a su fin en un desafortunado enfrentamiento en el que se cruzaron balas a corta distancia.

Estos incidentes eran un recordatorio constante de los peligros que acompañaban a las festividades, y cómo la diversión podía dar un giro inesperado en un abrir y cerrar de ojos.

El cruce de balas entre Julio Martín y Santos Alcalá

En cierta ocasión, presenciamos un cruce de balas entre dos conocidos: Julio Martín y Santos Alcalá. Esto sucedió en una peluquería de un amigo mío que también era de La Capilla y a quien todos llamaban "la Carioca". El otro protagonista de este enfrentamiento era descendiente de La Capilla y pertenecía a la familia Alcalá del Cacalote. Éramos muy amigos y nos teníamos un gran aprecio. Ambos solían llevar sus respectivas armas de fuego en la cintura, como era común en esa época.

Trágicamente, ambos perdieron la vida, como los gallos finos en una pelea. No puedo decir quién cayó primero, pero lo cierto es que los dos quedaron tendidos en el suelo debido a una disputa que, en realidad, nadie supo exactamente por qué se desató. Sin embargo, la tristeza que sentimos todos fue profunda, ya que ambos eran amigos queridos.

La ausencia de Julio en La Capilla dejó un vacío que se hizo sentir, especialmente entre los jóvenes. Pero para aligerar un poco el ambiente, permíteme continuar con la serenata, que es una historia menos triste que las dos muertes.

En la noche, mientras las chicas daban vueltas para esquivar el confeti, los adultos también se divertían. Mi padre y sus amigos, como Padilla y Santiago, solían jugar entre ellos, con apodos como "el Diablito". Competían por atrapar a las chicas más bonitas. Había muchas jóvenes hermosas en la plaza, y arrojarles confeti era una forma de entretenimiento. La plaza se iluminaba con risas y alegría, y este era uno de los momentos más festivos de las celebraciones.

La fiesta en mi pueblo y las alfombras de confeti

En la celebración de la fiesta en mi querido pueblo, destacaba la creación de hermosas alfombras de confeti. Mis padres y sus amigos, quienes eran socios de los Camiones Rojos de los Altos, disfrutaban plenamente de esta festividad. En aquellos días, les iba muy bien en sus negocios, lo que les permitía gastar dinero con alegría y disfrutar de la diversión de manera saludable.

Mi madre también participaba en la celebración, y las esposas de los amigos de mi padre se reunían en la plaza. Tomaban asiento en una banca y observaban con entusiasmo cómo sus esposos arrojaban confeti y se divertían. Además, aprovechaban la oportunidad para enterarse de los últimos acontecimientos y chismes del pueblo. Como no había periódico local, formaban su propio círculo informativo hasta que llegaba la hora de los fuegos artificiales y los toros de pólvora, momento en el que se retiraban o se marchaban, ya que era peligroso para ellas. Quienes se quedaban eran los jóvenes y los hombres, listos para enfrentar a los toros y vivir emocionantes momentos.

La serenata y la creación de estas alfombras de confeti eran parte de la rutina diaria de las fiestas. Las amas de casa designaban a alguien para reservar las bancas, y todas las amigas y parientes de mi madre, como Concha Martín, Tomasita Paredes, Angelina, Rogelia, Mariquita, María de Nina, y Concha, la de Ángel Casillas, entre otras, eran inseparables en estas celebraciones. También participaban activamente en otras actividades importantes de la vida cotidiana del pueblo.

La Fiesta - El hombre que cambió su destino

En medio de la celebración festiva en la plaza, en ocasiones se colocaba una larga mesa para jugar albures después de que se llevarán a cabo las peleas de gallos, generalmente con la mayoría perdiendo sus apuestas. Recuerdo claramente una de estas noches en la plaza, alrededor de las 10 de la noche, cuando ocurrió un suceso impactante.

Un hombre, que era el mayordomo de un ranchero adinerado, había recibido una suma considerable de dinero para realizar un pago importante. Sin embargo, en lugar de cumplir con su encargo, decidió entrar en la arena de las peleas de gallos y comenzar a apostar en los albures. Conforme iba perdiendo, su esperanza de ganar se desvanecía, y su desesperación lo llevó a tomar más alcohol.

Finalmente, abandonó la arena de gallos y llegó a la plaza. En el lado de la acera, justo en frente de la casa del Dr. Isidro, ya completamente desesperado y bajo los efectos del alcohol, no pudo soportar su desgracia. Sacó su pistola delante de la multitud que se había reunido en ese momento y, sin pensarlo, se disparó en la cabeza. Aturdido y sin considerar las consecuencias, dejó atrás a sus hijos, que aún eran pequeños, a su joven esposa y a todos aquellos que lo conocían.

Esta tragedia marcó un punto de inflexión en la fiesta y en nuestras vidas. Fue un recordatorio de que la emoción de la celebración podía llevar a decisiones impulsivas y trágicas. La festividad continuó, pero la sombra de este suceso oscureció la alegría de esa noche.

CAPÍTULO 9

En la escuela con la profesora Toña

Después de la intensidad de las festividades, llegaba el momento de enfrentar la realidad que dejaban tras de sí. A menudo, sólo quedaban las peleas de gallos durante unos dos o tres días más, mientras que todo lo demás se centraba en limpiar y recoger los vestigios de la celebración. Yo, por mi parte, continuaba con mis travesuras, ya que, como niño, siempre estaba pensando en qué nueva travesura podría hacer.

Fue entonces cuando empecé a asistir a la escuela con la señorita Toña en el primer o segundo año. Aunque me sentía cómodo en su clase, mi mente a menudo divagaba, distraída por las travesuras que constantemente rondaban mis pensamientos. Posteriormente, trajeron a un profesor de Tepatitlán llamado Luis Camarena, un excelente educador y una gran persona.

Me uní a sus clases, junto con muchos de mis amigos y parientes. Incluso tengo algunas fotografías con el profesor y mis compañeros de clase, aunque la mayoría de ellos, con el tiempo, se casaron. Disfruté mucho de las enseñanzas del profesor Camarena, pero en un momento dado, tuve un conflicto con otro alumno en la clase. Dado que tenía la culpa, el profesor me castigó y me llevó a la casa de Juanilla, donde vivía.

El castigo en la gran casa y la travesura de los pelos chinos

En ese tiempo, vivía en la gran casa que mi bisabuelo Demetrio Estrado había construido años atrás. Mi sabio abuelo me llevó a un segundo piso y me dijo que me quedara allí, mientras él ocupaba la imponente residencia de don Jeranilly. Él solía vivir en el rancho de San Antonio, pero las circunstancias lo llevaron a esta casa.

Pasé un buen rato castigado en ese lugar, ¡incluso llegué a quedarme pelón! No recuerdo exactamente por qué me castigaron, pero creo que tenía que ver con alguna travesura que hice. En aquel entonces, era un niño bastante travieso. A pesar de mi pequeña estatura para mi edad, parecía que tenía unos cuatro años, pero mi desarrollo se retrasó y empecé a crecer adecuadamente cuando tenía alrededor de 18 años.

Un día, mientras estaba en la escuela, los niños mayores decidieron hacerme una broma. Me preguntaron si me gustaría tener el pelo rizado, y yo, iluso, pensé que el pelo rizado sería genial. Entonces, me dijeron que tenía que aplicarme excremento de vaca durante dos o tres días hasta que se secara, y después ya se imaginarán lo que pasó, me tocó pagar una de las tantas travesuras que yo había hecho.

El día en que me untaron excremento de puerco

Recuerdo que un día, mientras estaba en la escuela, Lalo, quien vivía frente a la escuela, nos llevó a su gran corral. En su casa, tenían un corral amplio donde ordeñaban vacas y criaban cerdos. Lalo estaba decidido a ayudarme a conseguir un cabello rizado, y para eso necesitábamos un ingrediente especial: excremento fresco de vaca.

Sin embargo, no pudimos encontrar ningún excremento de vaca fresco en el corral. En su lugar, Lalo se aventuró en un cebadero donde había muchos cerdos. En ese momento, me di cuenta de que aquello no era precisamente agradable, pero decidí ignorarlo, ya que mi deseo de tener el pelo rizado era más fuerte.

Contento por haber conseguido del ingrediente, regresé a casa sin percatarme de mi aspecto. Cuando llegué a casa, mi madre notó algo extraño y tapó su nariz. Le expliqué que me habían untado excremento de cerdo en la cabeza para conseguir rizos en mi cabello. Ella me dijo: "Tus rizos son del olor". Mi madre, con los ojos llorosos por el fuerte aroma, se olvidó incluso de quitar las ramitas de membrillo que siempre llevaba consigo debido al olor persistente.

En ese día, no recibí golpes, pero sí me miraron con disgusto cuando Lalo y yo regresamos del corral de cerdos. Lalo me dijo que me quitara el excremento de puerco de la cabeza, advirtiéndome que no me volviera engreído. Con una mano, tratando de taparse la nariz debido al mal olor, Maris me dijo que tomara una jarra y un balde y que me enjuagara por completo después de quitarme esa suciedad.

A pesar de las lecciones que recibía, mi amor por las travesuras persistía.

Travesuras con el Cisto

En aquel entonces, cuando tenía alrededor de seis años, el Cisto y yo éramos inseparables. Él tenía la misma edad que yo y era el hijo del famoso Chepillo, quien tenía una tienda, una fábrica de fideos y hasta una panadería con un gran equipo de trabajo. Su padre, don Emilio Castellanos, al que llamaban "Papoco", era una persona seria y respetada en la comunidad.

Recuerdo las risas y carcajadas inolvidables de Chepillo. Él tenía una máquina de hacer fideos y pasaba todo el día produciendo este delicioso alimento. Era una época en la que la travesura y la amistad eran parte esencial de nuestra niñez.

En aquella época, yo ayudaba a un muchacho al que llamaban el Pedorrón a hacer fideos en la fábrica de fideos del Cisto. Más adelante, contaré la historia de cómo recibió ese apodo. La casa del Cisto tenía un patio muy grande, al fondo del cual se encontraba la panadería. Recuerdo que el Cisto y yo solíamos robar pan de ese lugar.

En ese mismo patio, un día nos aventuramos a buscar barro para fabricar resortes, y fue allí donde nos encontramos con una pequeña tortuga. Decidimos llevarla con nosotros, y en ese momento estaba presente el hermano de El Cisto, llamado José, a quien apodamos "Pepe la Cocorilla".

Mientras yo sostenía la tortuga, Cocorilla nos advirtió que tuviéramos cuidado de no ser mordidos, ya que estas tortugas no se despegan una vez que te muerden. Sin embargo, no le presté suficiente atención y, en un descuido, la tortuga me mordió. Grité y forcejeó para que me soltara, pero la tortuga se aferraba con firmeza a mi dedo.

Finalmente, logré liberarme al darle un fuerte tirón, arrancando un pedazo de carne en el proceso. Hasta el día de hoy, conservo una cicatriz en ese dedo como recuerdo de aquel episodio. Todos los presentes se rieron a carcajadas, y yo aprendí una lección importante aquel día.

Travesuras con el Cisto - Los domingos en la plaza

Los domingos en la plaza del pueblo eran siempre días especiales. Cuando no teníamos mucho que hacer y buscábamos situaciones emocionantes, esperábamos con ansias los domingos. En esos días, la plaza solía ser el escenario para estos acontecimientos extraordinarios.

Los rancheros descendían hacia La Capilla para asistir a la misa, un deber obligatorio, y también para comprar lo que necesitaban para la semana. La plaza se llenaba de rancheros que venían con alegría y se llenaba de puestos de vendimias. Había de todo: frutas, semillas, puestos de dulces de toda clase que eran elaborados por los habitantes de La Capilla.

Entre los dulces especiales se encontraban los Charrascos, dulces de leche, Jamoncillos (similar a nueces con canela), Colaciones con anís en su interior y muchos otros. Por las mañanas temprano, algunas señoras tenían puestos donde vendían agua de canela, café con leche y, a petición, agregaban un chorrito de alcohol a quienes lo deseaban. También tenían Rompope con alcohol.

En las tardes, una señora llamada "María Esqueda", montaba su puesto con bancas y grandes ollas de barro llenas de Pozole. Se hizo famosa por su delicioso Pozole, y por la mañana temprano, también ofrecía su especialidad.

Travesuras con el Cisto - Balaceras en la plaza y juegos de niños

En aquellos días, las balaceras en la plaza eran una ocurrencia ocasional que ponía a todos en alerta. Las detonaciones de las armas de fuego resonaban, y la gente se apresuraba a refugiarse. Los policías perseguían al agresor, nosotros seguíamos a los policías, y el Doctor Isidro Trujillo acudía para atender a los heridos, en caso de que no estuvieran muertos. Los sacerdotes brindaban los Santos Sacramentos para ayudar a aquellos que estaban en sus últimos momentos. Mientras tanto, el Cisto y yo nos infiltramos por todos lados, tratando de entender lo que había sucedido. No corríamos por miedo, sino por curiosidad, agradeciendo a Dios que no nos pasara nada a pesar de estar en medio de la acción.

Una vez que terminaban los incidentes del domingo, llegaba el lunes y teníamos que regresar a la escuela. Después de la escuela, nos divertíamos con juegos como las canicas y el trompo. También disfrutamos de un juego llamado "Chollas", que consistía en crear tres agujeros redondos, separados por unos dos metros cada uno. El objetivo era lanzar las canicas de una en una e intentar meterlas en los tres agujeros de manera coordinada.

Cuando lográbamos meter una canica en los tres agujeros, podíamos atacar a nuestros oponentes lanzándoles canicas. Quien lograra impactar a su oponente ganaba. Este juego podía ser jugado por dos, tres o más personas, y para determinar quién iba primero, nos aventurábamos a meter dos canicas simultáneamente en los agujeros.

En las calles, nuestros juegos eran nuestra pasión, pero a veces éramos perseguidos por la policía. Uno de los juegos populares era el de la canica, donde trazamos una línea en la tierra y cada jugador lanzaba su canica desde la distancia más cercana a la línea. El que quedaba más cerca tenía el turno de tirar primero.

Otro juego que disfrutábamos era el "Trompo". En la tierra, delimitamos un círculo de aproximadamente metro y medio de diámetro. En el centro de este círculo, colocamos una moneda cada uno. El desafío era sacar las monedas del círculo utilizando el trompo. Lanzábamos el trompo con fuerza, haciéndolo girar y bailar en el suelo. A veces, con el primer golpe, logramos sacar alguna moneda.

Si no, cuando el trompo golpeaba el suelo, lo atrapamos entre nuestros dedos para llevarlo de regreso a la palma de la mano. Luego, con fuerza y habilidad, acercamos la mano a las monedas y lanzábamos el trompo con destreza. Con experiencia, golpeábamos la moneda y la hacíamos volar. La moneda que sacamos del círculo se convertía en nuestra ganancia. Era un juego emocionante y hermoso.

Además de estos juegos, también nos entreteníamos con las "zumbas" y el "balero". A pesar de nuestros juegos, el comandante Herminio Alcalá no aprobaba nuestras actividades. Argumentaba que apostábamos y, a veces, enviaba a sus policías a hacernos desistir. Incluso en ocasiones, él mismo venía a reprendernos. Nos consideraban unos jóvenes traviesos, ¿pueden creerlo? Sin embargo, lo único que detectaba en nosotros era la pasión por jugar. Tenía apenas 7 años en ese entonces.

Aventuras con el Cisto - Las hazañas de la infancia

Con mi inseparable compañero el Cisto, solíamos pasar nuestros días jugando y explorando. A menudo, nos aventuramos a jugar béisbol en el arroyo donde Concha vivía. También jugábamos en otros lugares, ya fuera en las afueras del pueblo o en alguna de las calles. Sin embargo, nuestra diversión solía llamar la atención y, en consecuencia, atraía la presencia de la temida policía.

La policía nos perseguía como si fuéramos unos delincuentes, armados con sus temibles varas de membrillo o cuartas para los caballos. Cuando nos descubrían, comenzaba una frenética carrera para escapar de su alcance. Algunos de nuestros amigos no tenían tanta suerte y eran alcanzados por los policías, quienes los castigaban duramente. Yo, por otro lado, era muy rápido y ágil como una zorrita, lo que me permitía esquivarlos y escapar ileso. El Cisto tampoco se quedaba atrás en destreza, y siempre nos cuidábamos mutuamente.

En una ocasión, decidimos aventurarnos cerca de La Capilla, en el sur del pueblo, junto a la laguna. Allí, encontramos un corral perteneciente a un tío del Cisto, que también criaba vacas y cerdos. Este lugar tenía una particularidad: las paredes del corral estaban llenas de nidos de "purriches", como también se les llama. Estos pequeños pájaros eran expertos en saltar de una pared a otra y tenían un canto único y hermoso.

Sin pensarlo dos veces, nos encaramamos en la pared del corral. Como estaba hecha de adobe para resistir la lluvia, podíamos saltar de nido a nido. Los purriches nos rodeaban, cantando su melodía característica. Fue una experiencia inolvidable y emocionante, explorando y disfrutando de la naturaleza en su esplendor. Nada podía detener nuestra sed de aventura y descubrimiento en aquellos días de nuestra infancia.

Aventuras con el Cisto - El quebradero de tejas

En nuestras travesuras, a menudo nos aventurábamos a explorar y descubrir nuevas emociones. Un día, nos encontramos con un nido que llamó poderosamente nuestra atención. Este nido estaba rodeado por una vereda que, en lugar de facilitarnos el paso, parecía obstaculizarlo. Para superar este desafío, decidimos saltar de techo de tejas a otro, aunque estas tejas se rompían fácilmente debido a su naturaleza de barro quemado. A pesar de esto, cada uno de nuestros saltos emitía un sonido encantador y resonante.

Finalmente, llegamos al nido y descubrimos que contenía pequeños huevos de un tono café, similar al de los purriches. Sin pensarlo dos veces, cometimos la travesura de tomar los huevos y romper las tejas que los resguardaban. Fue una acción impulsiva y traviesa, pero en ese momento, nos sentimos satisfechos y libres de remordimientos. Nadie nos reprendió por nuestras acciones, pero algunas miradas indiscretas seguramente nos habían observado.

Poco después, nos enteramos de que alguien había compartido nuestra travesura con don Elidio Novaure, un respetado hombre del pueblo que solía llevar un gancho para los puercos. Él era conocido por su habilidad en esta tarea. Don Elidio tenía una hermana apodada "Cista la muda", y su reacción fue completamente comprensible.

Un día, por casualidad, nos encontramos cerca de su casa. Aunque yo ni siquiera lo miré, él me agarró por el brazo y me enfrentó, preguntándome si había sido yo quien había roto sus tejas. A pesar de negarlo, don Elidio tenía la determinación de enseñarme una lección sobre la importancia de la responsabilidad y la madurez. Aquel día, experimenté una lección que nunca olvidaría.

Travesuras con el Cisto: El encuentro con el gancho de don Elidio

En una de nuestras travesuras más arriesgadas, me encontré con el temido gancho de don Elidio. La historia comenzó cuando me involucré en un juego travieso con mi amigo el Cisto. En un momento de descuido, don Elidio nos sorprendió y, con rapidez, me atrapó con su gancho. La reacción instintiva fue gritar de susto, y así lo hice, mientras él sostenía el gancho con firmeza. Me sentí como un animal asustado tratando de liberarse.

Finalmente, después de una serie de gritos, logré zafarme de su agarre y salí corriendo, sintiéndome como una zorrita asustada que huye de un depredador. Don Elidio, quien me observaba con su gancho abierto, probablemente sólo quería asustarme. En retrospectiva, admito que nuestras travesuras merecían una lección, y esa fue la forma en que don Elidio eligió enseñármela.

CAPÍTULO 10

El Caballo de don Filojio

En una ocasión, me encontré con un caballo peculiar en la vida de don Filojio. Este caballo era un imponente corcel alazán, grande y barrigón. Don Filojio era un hombre que tenía su rancho en El Espino, a unos 6 kilómetros al este de La Capilla. Aunque no lo conocía muy bien, recuerdo su figura alta y su apariencia robusta, que infundía respeto en todos nosotros.

Don Filojio vivía en la casa que luego heredaría su hijo Chepillo. Era un hombre serio y, tras el fallecimiento de su esposa, solía frecuentar su rancho en su caballo alazán. Aunque poco tenía que ver con nuestras travesuras, su presencia en El Espino y su peculiar caballo eran una parte de las historias que se contaban en nuestro pueblo.

Don Filojio, vestido a la moda de los rancheros acomodados de esa época, parecía un auténtico charro, aunque de estilo sencillo. Llevaba un sombrero de palma, grande pero no exagerado, que complementaba su atuendo. Solía ir a El Espino con regularidad, y cuando no se quedaba allí, llegaba al pueblo por las tardes, casi al oscurecer, montando su fiel caballo Panzón. Aunque tanto él como su caballo mostraban signos de los años que habían pasado, seguían siendo una presencia respetada en la comunidad.

También cabe mencionar que don Filojio tenía hijos, Chepillo y la Canaleja, aunque no recuerdo con certeza el nombre de este último. Ambos eran considerados como los "Fres o Cuatro Mujeres" por su madre, tía Lupe. Mi tía Lupe, una mujer excepcional y devota que se casó con mi tío Felipe González, era una persona que merecía todo el respeto. Su matrimonio fue ejemplar, y se destacaba por su santidad.

En la misma familia, teníamos a Trina, una buena amiga mía, quien quedó viuda a una edad temprana debido a la revolución. Su esposo, Thomas Carranza, era pariente del presidente Venustiano Carranza. La historia cuenta que el padre de Thomas llegó a La Capilla huyendo de la revolución y se casó allí con una señora pariente.

En resumen, don Filojio y su caballo Panzón eran una parte significativa de nuestra comunidad, y la familia Carranza tenía lazos profundos con La Capilla.

El Caballo de don Eulogio y su legado familiar

El caballo de don Eulogio era una figura destacada en la comunidad, pero no era lo único notable en su vida. Además de ser un amante de los caballos, don Eulogio fue un padre cariñoso y un abuelo afectuoso. Tuvo dos hijos, Juan y Trina, y vivió hasta casi alcanzar los cien años, falleciendo en el año 2000 cuando aún era vital y joven de espíritu. Se decía que don Eulogio no rechazaba la idea de casarse nuevamente, pero siempre lo hacía en tono de broma, diciendo que, de ser así, su esposa debería ser igual que la anterior.

Era conocido por su sentido del humor y su alegría de vivir. Se refería a su hijo Thomas como un hombre guapo y atractivo, bromeando acerca de sus coqueteos antes de su fallecimiento. A menudo decía que pronto se reuniría con su "muñeco", en referencia a su hijo Thomas. Su deseo era que estuvieran juntos en el más allá.

La familia de don Eulogio estaba compuesta por otras figuras notables. Tenía una hermana llamada Mariquilla que nunca contrajo matrimonio y otra hermana que se mudó a Guadalajara después de casarse, aunque lamentablemente no recuerdo su nombre.

En cuanto a la familia de su hijo Chepillo, él y su esposa vivían en la misma casa que don Eulogio, atendiéndolo con amor y cuidado en sus últimos años. Chepillo tenía dos hijos, mi amigo Cisto y Pepe, apodado "la Cocorilla".

Así, don Eulogio compartía su hogar con sus seres queridos y disfrutaba de la compañía de su familia, manteniendo viva la tradición de los caballos que tanto apreciaba. Cada vez que llegaba a casa montado en su caballo, descendía con una sonrisa en el rostro, listo para compartir historias y vivencias con su familia.

El caballo de don Eulogio: Un amigo de confianza

Don Eulogio tenía una relación especial con su caballo, y su conexión con el noble animal era verdaderamente única. Cada día, un señor de confianza se encargaba de cuidar y atender al caballo, preparándolo para la llegada de don Eulogio. Cuando él se aproximaba montado en su caballo, el señor lo esperaba con anticipación y asistía a don Eulogio desmontando y quitándole las espuelas, siendo especialmente considerado debido a la prominente barriga de don Eulogio la cual hacía difícil que él mismo se agachara.

El señor, con gran destreza y cuidado, colocaba los pies de don Eulogio sobre sus propias piernas para facilitarle la tarea de despojarse de las espuelas. Además, se ocupaba de aliviar al caballo después de su viaje, ayudándolo a enfriarse y recuperarse del sudor. Después, el caballo era llevado a la caballeriza para que se alimentara y descansará, preparándose para la próxima jornada.

Esta relación entre don Eulogio, su caballo y el señor que lo cuidaba era un ejemplo de confianza mutua y respeto entre humanos y animales. El caballo no sólo era un medio de transporte para don Eulogio, sino también un amigo leal que recibía el mejor trato posible por parte de su dueño y de aquellos que lo asistían. La escena refleja el amor y el aprecio que don Eulogio tenía por su caballo, un compañero fiel en su vida cotidiana.

El inolvidable viaje al Rancho "El Espino"

En un día soleado y lleno de expectativas, don Eulogio decidió enviar al Cabo del Cisto en su confiable caballo Panzón a su rancho, "El Espino". Aunque no había montado un caballo antes, la oportunidad emocionante lo atrajo y no dudó en aceptar la invitación. Sin embargo, con las piernas cortas, subirse al imponente caballo no fue tarea fácil.

Una vez a lomos del caballo, el Cisto notó la existencia de dos agujeros en la silla del caballo, diseñados especialmente para sujetar cordones de cuero conocidos como "tientos". Estos tientos, sólidamente amarrados a la vaqueta de la silla, ofrecían un punto de agarre seguro. También eran útiles para asegurar objetos, como una cobija o un impermeable, evitando que se movieran durante el trayecto.

A medida que avanzaban por un largo potrero, el Cisto escuchó las palabras de don Eulogio: "Ánclate bien, que voy a correr". Sin tiempo para reaccionar, el caballo Panzón comenzó a galopar con fuerza. Con las piernas cortas y sin poder usar las sentaderas, el Cisto se aferró a los tientos con determinación.

La velocidad del caballo y la falta de control sobre las piernas hicieron que la situación fuera desafiante. Intentó gritar para pedir que lo detuvieran, pero el viento lo silenció. Sus brazos comenzaron a cansarse debido al esfuerzo de mantenerse sujeto a los tientos.

Finalmente, cuando estaban a punto de llegar a "El Espino", el Cisto ansiaba liberarse de la incesante carrera. Su aventura en el caballo Panzón fue una experiencia que jamás olvidaría, llena de emociones y desafíos que le dejaron un recuerdo imborrable de su viaje al rancho de don Eulogio.

La inolvidable aventura en El Espino

La excursión al rancho "El Espino" prometía ser emocionante, pero para el Cisto, se convirtió en una experiencia inolvidable y desafiante. A medida que avanzaban por el camino polvoriento, el Cisto se dio cuenta de que montar a caballo no era tan sencillo como parecía.

Las piernas cortas del Cisto y la falta de experiencia en equitación lo hacían sentir incómodo en la silla de montar. A medida que el caballo Panzón aceleraba su galope, el Cisto se agarraba con fuerza a los tientos, pero pronto sintió el dolor en todo su cuerpo. El viaje se volvía cada vez más agotador, y no podía articular una palabra debido al cansancio.

Cuando finalmente llegaron a "El Espino", el Cisto descendió del caballo con dificultad, sintiendo que no podía controlar sus piernas. Estaba completamente exhausto y adolorido, con ampollas en las manos debido al esfuerzo por mantenerse sujeto a los tientos. Su caminar era torpe y tambaleante, como el de un pato fatigado.

Un amable hombre que trabajaba en el rancho notó la situación del Cisto y se acercó preocupado. Le preguntó qué le había sucedido, y él, aun recuperándose, le contó la experiencia. Inicialmente, el Cisto había intentado minimizar la situación, pero el hombre podía ver su apuro. Su única respuesta fue: "Pensé que estaban bien sujetos". El Cisto, tartamudeando, respondió que, si hubiera podido, se habría aferrado con todas sus fuerzas.

El Cisto le pidió subirse al caballo nuevamente, pero el hombre se negó, temiendo que repitiera la emocionante experiencia. En cambio, prepararon burros y el Cisto fue cargado en uno de ellos.

Más tarde, cuando regresaron a La Capilla, el Cisto estaba lleno de ampollas y con las piernas entumecidas. Se acercó a su madre, quien al verlo en ese estado le preguntó qué había ocurrido. Él le relató la experiencia, y su madre, en lugar de mostrar preocupación, le dijo que así se aprende. Con ternura, lo invitó a quitarse los pantalones para examinarlo y aplicar un remedio.

El Cisto, con las sentaderas adoloridas y llenas de ampollas, se tumbó en la cama mientras su madre preparaba una botella de "Tintura Mertiolate", conocida por su eficacia en la curación de heridas.

La aplicación de la Tintura Mertiolate fue dolorosa, y el Cisto gritó con fuerza mientras su madre retiraba las ampollas con determinación para curarlo. A pesar del dolor, al día siguiente, el Cisto ya estaba notablemente mejor y listo para enfrentar nuevas emociones. Aunque la experiencia fue intensa, dejó una lección imborrable en la memoria del Cisto, quien sintió una mezcla de emoción y orgullo por haber montado un caballo por primera vez, a pesar de las consecuencias.

Los arrieros y don Chuy el Carbonero

Después de la emocionante experiencia de montar al Caballo Panzón de don Eulogio, el Cisto y yo nos aventuramos en otra travesura, esta vez involucrando burros que transportaban carbón y leña desde el cerro.

Cuando los arrieros sueltan a los burros en el corral después de vender su carga, estos se dirigen a las tiendas a comprar lo que necesitan. Aprovechábamos esta oportunidad para tomar un burro cada uno y recorrer apasionadamente todo el pueblo, montados en ellos. Cuando nos cansábamos, simplemente los dejábamos en cualquier lugar del pueblo.

El pobre arriero, al darse cuenta de que sus burros habían desaparecido, comenzaba una búsqueda exhaustiva por todo el pueblo para encontrarlos. Había un hombre conocido como don Chuy, apodado "el Carbonero", debido a que vendía exclusivamente carbón. Don Chuy tenía un burro especial al que llamaba "Tranquilino". Este burro era su consentido y no lo usaba para cargar carbón, en cambio, lo montaba diariamente.

Tranquilino era un burro de manada, y como suele suceder con estos, era fuerte y testarudo. A pesar de que el Cisto lo había derribado dos o tres veces, don Chuy lo apreciaba mucho. Había logrado educar a este burro de manera única, y lo tenía en alta estima. Don Chuy tenía todo un grupo de burros, incluido Tranquilino, al que consideraba un compañero fiel.

Esta travesura con los burros nos proporcionó momentos de diversión y aventura mientras explorábamos el pueblo sobre sus lomos. Aunque el pobre arriero se esforzaba por encontrar a sus animales, nosotros disfrutábamos de nuestras travesuras con los burros, especialmente con el querido Tranquilino de don Chuy.

Don Chuy, apodado "el Carbonero", era una figura memorable en nuestro pueblo. Su relación con su burro favorito, Tranquilino, era única y divertida. Don Chuy solía vender carbón en La Capilla y luego comprar lo que necesitaba antes de regresar a su rancho. Lo curioso es que amarraba sus compras en la silla de montar de Tranquilino, su inseparable compañero.

Una de las peculiaridades de don Chuy era su afición por la cerveza. Cuando llegaba a La Capilla después de vender su carbón, se dirigía a una cantina local. Allí, comenzaba a disfrutar de las cervezas, y lo sorprendente es que también las compartía con Tranquilino, quien disfrutaba de su propia ración. De regreso al rancho, ambos se balanceaban por el camino, con don Chuy cantando y Tranquilino relinchando, ya que siempre quería más cerveza. En ocasiones, don Chuy olvidaba a los otros burros debido a nuestras travesuras, y no los encontraba cuando regresaba.

Don Chuy poseía un terreno en el Cerro Gordo, repleto de encinos, palo colorado y robles, que utilizaba para producir carbón. Cuando bajaba del cerro, siempre pasaba por la calle Guerrero, que estaba frente a una cantina propiedad de mi tío Eulogio, hermano de mi padre. A mi tío le encantaba entretener a sus clientes con cuentos y anécdotas, algunas reales y otras inventadas. En ocasiones, afirmaba que Tranquilino era pariente del burro que montaba Sancho "Panzas". Cuando don Chuy y Tranquilino pasaban frente a la cantina de mi tío Eulogio, la diversión y las historias no se hacían esperar, creando un ambiente animado en el pueblo.

Las visitas de don Chuy y Tranquilino siempre despertaban la curiosidad y la risa entre los presentes. A cambio, muchos le ofrecían una cerveza, creando un ambiente jovial.

Aprovechamos estos momentos entretenidos para explorar el pueblo y deambulábamos por las calles hasta que nos cansábamos. Más tarde, cuando don Chuy continuaba su viaje, a menudo tenía dificultades para localizarnos, ya que nos habíamos dispersado en diferentes direcciones. En una ocasión, pasaron por la cantina de mi tío Eulogio, y ambos estaban de buen humor. Mi tío contó que no sabía cómo habían llegado a casa porque incluso los otros burros habían sido dejados en libertad para deambular por las calles hasta el día siguiente. A veces, incluso pastaban en las calles empedradas, comiendo la hierba que había crecido entre las piedras.

Un día memorable, cuando regresaban de su rancho, tanto don Chuy como Tranquilino estaban con resaca. Tranquilino, conocido por su terquedad, tropezó con don Chuy y lo hizo caer al suelo. Fue una escena cómica que hizo reír a todos, incluido don Chuy.

Las aventuras de don Chuy con Tranquilino traían risas y alegría a nuestro pueblo, y sus visitas a la cantina eran esperadas con entusiasmo por todos.

Cuando entraron al Potrero del Llanito, donde se encontraba la Laguna, Tranquilino mostró un gran deseo de beber agua de la Laguna. Aunque don Chuy estaba lidiando con una resaca, también ansiaba el agua. Tranquilino comenzó a correr para llegar a la orilla rápidamente, pero don Chuy, sin malicia debido a su estado, intentó detenerlo, dándole unos azotes. Sin embargo, a Tranquilino no le importó que lo golpearan, pero cuando llegaron a la orilla de la laguna, comenzó a enfadarse.

Para sorpresa de todos, Tranquilino se detuvo bruscamente y, en un abrir y cerrar de ojos, don Chuy fue lanzado al aire como si fuera un pájaro y aterrizó estampado en el barro. Apenas pudo articular unas palabras mientras se recuperaba del golpe, murmurando algo como "burro maldito".

Tranquilino, sin prestarle atención, se metió en la laguna, donde el agua le llegaba hasta las costillas, para refrescar su panza. Don Chuy también se benefició del chapuzón, ya que la inmersión en el agua ayudó a reducir los efectos de la resaca. Después de un rato, don Chuy salió completamente empapado y se dirigió a la plaza para disfrutar de un delicioso menudo, preparado por María Esqueda, que lo hacía exquisito con su salsa bien picante para aliviar la resaca. Lo acompañó con una buena cerveza bien fría, sabiendo que esto sería un bálsamo para su malestar, especialmente cuando las cervezas están bien heladas. Esta era una de las cosas que a don Chuy le gustaba hacer para superar una resaca.

Los domingos, don Chuy solía pasar por la plaza con sus burros cargados de carbón, aprovechando la animación que caracterizaba ese día, con la plaza y las calles llenas de vendedores de frutas, verduras y otras mercancías. Los rancheros se congregaban como de costumbre, creando un ambiente festivo con tanta gente reunida. Don Chuy veía esta oportunidad como un momento para vender su carbón y comprar lo que necesitaba.

Al terminar de vender su carbón y adquirir sus provisiones en grandes bolsas, las cuales llenaba de cosas que había comprado, las amarraba a la silla de montar de Tranquilino. Nunca le ponía aparejo a Tranquilino, su burro consentido. Luego, se dirigió rápidamente a la cantina de Rafael, como si llevara una preocupación ese día. Comenzó a consumir cervezas como un campeón, dejando a Tranquilino afuera.

En la cantina, comenzaron a tocar el gramófono, el cual cobraba 20 centavos por cada canción que sonaba. Mi tío Eulogio solía observar todo lo relacionado con don Chuy. Ese día, don Chuy sólo seleccionó dos canciones que repetía una y otra vez: "Me importa poco que tú ya no me quieras" y "Viva mis desgracias". Parecía como si hubiera tenido un desacuerdo con doña Chepa, su esposa, cuyo nombre completo era Josefa, pero a quien cariñosamente llamaban así. Ese día, algo había perturbado a don Chuy, y la música reflejaba su estado de ánimo.

Mientras estaban en la cantina, a don Chuy, como de costumbre, se le olvidó a Tranquilino. Olvidó darle su merecida cerveza, algo que normalmente le sacaba una sonrisa. En ese tiempo, Corona era la marca más popular. Don Chuy solía poner la cerveza en la banqueta y yo le había enseñado a Tranquilino a levantarla con el hocico, lo cual solía ser un acto gracioso del burro. Sin embargo, ese día, don Chuy se olvidó completamente de Tranquilino.

Después de un rato, Tranquilino comenzó a inquietarse, golpeando la pared. Creo que estaba molesto porque había inhalado mucho aire al golpear la pared y eso lo hacía rebuznar. Finalmente, Tranquilino decidió entrar en la cantina. Don Chuy, que ya había tomado un poco, se sorprendió cuando vio a Tranquilino en el interior. Cuando lo vio, exclamó: "¡Chepa!, ¡¿qué haces aquí?!". Luego, se dio cuenta de su error y se disculpó nuevamente porque se había olvidado de él. Le dio su cerveza y ambos continuaron bebiendo como campeones.

Don Chuy gritaba: "¡Viva mis desgracias!", y "Me importa poco que tú ya no me quieras". Tranquilino rebuznaba en respuesta, como si se hubiera sentido ofendido por el descuido de don Chuy. La escena continuó con risas y bromas, demostrando la peculiar relación entre don Chuy y su burro Tranquilino.

Luego de su visita al gato, don Chuy y Tranquilino se dirigieron de regreso al rancho. Ambos iban riéndose y chocando por toda la calle, incluso en las partes empedradas. Cuando llegaron frente a la cantina de mi tío Eulogio, don Chuy, que aún estaba un poco afectado por el picante, sintió el antojo de tomar más cerveza en la conocida cantina.

Don Chuy tenía una gran amistad con mi tío Eulogio y a menudo iba a charlar con él y disfrutar de unas cervezas. En una de esas conversaciones, don Chuy compartió cuánto apreciaba a Tranquilino y le contó a mi tío por qué comenzó a darle cerveza al burro. Le dijo que, en una ocasión, Tranquilino se había aventurado dentro de la cantina porque se desesperó al no ver a don Chuy salir.

Don Chuy, quien en ese momento estaba un tanto afectado por el alcohol, decidió compartir su cerveza con Tranquilino. Le abrió la boca a la fuerza y le dio una cerveza, luego otra y otra. En la tercera cerveza, Tranquilino ya estaba emocionado por más. Después de pasar un buen rato conversando con mi tío Eulogio, don Chuy decidió que era hora de irse, ya que era tarde y tanto él como Tranquilino se balanceaban como un péndulo debido a los efectos de la bebida.

Después de su visita a la cantina de mi tío Eulogio, don Chuy y Tranquilino continuaron su camino rumbo al rancho. Como era común cuando don Chuy se embriagaba, se le olvidaban los demás burros, pero estos ya sabían que al final ganarían su merecido descanso en el potrero de la Laguna.

Salieron por la calle Guerrero, y mi tío, que salió a verlos, me contó que don Chuy iba cantando alegremente: "¡Viva mi desgracia, me importa poco que tú ya no me quieras!", mientras Tranquilino rebuznaba sin parar, ansioso por más cerveza. Fue así como don Chuy convirtió al burro Tranquilino en un aficionado al alcohol.

Mi tío siempre abría su cantina temprano, donde preparaba excelentes canelas con alcohol para aquellos madrugadores que llegaban. La cantina se llenaba de personas que disfrutaban de estas canelas bautizadas con alcohol, y mi tío los entretenía con sus historias.

Los caballos de Elpidio González

Permítanme compartir ahora otra historia verdadera relatada por mi tío Eulogio sobre Elpidio González, quien había mantenido durante mucho tiempo caballos de carreras excepcionales que eran la envidia de la región. Estos caballos eran altamente valorados y respetados por su elegancia y desempeño en las carreras.

En aquellos tiempos, Elpidio González se destacaba en el mundo de las carreras de caballos con sus parejas de caballos de fama nacional. Competían con jinetes que traían sus caballos desde diversas partes de México para enfrentar a los de Elpidio. El escenario de estas emocionantes competencias era un excelente carril largo ubicado en un potrero conocido como el "Potrero de Triángulo", colindante con el Rancho El Lavadero y al norte de la Presa de Gómez, cerca de La Capilla.

Recuerdo especialmente una carrera cuando tenía alrededor de 8 años. Esta carrera se hizo extremadamente popular, atrayendo a personas de todas partes. Elpidio tenía un caballo excepcionalmente rápido llamado "Canelo", conocido por su belleza y gran alcance. Su rival era un caballo llamado "Kilómetro", y la carrera se disputaría en una distancia de mil metros, adecuada para estos dos velocistas de larga distancia.

La última vez que Kilómetro había competido en una carrera similar fue en Piedras Negras, Chihuahua, donde había ganado. Aquel día, la plaza estaba llena de gente entusiasmada por estas carreras, con carpas de vendedores y cantinas ambulantes. Como era un niño curioso, me acerqué sigilosamente y escuché cómo la gente comentaba y hacía sus apuestas antes de la carrera principal. Las apuestas eran una parte importante de estas competencias, y yo observaba atentamente cómo los apostadores evaluaban a los caballos y sus jinetes. La emoción en el aire era palpable.

Aquella fue mi primera experiencia en una carrera de caballos, y debo admitir que me sentía un tanto abrumado por la gran cantidad de caballos y personas reunidas a lo largo del carril. El bullicio y los gritos de la multitud aumentaban mi nerviosismo. Sin embargo, en medio de aquella aglomeración, tuve la fortuna de encontrarme con el hijo de Elpidio, a quien llamábamos "Pillo". Éramos amigos, aunque en ese momento no pareció notar mi presencia, ya que estaba sumido en la preocupación por la carrera.

Pillo estaba montando a un hermoso caballo que también pertenecía a su padre, el conocido "Canelo". Continué explorando el lugar y pronto me uní a un grupo de amigos de mi edad. Juntos, observábamos curiosamente a nuestro alrededor, tratando de empaparnos de la emoción del evento.

Fue entonces cuando notamos a un joven de nuestra edad que recién había llegado a La Capilla. Su nombre era Barbarito Gutiérrez, y por alguna razón, había decidido mudarse aquí. Al ser un desconocido para nosotros, algunos de mis compañeros le buscaban pelea. Yo, que no solía rechazar desafíos, me vi involucrado en una pelea con él.

La situación se intensificó rápidamente, y comenzamos a intercambiar golpes en el suelo. Barbarito, al darse cuenta de que no podía vencerme, tomó una piedra y me golpeó. Resulté herido en el enfrentamiento, y después de ese incidente, me retiré a casa sin saber qué ocurrió después ni quién ganó la pelea.

Luego de la pelea en la carrera de caballos, regresé a casa con varias heridas y magulladuras. Era casi de noche, y mi madre se preocupó al verme llegar en ese estado, con la ropa hecha jirones y sangrando. Me preguntó con preocupación qué me había sucedido, y le expliqué que había tenido un enfrentamiento con otro chico que me había dejado herido.

Mi madre, al ver mi estado, se asustó y comenzó a cuidar de mis heridas. Con el cariño que sólo una madre puede brindar, se ocupó de limpiarme y desinfectarme las heridas. Recuerdo que sacó las vendas y los ungüentos de membrillo que siempre tenía en casa. Sus manos amorosas me colocaron las vendas moradas sobre las heridas.

A pesar de la incomodidad, sentí una gran sensación de alivio y amor en aquel momento. Aunque las heridas seguían doliendo, sabía que mi madre estaba allí para cuidar de mí. El recuerdo de esa noche se queda conmigo, la ternura de mi madre en medio de la adversidad.

En cuanto al chico que me había descalabrado, en las carreras le pusieron el apodo de "Caña Bofa". Después de ese incidente, nos convertimos en buenos amigos y compartimos travesuras juntos.

Volviendo a los caballos finos de Elpidio, mi tío Eulogio solía contar una historia sobre dos de sus caballos más destacados. Estos caballos estaban acostumbrados a comer alfalfa verde todos los días, además de la excelente pastura que tenían a su disposición. Sin embargo, en una ocasión, se quedaron sin alfalfa debido a problemas en la provisión de Arandas y Tepatitlán. En La Capilla, la alfalfa no se cultivaba en épocas de sequía debido a la falta de agua para riego, por lo que la traían desde fuera. Este episodio planteó un desafío para mantener a los caballos en óptimas condiciones.

Estos eran los caballos más finos de todos, y este hábito alimenticio les estaba pasando factura. Sus cuerpos comenzaron a adelgazar, y esto preocupó mucho a Elpidio, quien no sabía qué hacer para solucionar el problema, ya que no podía conseguir alfalfa en ese momento.

Un día, mientras caminaba por la banqueta donde se encontraba la cantina de mi tío Eulogio, Elpidio fue sorprendido por el saludo de mi tío, quien le gritó: "¡Elpidio! Quiero preguntarte algo". Elpidio, intrigado, le respondió: "Dime, Eulogio, ¿qué sucede?". Mi tío le explicó la situación de los dos caballos que se negaban a comer y le sugirió una idea que consideraba efectiva.

Mi tío Eulogio propuso que Elpidio les comprara unos lentes verdes y se los colocara a los caballos. Según él, esto haría que los caballos se comieran todo lo que se les ofreciera. Elpidio, dispuesto a intentar cualquier solución, aceptó la idea y les puso lentes verdes a los caballos.

El resultado fue sorprendente. Los caballos comenzaron a comer todo lo que tenían a su alcance, incluso la pastura que antes habían rechazado. La vista de la pastura verde a través de los lentes verdes los animaba a alimentarse con entusiasmo. La solución había funcionado a la perfección.

Esta anécdota se convirtió en una divertida historia que mi tío Eulogio compartía con la gente para entretenerla. Además, demostró que a veces las soluciones más inusuales pueden resolver problemas inesperados.

CAPÍTULO 11

Tacho, mi primo y su sobrenombre

Tacho, o Tachín, como solíamos llamarlo, fue bautizado con el nombre de Anastasio Gutiérrez, igual que mi abuelo. Tacho era mi primo hermano, y además de eso, uno de mis mejores amigos de la infancia, al igual que Cisto. Aunque los tres no solíamos hacer travesuras juntos, Tachín y yo éramos inseparables en una época.

Tacho no era muy fanático de las travesuras, más bien era yo quien solía gastarle bromas y hacer travesuras a él. Mi tío Eulogio, padre de Tacho, tenía una familia numerosa, con tres hijos y seis hijas. Rafael era el mayor, seguido por Concha, y luego venía Tacho, quienes nacieron en H. S. A. Los demás hermanos nacieron en La Capilla, en México.

Como Tacho y yo éramos de la misma edad, pasamos una temporada siendo inseparables. Aunque Cisto seguía siendo mi amigo, ya no nos juntábamos tanto como antes. Yo siempre fui un alma solitaria y me unía con aquellos que se adaptaban a mi estilo y mis travesuras, y que se sentían cómodos conmigo. Por eso, Tachín se convirtió en uno de mis mejores amigos, al igual que Cisto.

Mi relación con Tachín se fortaleció cuando vino a visitar a su mamá, mi tía Magdalena, junto con otro primo hermano llamado Gamaliel, que vivía en Guadalajara. Estos encuentros familiares y nuestras travesuras compartidas hicieron que nuestra amistad creciera aún más.

Tachín y mi primo Gamaliel: Reencuentro familiar y travesuras

Unos días después de la llegada de mi tía Elisa y sus dos hijas, Elisa y Ester, a la casa de mi abuelita María, llegó también mi primo Gamaliel, a quien cariñosamente llamábamos "Gama". Yo solía pasar mucho tiempo en la casa de mi abuelita, y cuando Gama llegó, fue un momento de alegría para los dos. Recuerdo que en esa ocasión incluso me trajo un regalo: una daga con una cabeza de águila cromada en la empuñadura, una pieza muy popular en México. Para evitar que me la quitaran en casa, escondí la daga en uno de los rincones del corral, en la pared de adobe. Permaneció oculta durante mucho tiempo hasta que finalmente la vendí.

Los tres, Gama, Tachín y yo, solíamos reunirnos para jugar en la plaza junto con otros niños del pueblo. La partida de mi tía Magdalena hacia Guadalajara y su llevada de Gamaliel nos dejó tristes, ya que él se había adaptado perfectamente a nuestros juegos y travesuras. El padre de Gamaliel, al que llamábamos "Chuy", tenía el apellido Castellanos y era una persona muy amable. Era conocido por tener lecherías de gran éxito, como era típico de los Castellanos. A pesar de la partida de Gamaliel, nosotros continuamos reuniéndonos y compartiendo aventuras.

De mi estancia con Gama, tengo algunas anécdotas interesantes que también forman parte de mis recuerdos. A mi mamá la llamábamos "Emilia", y su apellido era Torrez. Era muy cercana a mí, y su padre, Martín Torrez, tenía la mejor carnicería de La Capilla, destacando como un comerciante de renombre en la localidad.

Tachín, mi tío Eulogio y don Martín Torrez: Una relación especial

Don Martín Torrez, cuya esposa se llamaba doña Conchita Barba, era un hombre respetado en nuestro pueblo. Lamentablemente, doña Conchita falleció tempranamente, dejándolo viudo. Don Martín quedó solo con sus dos hijos, y fue en ese momento que mi tía Emilia, parte de la familia de mi tío Eulogio, asumió la responsabilidad de cuidar de él y sus hijos. Esta generosa acción permitió que todos los hijos de mi tío Eulogio fueran criados con el apoyo de don Martín.

Mi tío Eulogio, como mencioné anteriormente, solía viajar al norte de Estados Unidos para trabajar. Durante sus ausencias prolongadas, don Martín se ocupaba de la familia. Rafa y Tacho, mis primos, lo ayudaban en la matanza y en la carnicería. Don Martín encontraba satisfacción en el hecho de que, con su hija y nietos, se sentía como en su propio hogar.

Sin embargo, don Martín sabía que podía contar con el apoyo de su yerno, mi tío Eulogio, cuando se encontraba en apuros económicos. Cuando mi tío se veía en la necesidad de obtener dinero, viajaba a Estados Unidos, donde ya tenía un trabajo estable en un rancho de ganado en Palo Alto, California.

Era muy apreciado por los dueños debido a su dedicación y rapidez para aprender, incluso llegó a dominar el portugués y a hablar inglés con fluidez. Aunque era alegre, el único inconveniente era su larga ausencia de La Capilla, durante la cual a veces descuidaba a su familia. Pero en esos momentos, don Martín se convertía en un pilar fundamental para su hija y sus nietos.

Tachín y la muerte de mi tío Liborio

Continuando con la historia de mi familia, recordaré a mi tío Liborio, quien también trabajó en el establo de Palo Alto antes que mi tío Eulogio. Al igual que mi tío Eulogio, los dueños portugueses lo apreciaban mucho, ya que era un trabajador incansable y tenía un amplio conocimiento que había adquirido desde su estancia en La Capilla sobre el ganado y su manejo.

En una ocasión, mientras trabajaba en el establo, ocurrió un trágico incidente. Un toro de gran tamaño, que se consideraba un semental de alto valor genético, se enfureció porque Liborio no le permitía unirse a una vaca que estaba inquieta. A pesar de que el toro llevaba una argolla en la nariz con una cadena, no se detuvo y embistió a Liborio con furia. Lo acorraló contra una pared y, con su gran fuerza, lo mató en el acto.

Este trágico evento afectó profundamente a mi abuelito Tacho y a mi tío Eulogio, quienes se encontraban en Palo Alto, California, en ese momento. Tacho regresó a La Capilla después de la muerte de su hermano Liborio, llevando consigo un profundo pesar. Liborio era conocido por su seriedad y responsabilidad, y su partida fue un duro golpe para la familia. Fue entonces cuando mi tío Eulogio comenzó a trabajar en el establo con los portugueses, lo que marcó el inicio de una nueva etapa en su vida laboral.

Permítanme continuar la historia sobre mi tío Liborio y mi primo Tachín. Mi padre deseaba que yo tomara su lugar en San José, California, que se encuentra a unos 15 kilómetros de Palo Alto. Agradezco a Dios que me hayan bautizado con el nombre de Liborio. Estoy profundamente orgulloso de ello, entre otras razones, porque Liborio es sinónimo de "Libertad". Y es cierto, porque a lo largo de mi vida, he sentido en mi interior una gran libertad.

Siempre he tratado de compartir ese sentimiento de libertad con aquellos que me rodean, a pesar de que, como es natural, a lo largo de la vida, algunas personas intentan hacernos sentir prisioneros. A mí me han enfrentado a obstáculos, pero nunca me derribarán. Si me sacan del camino, siempre regreso a mi sendero, que se llama "Libertad".

Pero dejemos atrás las cosas tristes por ahora y continuemos con la historia de mi primo Tachín. Éramos inseparables durante un tiempo. Teníamos alrededor de 7 u 8 años y solíamos reunirnos en la plaza con muchos otros niños por las tardes. Hacíamos tanto ruido que los comerciantes de las tiendas alrededor de la plaza se quejaban y, en ocasiones, aparecía el comandante del lugar para calmar la situación.

La nalgada caliente

Recordando los días de nuestra infancia en la plaza, solíamos correr como locos cuando el comandante Herminio Alcalá y sus policías con barras de membrillo y cartones aparecían. Algunos de nosotros éramos alcanzados por sus barras, pero cuando no nos molestaban, jugábamos de muchas maneras. Compartimos chistes, como los de Pepito u otros que conocíamos.

Un juego muy popular en aquel entonces se llamaba "La nalgada caliente". Consistía en que un niño más grande se sentaba en un banco de la plaza con una camisa o un saco en las piernas. La persona que recibiría la nalgada se agachaba para taparse los ojos y no ver quién le daría la nalgada. Alrededor se juntaban muchos otros niños, ansiosos por presenciar el juego.

El niño se levantaba y tenía que adivinar quién le había dado la nalgada. Si no lo hacía, debía agacharse nuevamente y seguir adivinando. En ocasiones, esto podía durar un buen rato, y aquellos que pegaban más fuerte incluso se quitaban un guarache o un zapato para hacerlo más emocionante. Si adivinaban quién les había pegado, esa persona debía tomar su turno, y la nalgada podía llegar a ser tan intensa que dejaba las nalgas moradas.

Tachín y su sombrero

Permítanme compartir la historia del famoso sombrero de Tachín. En aquellos días, su abuelo don Martín le compró un sombrero de paja de trigo, al estilo Charro, pero de diseño sencillo. Este sombrero cubría casi por completo su cabeza y le servía para protegerse del ardiente sol californiano. Don Martín solía enviarlo a trabajar en ranchos cercanos a La Capilla, donde a veces necesitaban llevar ganado o cerdos para el proceso de matanza. El sombrero se convertía en su fiel compañero bajo el sol abrasador.

Yo, por mi parte, disfrutaba jugando con él y, de vez en cuando, le quitaba el sombrero de la cabeza. Tachín siempre reaccionaba con determinación, persiguiéndome incansablemente. A pesar de que yo era más ágil, él tenía una resistencia asombrosa y una fuerza que lo hacía parecer un toro en verdad.

Así, día tras día, me alcanzaba y recuperaba su amado sombrero. Confieso que me daba ansias, pero él se lo ponía con orgullo y se convertía en una especie de retrato viviente con su querido sombrero.

Tachín, su sombrero y su potrillo

El sombrero de Tachín, aunque resistente, no pudo evitar el paso del tiempo. Con las lluvias y el desgaste, la falda del sombrero, que originalmente llegaba casi a sus hombros y le cubría la vista, comenzó a deteriorarse. Pero yo no podía resistir la tentación de quitárselo una y otra vez, provocando que cada vez quedará más corto.

Sin embargo, lo que realmente hizo especial a ese período en la vida de Tachín fue su relación con un potrillo. Este potrillo era descendiente de una yegua que don Martín tuvo durante muchos años, y nunca había sido montado por un jinete. Hasta que un día, Tachín decidió amansarlo y establecer un vínculo único con él.

Desde pequeño, Tachín comenzó a trabajar con el potrillo, y pronto se ganó su cariño y respeto. La doma no fue necesaria, ya que el potrillo aceptó a Tachín como su jinete sin resistencia. Sin embargo, intenté montarlo en una ocasión y el potrillo reaccionó con violencia, intentando morderme y lanzando patadas en mi dirección. Tachín, siempre llevando su emblemático sombrero con barboquejo, estaba siempre dispuesto a cuidarme y protegerme de las travesuras del potrillo.

Tachín y su potrillo se convirtieron en una pareja inseparable. Cuando se subía al potrillo, parecía un revolucionario con su característico sombrero, que casi le tapaba la vista. Si Pancho Villa lo hubiera visto, seguramente lo habría invitado a unirse a su causa, sólo le habría faltado el uniforme.

Tachín, su potrillo y nuestro amigo Juven

Tachín, con su sombrero característico y su potrillo, se volvió todo un personaje en nuestra comunidad. Presumía de las habilidades de su potrillo como si fuera un verdadero revolucionario, siguiendo los pasos de Emiliano Zapata. Montaba con destreza y agilidad, haciendo alarde de la buena rienda que le había dado al animal. Era capaz de correr a gran velocidad por las calles empedradas, dejando chispas a su paso.

Pero no sólo eso, Tachín también hacía que su potrillo caminara de lado de manera elegante, como si fueran parte de un espectáculo. Su destreza en el manejo del potrillo le llenaba de orgullo, y a veces parecía más un jinete experimentado que un joven de su edad.

Tachín y su potrillo se convirtieron en una vista habitual en la comunidad, y su actitud desafiante y orgullosa recordaba a los revolucionarios de antaño, especialmente a Emiliano Zapata.

Pero la historia continúa, ya que Tachín y yo comenzamos a alejarnos un poco uno del otro debido a la amistad que él estableció con un amigo en común, Juven, de nuestra misma edad. Juven tenía la ventaja de tener su propio potrillo, mientras que yo aún no tenía ni siquiera un burro para montar, y debía conformarme con los burros de los arrieros que descendían del cerro. La diferencia en posesiones nos llevó a tomar caminos separados en nuestras aventuras.

Tachín y nuestro amigo Juven: Un encuentro con la riqueza y las aventuras

Como les comentaba, en medio de nuestras travesuras y aventuras, surgió un nuevo personaje en la escena, nuestro amigo Juven, quien pertenecía a una de las familias más acomodadas de La Capilla, con su padre, don Juventino Aceves, al frente. Además de su riqueza, don Juventino era una persona extraordinaria, de gran sociabilidad y amabilidad hacia todos. Tenía varios hijos, todos igual de hermosos, de tez clara, cabello y ojos claros, típicos de la descendencia Castellana. En aquellos días, el origen de nuestra genealogía había caído en el olvido, ya que muy pocas personas se preocupaban por rastrearlo en detalle.

Pero volviendo a nuestras aventuras, me disculpo por la breve digresión sobre nuestras raíces. Estoy aquí para compartir la emocionante historia de Tachín y nuestro amigo Juven que poseía una hermosa yegua, y Tachín fingió que había adquirido una yegua de don Juventino. Juntos, se dirigían a los potreros de su rancho, supuestamente para aprender a lazar, pero, en realidad, para entrenar con cualquier animal que encontraran, ya fueran vacas, terneros o burros. En las calles, pasaban su tiempo practicando sus habilidades con la soga y el lazo.

Para Juven, esta experiencia resultó beneficiosa, ya que un día don Juventino tomó la decisión de mudarse a Guadalajara por motivos que desconocemos. Juven y su hermano se unieron a la Asociación de Charros de Jalisco, y según los rumores, demostraron ser excelentes jinetes, llegando incluso a ganar el campeonato en alguna ocasión.

Tachín y nuestro amigo Juven: Una carrera desenfrenada

Permitidme regresar a La Capilla, donde en cierta ocasión, me invitaron a visitar el rancho de mis amigos. Tenían la intención de enseñarme a lanzar, y emocionado, me uní a ellos. Monté la yegua de Juven, una yegua dócil en la que me acomodé en la grupa. Nos dirigimos hacia un potrero conocido como "El Potrero del Triángulo", que mencioné anteriormente y que servía como un cruce en dirección a Mirandilla.

Estábamos avanzando a buen ritmo, ambos jinetes con sus respectivos caballos, cuando, de repente, les entró la idea de una carrera. Sin pensarlo dos veces, aceleraron y yo, ansioso de la competición, los seguí con determinación. En ese momento, yo ya era más grande y tenía experiencia en la equitación, así que no había razón para preocuparme.

Sin embargo, la situación tomó un giro inesperado cuando la yegua que montaba Juven, aparentemente tranquila, se desbocó de repente. Como cualquier jinete sabe, un caballo desbocado es difícil de controlar, no responde a las riendas ni a los frenos y sigue corriendo hasta que se cansa. Intenté frenar y Juven estiró las riendas, pero la yegua seguía sin responder.

Estábamos cerca de una puerta de alambre que conducía al Potrero del Triángulo, pero la yegua no pudo frenar a tiempo debido a la velocidad y chocó contra la puerta, que era alta y robusta. El impacto nos lanzó a todos desde sus espaldas. En ese momento, quedamos detenidos en el lugar, sorprendidos y un tanto aturdidos por el inesperado incidente.

Tachín y nuestro amigo Juven: Una aventura desafiante

Permítanme continuar con la historia de Tachín, Juven y yo, ya que después de la carrera desenfrenada, decidimos dejar de lado la idea de practicar lazar ganado. Sin embargo, en ese mismo Potrero del Triángulo, unos seis meses después, ocurrió otro incidente que marcaría nuestra memoria.

Aquella tarde, como de costumbre, nos aventuramos en el potrero. La experiencia anterior no logró disuadirnos de disfrutar de la naturaleza y la compañía del ganado. Pero esta vez, la tragedia acechaba en las sombras.

Caminábamos despreocupadamente, observando las vacas y disfrutando de la fresca brisa. Sin embargo, la vida nos tenía preparado otro desafío. En un abrir y cerrar de ojos, como si fuéramos pájaros, volamos y aterrizamos al otro lado de la cerca.

Personalmente, no puedo explicar cómo lo logré, pero afortunadamente no sufrí lesiones. Juven sufrió un rasguño en la pierna, y Tachín, mi primo, llegó corriendo inicialmente, temeroso de lo que había sucedido, pero pronto estalló en risas con la alegría de quien ha escapado de un peligro inminente, y nosotros, desconcertados por su risa contagiosa, finalmente nos unimos a él. Sin embargo, después de un rato, lo detuvimos, y en lugar de reírnos, empezamos a tirarle piedras en broma.

Esta fue la segunda vez que nos aventuramos en el Potrero del Triángulo, y después de este episodio, decidimos que tal vez era mejor dejar de explorar ese lugar. Sin embargo, este no sería el último incidente que viviríamos juntos en ese rincón de La Capilla.

Un día en el Triángulo: Un accidente inesperado

Quiero compartir un incidente que sucedió mientras nos dirigimos a una fiesta organizada por el padre Morales y el profesor Rafael Camarena, quienes eran de Tepatitlán. Decidieron alquilar una camioneta para llevarnos a la celebración, y aunque no recuerdo quién la conducía, el camino nos llevó por el mismo terreno donde habíamos tenido el encuentro con la yegua en el Triángulo, un potrero grande y empinado.

La camioneta tenía que cruzar el Potrero del Triángulo y continuar hasta llegar a Mirandilla. El potrero era vasto y empinado, y mientras avanzábamos, cometimos un error. Algunos de los muchachos decidieron subirse a la parte trasera de la camioneta y sentarse en las barandas. Éramos alrededor de seis o siete jóvenes, y todos íbamos cantando y divirtiéndonos. La camioneta estaba llena de personas, en su mayoría jóvenes, con algunas personas mayores, pero nadie se preocupó por cuidarnos o decirnos que no subiéramos a las barandas.

A medida que avanzábamos por el potrero, ocurrió lo inesperado. La camioneta pasó por un hoyo en el camino, y debido al peso de nosotros, las barandas traseras se rompieron. La camioneta dio un brusco traspié, y yo, milagrosamente, no resulté herido. Realicé una especie de voltereta en el aire, pero aterricé sentado. La camioneta se mantuvo en movimiento, lo que evitó un accidente más grave.

Este incidente, aunque fue un susto, nos recordó la importancia de la precaución y la seguridad en nuestras aventuras. Además, me trajo a la mente otros dos incidentes previos: el famoso día de la carrera del Canelo y el encuentro con el caballo Kilómetro, así como el incidente en el que fui golpeado por una piedra en la cara hace unos años.

Estos episodios, aunque llenos de desafíos y peligros, forman parte de las historias que nos unen a La Capilla y a la gente que conocimos allí, como don Gregorio, el respetado panadero que preparaba los mejores picones de Jalisco. Cada uno de estos incidentes dejó su marca en nuestra memoria y nos enseñó valiosas lecciones sobre la vida y la aventura.

Don Gregorio Trujillo y su excelencia en la panadería

Quiero hablarles sobre una figura destacada en La Capilla, alguien a quien todos conocíamos como don Gregorio, y a quien sus amigos llamaban simplemente Gregorio. Él era el hermano del Doctor Isi Roy de Teodoro y tenía una reputación impecable en la comunidad.

Don Gregorio fue una persona de gran prosperidad y carácter apacible, como lo eran muchos de los habitantes de La Capilla. También era conocido por su hermano que vivía en la misma localidad. Ambos eran reconocidos por su integridad y contribuciones a la comunidad.

Tras su regreso de los Estados Unidos, don Gregorio optó por no volver al norte y, en cambio, decidió establecer una panadería. Me asombra la maestría que tenía en esta profesión, ya que elaboraba un pan de la más alta calidad que, según mi opinión, superaba a cualquier otro en el estado. Sus picones, en particular, eran una exquisitez única que atraía a personas de Guadalajara y otros lugares que venían a comprarlos.

Don Gregorio no sólo era un panadero excepcional, sino también una persona sumamente trabajadora. Su dedicación y habilidad se reflejaban en la excelencia de su panadería, que se convirtió en un punto de referencia en La Capilla. Su legado en la comunidad perdura a través de su inigualable arte en la panadería y su contribución a la tradición culinaria local.

Don Gregorio Trujillo y su ilustre panadería

Deseo compartir una faceta memorable de La Capilla que involucra a don Gregorio Trujillo y su renombrada panadería. Don Gregorio era un hombre madrugador, cuya jornada comenzaba a las tres de la mañana, cuando encendía el horno y comenzaba a amasar la masa para el pan.

Recuerdo vívidamente su característico sombrero de palma, de tamaño considerable pero no excesivamente grande, con un diseño redondo y lados algo elevados. Don Gregorio solía comprar grandes cantidades de leña a los arrieros locales y era, sin duda, uno de sus clientes más destacados. Cada día, mientras los arrieros descargaban la leña en el empedrado de la calle frente a su casa, nosotros, los niños del lugar, observábamos ansiosos y esperábamos que se dirigieran a las tiendas para comprar lo que necesitaban. Aprovechamos la oportunidad para subirnos a los burros y dar un paseo, como solíamos hacer. A menudo, perdían de vista a sus animales y tenían que preguntar si alguien había visto a sus burros.

Don Gregorio, después de estos episodios, nos contrataba para transportar la leña hasta el fondo, donde se encontraba un corral y el horno de la panadería. Allí, se realizaba diariamente la magia de la panadería. Después de completar la tarea, nos recompensaba con veinte pesos a cada uno y nos daba una generosa porción de pan. A pesar de los rasguños en los brazos por cargar la leña, estábamos contentos con nuestra tarea y la recompensa.

También recuerdo que, durante la temporada de maíz, mi madre solía preparar "tacachotas" para aquellos que no tenían molinos para moler el maíz. Don Gregorio Trujillo y su panadería no sólo eran un punto de referencia en La Capilla, sino que también eran un testimonio de la generosidad y la conexión comunitaria que prevalecían en nuestro querido pueblo.

Gregorio Trujillo y su panadería: Un regalo para el paladar

Quisiera compartir una faceta encantadora relacionada con don Gregorio Trujillo y su célebre panadería. Don Gregorio era un hombre generoso que contribuía a la comunidad de formas inolvidables. Una de sus bondades más notables era su participación en la elaboración de "tacachotas", un pan de maíz medio tierno molido y sin esponjado para evitar que se inflara.

Don Gregorio se ofrecía a hornear estas delicias, que resultaban tan sabrosas como peculiares. Estas delicias se endulzaban con piloncillo y se amasaban con leche antes de ser cuidadosamente doradas en el horno. El resultado era un sabor único y extraordinariamente delicioso.

Además de las "tacachotas", solíamos llevarle calabazas, que también se metían al horno para transformarlas en atoladas, otro manjar muy sabroso. Estas calabazas asadas las servimos en un plato junto con leche y azúcar, a lo que cariñosamente llamábamos "Taninole". Esta combinación nos encantaba y siempre era un placer degustarla.

En época de Cuaresma, mi madre preparaba un postre popular y delicioso conocido como "capirotada". Consistía en pan dorado, similar al pan francés, pero de tono dorado. Para hacerlo, mi madre o mi abuela cortaba el pan en rebanadas y lo dejaban secar al sol hasta que quedara bien duro. Luego, lo freían hasta que adquiere un dorado apetitoso. En una cacerola de barro, preparaban un jarabe espeso de piloncillo y doraban también trozos de tortilla. Posteriormente, sumergían las rebanadas de pan dorado en la cacerola con el jarabe de piloncillo y las servían como una deliciosa capirotada.

Así, don Gregorio Trujillo y su panadería no sólo eran un punto de referencia en La Capilla, sino también una fuente constante de alegría y sabor en nuestras vidas, dejando un legado culinario que perdura en nuestras memorias y paladares.

Gregorio Trujillo y su panadería: La deliciosa receta de la capirotada

Ahora, permítanme compartir una receta que evoca deliciosos recuerdos de la Cuaresma en La Capilla, gracias a don Gregorio Trujillo y su panadería. La capirotada, un postre tradicional, era una exquisitez que se preparaba con maestría y cariño.

Para elaborarla, primero se doraban rebanadas de pan hasta que adquirían un atractivo tono dorado. Luego, en una cacerola de barro, se preparaba un jarabe de piloncillo que se vertía sobre el pan dorado. Con cuidado, se añadían pasas en abundancia y se espolvoreaba generosamente queso desmoronado sobre la mezcla. Para evitar que el pan se quemara, se colocaban tortillas en el fondo de la cacerola antes de verter el jarabe caliente.

Pero eso no era todo, ya que la capirotada se enriquecía aún más con nueces y almendras, que se mezclaban con las pasas. Un toque de canela en rama y unos clavos de olor completaban la combinación. Tras asegurarse de que todo estuviera bien distribuido y permitiendo que los ingredientes se mezclaran y se suavizaran al calor del jarabe, se tapaba la cacerola. El resultado era un postre delicioso, perfecto para la Cuaresma, aunque podía disfrutarse en cualquier momento del año.

¡Así que aquí tienen la receta de la capirotada para quienes deseen probar esta exquisitez en sus hogares! Ahora, sin más demora, proseguiré con otra de mis travesuras, pues no puedo resistir la tentación de compartirlas con ustedes.

CAPÍTULO 12

Carmen, el sacristán: Un hombre de la Iglesia con manos firmes y un corazón rudo

Permitan que les hable de Carmen, el sacristán, quien era hermano de Santos, el campanero. Estos dos hombres desempeñaban un papel fundamental en la vida de la iglesia. Si bien eran hermanos, sus personalidades eran completamente distintas.

Carmen, por así decirlo, era la mano derecha del padre Morales. A pesar de su relación de sangre con Santos, su temperamento y carácter eran notoriamente diferentes. Carmen tenía una inclinación hacia la severidad, especialmente cuando se trataba de lidiar con los niños de la comunidad.

A menudo, Carmen experimentaba una serie de frustraciones, y es posible que estuviera lidiando con problemas de salud mental en ese momento. En ocasiones, su trato hacia los niños era brusco, y a menudo se enfureció. Puede que se haya sentido aliviado de la carga de estas tensiones cuando finalmente nos dejó a una edad temprana, y Dios lo llamó a un lugar mejor, liberándose de las preocupaciones que lo afligían.

Recuerdo que cuando lo veíamos en la iglesia, nos manteníamos alerta y, si podíamos, nos retiramos discretamente. Carmen tenía la costumbre de sorprender a los traviesos y, en su furia, a veces nos daba coscorrones que nos dejaban momentáneamente aturdidos. Aunque éramos traviesos, su reacción a menudo parecía excesiva.

Sin embargo, es importante señalar que sí tenía sus razones, ya que, a veces, utilizamos el templo como lugar de diversión. Personalmente, me encantaba subir al campanario y tocar las campanas junto a Santos. A él le agradaba esta actividad y nos instruía en cómo hacerlo. Cuando necesitaba nuestra ayuda, dejaba la puerta del piso abierta para que pudiéramos subir por la escalera de caracol hasta la parte superior del campanario.

Así es como recuerdo a Carmen, el sacristán, un hombre de la iglesia con manos firmes y un corazón rudo, que dejó una huella imborrable en nuestra comunidad, tanto por su dedicación como por sus formas inflexibles.

El sacristán: Las aventuras en el templo y el patio de la creación

El templo siempre ha sido un lugar misterioso y atractivo para los jóvenes intrépidos, y yo no fui la excepción. Durante mi niñez, a menudo subía al campanario del templo, algunas veces por deber y otras por simple placer. Cuando sentía el impulso de explorar, me dirigía al templo para ver si la puerta del caracol que conducía al campanario estaba abierta. Si no lo estaba, buscaba otra entrada.

En el costado izquierdo del templo, durante el día, se abría una puerta que daba acceso a un patio interior. Este patio albergaba grandes depósitos de alquitrán que ardían constantemente, liberando su humo característico en el aire. La función principal de estos depósitos era mantener el alquitrán caliente para diversos propósitos, y esta tarea requería un suministro constante de agua para mantener el alquitrán en la temperatura adecuada.

El sonido del martilleo y la formación resonaba incesantemente en ese patio, ya que los artesanos trabajaban arduamente para esculpir y dar forma a la cantera y la piedra que se usaría en la construcción del templo. Esta laboriosa tarea de cantería era una verdadera obra maestra, y los resultados eran evidentes en cada detalle del templo.

En ese mismo patio, también se encontraba un rodillo de gran tamaño, similar a los utilizados en la fabricación de sogas, pero de dimensiones mucho mayores. Este rodillo estaba conectado a fuertes cuerdas que permitían elevar grandes bloques de cantera con facilidad. Las escaleras y andamios estaban dispuestos estratégicamente para facilitar el acceso a diferentes niveles.

Cuando teníamos la oportunidad, nos aventuramos a subir allí en secreto. Nos encantaba la sensación de exploración y la emoción de estar en un lugar al que generalmente no teníamos acceso. Las travesuras en el templo y el patio de la creación eran una parte inolvidable de nuestra niñez, y estas aventuras llenaron nuestros días de diversión y curiosidad.

Carmen, el sacristán y el mágico reloj de péndulo en el techo del templo

El templo siempre nos atraía como un imán, y aunque Carmen, el sacristán, no era precisamente un santo, eso no nos impedía explorar sus alturas. Escalar el techo del templo nos brindaba una vista panorámica de los alrededores de La Capilla, permitiéndonos divisar cada rancho y las majestuosas montañas que rodeaban la zona. Desde esa perspectiva, todo parecía estar más cerca y al alcance de la mano.

Además de disfrutar de las vistas, nos entreteníamos con un objeto fascinante: el reloj de péndulo que se encontraba en lo alto del templo. Había sido colocado allí con gran habilidad y experiencia por alguien que entendía perfectamente su funcionamiento. El reloj estaba conectado a pesadas cuerdas que sostenían unas piedras, y estas cuerdas debían subirse periódicamente para mantenerlo funcionando de forma correcta.

El reloj de péndulo, con su precisión asombrosa, continuaba su marcha constante. El tic-tac resonaba en los alrededores, marcando las medias horas y las horas con las campanadas que aún perduran desde las 7 de la mañana hasta las 12 del mediodía.

En una de mis aventuras, me uní a mi amigo, apodado "Cama Bofa", con quien había tenido un encontronazo en el pasado. Sin embargo, con el tiempo, nos habíamos convertido en amigos. Sabía cómo subir por las escaleras del patio del templo, incluso cuando la puerta del caracol estaba cerrada. Le dije: "Ven conmigo, sé cómo llegar".

Era un día especial, una fecha nacional que nos inspiraba a explorar y descubrir nuevas maravillas en nuestro querido templo.

Carmen, el sacristán: Guardián del templo y las campanas

En esos días especiales en los que ondeamos la bandera mexicana en el templo, decidimos aventurarnos hacia las alturas. Carmen, el sacristán, observó nuestra intrépida escalada y se unió a nosotros.

Santos, el campanero, también apareció en escena, preguntando desde abajo cómo habíamos llegado hasta allí. Le indicamos el camino que habíamos tomado, y él nos advirtió que tuviéramos cuidado para no caer, compartiendo una trágica historia de alguien que se había descuidado y había sufrido una caída mortal desde esa misma altura. Su relato sirvió como recordatorio constante de la importancia de la precaución.

Pasamos un tiempo arriba, disfrutando de la vista y compartiendo anécdotas con Santos, quien siempre estaba dispuesto a charlar con los jóvenes. Cuando llegaba el momento de repicar las campanas en el templo, siempre nos ofrecíamos para ayudar, especialmente cuando se requerían toques largos y resonantes.

Sin embargo, al regresar, nos dimos cuenta de que la puerta que conducía a las escaleras de caracol estaba cerrada con llave. No sabíamos cómo Carmen, el sacristán, se había dado cuenta de nuestra presencia, pero de repente, emergió de las sombras y nos sorprendió. Con su rostro serio y una linterna en mano, nos reprendió por nuestras travesuras.

Carmen el sacristán y mi abuelito Tacho: Un encuentro inesperado

En una ocasión, mientras nos aventuramos cerca de la casa de mi abuela María, en las inmediaciones del templo, me encontraba acompañado por mi abuelita. De repente, Carmen, el sacristán, apareció detrás de mí y me llamó. Reconocí su rostro, y en un acto de nerviosismo, me pidió que me acercara. Ya anticipaba que algo no iba bien.

Sin embargo, lo que Carmen me tenía preparado era una advertencia. Me dijo que me daría un par de "trancazos". Alarmado, comencé a correr, pero Carmen me seguía de cerca. Sin opción de escape, decidí refugiarme en la casa de mi abuelito. En el vestíbulo, a la izquierda, se encontraba una habitación que en otro momento había sido mi lugar de nacimiento, pero que en ese momento funcionaba como taller de carpintería de mi abuelito Tacho.

Me adentré en esa habitación para evadir a Carmen, quien, por alguna razón, parecía querer castigarme. La tranquilidad de aquel lugar me hizo sentir protegido.

En un instante de pánico, como un rayo, salí corriendo hacia la seguridad. Mi abuelita me seguía con preocupación y me preguntaba qué sucedía. Apenas pude articular las palabras: "Me quieren golpear". Continué corriendo, buscando refugio y una vía de escape.

Rápidamente, encontré una pared que conducía a un corral, donde una habitación se encontraba abierta. En una esquina de esa habitación, había agujeros en la pared, que yo ya conocía de antemano. Escalé hacia arriba en cuestión de segundos, aprovechando un ángulo que se formaba en la esquina de las paredes de adobe. Carmen no logró atraparme, y pronto me encontré en la azotea de la casa.

Desde allí, vi a mi abuelito deteniendo a Carmen. Este último se había aventurado en la casa sin permiso, sin importarle lo que pretendía hacerme. Mi abuelito, a quien nunca había visto en un estado tan enojado, estaba furioso. A pesar de tener un temperamento amable, cuando vio a Carmen amenazándome, perdió su característica bondad.

Mi abuelito le gritó a Carmen: "Más te vale que no toques a ese muchacho, porque te arrepentirás si lo haces. ¿Qué te hizo?". Carmen, visiblemente sorprendido por la firmeza de mi abuelito, comenzó a responder.

Mi abuelito, estaba mirando fijamente a Carmen cuando este le dijo: "Hicieron la cúpula de la iglesia, como bien sabes, y recientemente rompieron uno de los vidrios de la ventana con una resortera. A lo que mi abuelito le contestó "Carmen, escucha lo que te voy a decir. ¿Viste quién lo hizo?". Carmen respondió titubeante: "No lo vi, pero me dijeron que fue él". Mi abuelito replicó: "Lo que te dijeron no prueba que haya sido él. Y te advierto, si vuelves a tocar a ese muchacho, verás lo que te sucede. ¿Entiendes?". Carmen, impresionado por la firmeza de mi abuelito, no tuvo más opción que asentir y retirarse.

Mientras tanto, yo escuchaba la conversación desde mi escondite en la azotea, agradecido de que mi abuelito me hubiera defendido de manera tan enérgica. Después de esa intervención, Carmen no se atrevería a hacerme daño, y yo me sentía seguro. Mi abuelito, siempre cariñoso y generoso, a veces me regalaba pequeñas obras de su carpintería, como trofeos de madera. También me daba un piloncillo todos los días, ya que le gustaba mucho, e incluso a veces me entregaba tres cebollas, pues también era un apasionado de ese vegetal. Creo que parte de su afecto hacia mí se debía a nuestro compartir de gustos culinarios.

La relación con mi abuelito Tacho, que duró muchos años, tenía sus particularidades. Se decía que aquellos que acostumbraban a consumir cebolla cruda rara vez padecían problemas cardíacos, lo que es esencial para mantener un corazón sano (aquí tienes una receta gratuita). Creo que esto le ayudó, ya que vivió hasta los 91 años. Cuando ocurrió el incidente con Carmen el sacristán, mi abuelito tenía alrededor de 75 años y aún lucía vigoroso. Continuó siendo una figura fuerte en nuestras vidas.

Vida en La Capilla: Conexión con el mundo exterior

Mi abuelito Tacho era un hombre inquieto y curioso. Siempre estaba al tanto de los acontecimientos en México y el mundo. Tenía una costumbre que nos fascinaba: se reunía en la plaza con la gente del lugar, creando un ambiente de diálogo y aprendizaje. La plaza se llenaba de personas ansiosas por escuchar sus relatos y perspicacias.

Además de su conocimiento en temas variados, mi abuelito atesoraba una colección de libros sumamente interesantes, de los cuales, por cierto, me quedé con casi todos. Cuando llegaba a La Capilla, se quedaba durante unos días. Por las tardes, la plaza era el escenario perfecto para compartir sus historias y sabiduría con quienes estaban ansiosos por escuchar.

En La Capilla, existe una peculiar tradición: la gente se reúne en la plaza para discutir diversos temas y realizar negocios. A menudo, las bancas están ocupadas con personas conversando. Los domingos, la plaza está llena durante todo el día, y como no hay un periódico local, se organiza un "periódico" improvisado que narra los sucesos locales y regionales, incluyendo chismes y anécdotas.

Recuerdo que, en esa misma cuadra, cerca del templo, había un teatro al aire libre. Estaba ubicado en la esquina noreste y, curiosamente, formaba parte de las propiedades que el cura había donado al templo. El teatro al aire libre era un lugar especial donde se representaban obras y eventos culturales para la comunidad. Era un espacio que enriquecía la vida cultural de La Capilla.

El encanto del teatro al aire libre

En un pueblo tan pequeño como el nuestro, la presencia de un teatro al aire libre era un verdadero tesoro. Este lugar, que tenía un escenario adecuado y camarines, era el epicentro de la cultura local en aquella época. Allí, con regularidad, se llevaban a cabo representaciones teatrales que enriquecían la vida de la comunidad.

El teatro contaba con un aforo imponente y camarines donde los actores se preparaban para sus actuaciones. Las gradas estaban dispuestas en forma de palcos a los lados del escenario, elevadas aproximadamente un metro sobre el suelo y con una longitud de unos tres metros. Cada asistente traía su propia silla desde casa y las acomodaba en estos palcos improvisados cuando se realizaban las comedias.

A pesar de mi corta edad en aquel entonces, el teatro ya tenía su lugar establecido en la comunidad, aunque no sé exactamente cuándo fue construido. Lo que puedo recordar con claridad es una de las comedias que se presentó en ese escenario. No recuerdo el nombre de la obra, pero sí que mi padre participó en ella. En la misma, actuaba junto a dos buenos amigos suyos, uno de ellos, Ángel Cacillas, que también era compadre de mi padre, y el otro, Santiago Padilla.

Esta comedia era un drama cómico que hacía reír a la audiencia a carcajadas. Ángel y mi padre interpretaron sus papeles de manera magistral, y el público no podía evitar reír a carcajadas ante sus ocurrencias. Fue un espectáculo que dejó una huella imborrable en la memoria de todos los que tuvimos la fortuna de presenciarlo en aquel mágico teatro al aire libre.

La magia de los cines ambulantes

En aquellos tiempos, la vida tenía un sabor especial, y uno de los eventos que más alegría y entretenimiento brindaba a la comunidad era la llegada de los cines ambulantes. Esto sucedió alrededor de los años 1943 y 1944, cuando estos singulares cines comenzaron a llegar a nuestra querida Capilla.

Los cines ambulantes eran todo un espectáculo itinerante. Traían consigo todo el equipo necesario en un camión y montaban sus funciones en un espacio adecuado. Para ello, solían alquilar un amplio corral, por lo general propiedad de un señor llamado Pablo González o de su hermano Maximino. Estos dos señores se destacaban por llevar consigo impresionantes armas de fuego, con sus cinturones adornados de balas o sus cargadores de seis balas. Daba la impresión de que tenían licencia para portar armas, lo cual les confería un aire aún más misterioso.

El corral en el que se proyectaban las películas era bastante grande y tenía capacidad para albergar a numerosas personas. Se ubicaba al norte de La Capilla, y los postes altos en los que se instalaba la pantalla se erigían con gran esmero. En esas noches mágicas, la atmósfera se llenaba de anticipación y emoción, ya que todos esperábamos ansiosos el inicio de la proyección.

Los cines ambulantes traían consigo una o dos películas, y la audiencia se acomodaba en sillas dispuestas en el corral. A medida que la noche caía y se encendían los proyectores, la pantalla se llenaba de imágenes fascinantes que nos transportaban a mundos lejanos y emocionantes historias. Era un verdadero espectáculo que nos permitía escapar de la rutina diaria y sumergirnos en la magia del cine.

Aquellas noches de cine al aire libre quedaron grabadas en nuestra memoria como momentos especiales de nuestra infancia. La llegada de los cines ambulantes era un regalo que nos recordaba que, a pesar de la sencillez de nuestra vida en aquel entonces, la magia y la diversión siempre estaban al alcance de nuestras manos.

En las calles de La Capilla, había una que desembocaba en dirección al templo en la plaza y que se dirigía hacia el norte, a unas dos cuadras de distancia, se encontraba el lugar donde se desplegaba la magia del cine ambulante. Este espectáculo era todo un acontecimiento para nuestra pequeña comunidad.

Los equipos de los cines ambulantes llegaban de pueblo en pueblo, y su camión era un verdadero tesoro ambulante. Con gran destreza y dedicación, montaban su pantalla, que estaba confeccionada con una manta gruesa y lona blanca. Además, preparaban el proyector y colocaban estratégicamente sus potentes bocinas. También contaban con un automóvil que se convertía en su vehículo de promoción durante las tardes. Un pregonero se encargaba de recorrer las esquinas del pueblo, anunciando con una gran bocina de mano los detalles de las dos películas que se proyectarían y la hora en que daría comienzo la función.

Recuerdo vívidamente la emoción que sentí la primera vez que el cine ambulante llegó a nuestra localidad. Mi padre nos había prometido llevarnos, y eso nos llenaba de alegría. Al caer la noche, nos dio la orden de tomar una silla cada uno, que colocábamos con cuidado sobre nuestras cabezas. Caminábamos con pasos ligeros, completamente emocionados ante la perspectiva de ver una película que prometía ser inolvidable.

La película se llamaba "El Charro Negro", protagonizada por figuras como Paul de Anda, Carlos López Moctezuma y Miguel Inclán, quienes interpretaban a dos villanos memorables. Aquella noche, la historia se desenvolvía ante nosotros, y la película nos cautivó por completo. Era un tiempo en el que la felicidad se encontraba en las cosas simples, y aquellos momentos en el cine ambulante eran verdaderos tesoros de la infancia.

Otras películas también dejaron huella en nuestras memorias, como "¡Ay Jalisco, no te rajes!", con el inmortal Jorge Negrete, el Charro Cantor que nos hacía vibrar con sus interpretaciones. El cine ambulante nos regalaba no sólo entretenimiento, sino también la oportunidad de sumergirnos en historias que quedaban grabadas en nuestro corazón. Era un tiempo en el que la sencillez de la vida se llenaba de emociones y alegrías compartidas en comunidad.

El fin del cine ambulante y la llegada de la televisión

El cine ambulante fue una parte entrañable de nuestra vida en La Capilla durante aquellos años. Recordamos con especial cariño las películas "Chaflán" y "El Chicote", que nos cautivaron y dejaron huella en nuestra memoria. Estas proyecciones se convirtieron en un evento esperado y emocionante cada vez que el cine ambulante visitaba nuestro pueblo.

Sin embargo, con el tiempo, La Capilla vio la construcción de un cine más permanente en forma de un sencillo jacalón. Se decidió no gastar demasiado dinero en su construcción, a pesar del principio de que lo barato a veces resulta costoso. A pesar de su simplicidad, este nuevo cine se convirtió en un lugar de encuentro para la comunidad, donde disfrutamos de películas y compartimos momentos especiales.

Lamentablemente, una tormenta feroz, que parecía un huracán, azotó La Capilla una madrugada. El viento derribó el techo del cine, y aunque afortunadamente no hubo heridos debido a que ocurrió durante la noche, el cine quedó en ruinas. La gente no quiso ni pudo repararlo, y la idea de construir uno nuevo quedó en el olvido.

Con el paso del tiempo, la televisión hizo su entrada en nuestras vidas. Se convirtió en un nuevo medio de entretenimiento y comunicación que poco a poco eclipsó al cine. La construcción de un nuevo cine ya no fue una prioridad y, hasta la fecha, seguimos sin tener uno en La Capilla. A pesar de la ausencia del cine, la vida continuó en nuestro pueblo, y yo, por mi parte, seguí disfrutando de mis travesuras y aventuras cotidianas.

CAPÍTULO 13

Talayotes: Una aventura en el bosque

Recuerdo vivamente un día en septiembre cuando la aventura me llamó desde el bosque. Había descubierto un lugar especial en unos potreros donde crecían unas matas de talayotes. Cuando llegué, me encontré con que todas las matas estaban cargadas de talayotes, grandes y jugosos. Era como si hubiera encontrado un tesoro en medio de la naturaleza.

Mientras exploraba las matas y recogía los talayotes, me vi envuelto en una especie de frenesí. Había tantos que ya no sabía dónde ponerlos. En mi mente, pensé que mi madre estaría encantada de ver la gran cantidad que había recolectado. Recordé cómo ella solía prepararlos, forrándolos con queso batido y rellenándolos con carne molida o más queso. El resultado era una delicia que se asemejaba mucho a los chiles rellenos, aunque con su propio y delicioso sabor característico.

Sin embargo, mi entusiasmo me hizo perder la noción del tiempo. Olvidé que debía estar en casa a cierta hora para la comida. Fue entonces cuando escuché las campanas de la iglesia repicando a las dos de la tarde, su sonido llegaba desde la distancia. Pero en ese momento, ni siquiera presté atención al llamado de las campanas, sumido en mi fascinación por los talayotes.

La aventura de los talayotes: Un regreso inesperado

Ese día, emocionado por la abundante recolección de talayotes en el bosque, llegué a casa pasadas las tres de la tarde, cargando un tesoro de estas delicias naturales. Estaba ansioso por compartir mi hallazgo con mi madre, pensando que ella se alegraría al ver la cantidad de talayotes que había conseguido.

Sin embargo, al llegar a casa, me di cuenta de que mi madre estaba angustiada y preocupada, pensando que me había sucedido algo malo debido a mi tardanza. Antes de que pudiera decir algo, vi la expresión en su rostro, la cual indicaba que estaba a punto de regañarme. Para evitar que sacara las varas de la corredera y me castigara, le dije rápidamente: "¡Mira, traigo muchos talayotes!".

Ella me miró sorprendida y aliviada al mismo tiempo, y se encaminó hacia mí para traer las varas de corredera. A pesar de que no me castigó físicamente, me regañó con sus palabras y sus gestos, como acostumbraba. Esta costumbre de ponerse las varas de corredera moradas por el susto y la preocupación nunca desapareció por completo en mi madre, incluso cuando la única razón de mi retraso era la emoción por la recolección de talayotes.

En otra ocasión, en la misma época del año, cuando los frutos silvestres como las tunas y los zapotes blancos eran abundantes, me encontraba disfrutando de estas delicias naturales. Me encantaba participar en la recolección de estos frutos junto con los demás, y en aquellos momentos, experimentaba la alegría y la libertad de la infancia en su máxima expresión.

Las Aventuras en el campo: Un juego peligroso con las Varas

Cuando era niño y tenía la oportunidad de salir al campo, solía aprovechar esos momentos en los que mi padre no estaba presente. A él le temíamos más, ya que era más fuerte y sus castigos eran más severos. Sin embargo, cuando se quitaba el cinturón, sabía que pronto comenzaría la tormenta, y ese era el momento en el que me libraba de sus regaños.

En ocasiones, yo salía al campo con mi madre, y en esos momentos, me sentía más libre y seguro. Aprovechamos la ausencia de mi padre, ya que él era el que más batallaba con nosotros. A pesar de que no entendía por qué, sabía que me iba a pegar de todos modos, así que prefería disfrutar de mi tiempo al aire libre. Una vez, mientras estaba en un potrero, perdí la noción del tiempo y me di cuenta de que había pasado la hora de regresar a casa para comer. Por alguna razón, decidí no volver a casa.

En su lugar, opté por quedarme donde estaba, habiendo ya comido tunas y talayotes. Sentía miedo de las varas de corredera, ya que sabía que tarde o temprano me enfrentaría a ellas. Me encontraba en un rancho al poniente de La Capilla, conocido como "Coleto". Había una troja en ese lugar donde se almacenaba paja de trigo, y tenía la posibilidad de esconderme allí porque la puerta tenía los barrotes despegados.

Decidí quedarme a comer más tunas, ya que había muchos nopales con tunas maduras, tanto de las variedades "Chamacueras" como de las "Negritas". Era un juego peligroso, ya que sabía que tarde o temprano tendría que enfrentar las consecuencias de mi desobediencia.

Atrapado en la troja y un encuentro peligroso

Habiendo decidido no regresar a casa y preocupándome más por las posibles consecuencias de mi tardanza que por mi propia seguridad, me dirigí a la troja en busca de refugio. Al ser un niño pequeño, logré meterme entre los barrotes de la puerta, que ya estaban algo despegados. Me encontré acomodándome en el interior, sin pensar en las consecuencias que enfrentaría más adelante por mi desobediencia.

Fue entonces, en ese refugio, cuando escuché el aullido de un coyote en las cercanías. Mis pensamientos se volvieron hacia el miedo de ser descubierto por este depredador. Decidí salir rápidamente de la troja y empecé a correr por el camino que llevaba a La Capilla. Sin embargo, la vereda estaba prácticamente bloqueada por la vegetación, con mirasoles y pelocotes llenando el camino, y telarañas tejidas por arañas gigantes cubriéndolo.

En medio de mi apresurada huida, logré divisar una serpiente en el camino y me detuve bruscamente, mirando a mi alrededor en busca del coyote. Actúe con precaución y corté una vara de pelocote, ya que sabía que esa era la mejor arma contra las serpientes. Había matado víboras antes de esta manera, sabiendo que un buen golpe las dejaría entumecidas y aturdidas. Un golpe en la cabeza era lo mejor, pero esta vez, me encontraba frente a una situación potencialmente peligrosa.

Encuentro en el cementerio

Con la vara en la mano, me adentré en la vereda con rapidez, pero la suerte no estaba de mi lado. En un abrir y cerrar de ojos, mi vara desapareció, probablemente la había perdido en mi apresurada huida.

Mi camino me llevó cerca del cementerio, y en ese momento, una sensación de urgencia me invadió. No quería estar cerca cuando dieran las ocho, ya que se decía que a esa hora los muertos salían de sus tumbas para rezar. A pesar de no tener miedo al cementerio en general, una vez llegué tarde a casa, cerca de las 5 de la tarde, mi madre había enviado a algunos muchachos mayores para buscarme y llevarme de regreso. Pero en esa ocasión, en lugar de dirigirme a casa, corrí hacia el cementerio.

Me aventuré en el camposanto, ocultándome en una de las tumbas recién excavadas mientras esperaba a que pasara el peligro. Estuve allí durante un buen rato, esperando pacientemente hasta que la situación se calmara. Finalmente, salí cuando me di cuenta de que los muchachos no habían sabido dónde me encontraba.

La noche estaba empezando a caer, y la luna llena iluminaba el camino. Sin embargo, este extraño encuentro en el cementerio aún dejaba muchas preguntas sin respuesta.

Mientras cruzaba el cementerio, rodeado de tumbas y cruces que se extendían en todas direcciones, comencé a escuchar las campanadas del reloj que marcaban las ocho de la noche. De repente, una inquietante idea se apoderó de mí: "¡Las ocho!".

La creencia popular decía que a esa hora los muertos salían de sus tumbas para rezar, y en ese instante, las sensaciones extrañas comenzaron a recorrer mi cuerpo. Mis pelos se erizaron como un gato asustado, y mi piel se cubrió de escalofríos. Giré bruscamente en todas direcciones, observando con paranoia cada rincón del cementerio.

Las sombras parecían cobrar vida, y mi pelo seguía erizado mientras corría hacia la salida. Sin embargo, cuando llegué a donde debería estar la puerta, me encontré con que aparentemente había desaparecido. El miedo se apoderó de mí por completo. Mis latidos se aceleraron, y mis sentidos se agudizaron al máximo. Me sentía atrapado en una pesadilla en la que el mundo a mi alrededor se retorcía y oscurecía.

Con el pelo erizado y el corazón galopando, corrí frenéticamente, tropezándome y chocando contra todo lo que se interponía en mi camino. Mi mente estaba inundada de pánico mientras imaginaba que alguien o algo me perseguía. Mi cabello estaba tan erizado que parecía tener vida propia, y mis oídos parecían querer abandonar mi cabeza. Corrí y corrí hasta que finalmente logré salir del cementerio.

Temblando como una hoja y con el corazón latiendo desbocado, me di cuenta de que mis pantalones estaban empapados, probablemente a causa del pánico. Pero en ese momento, nada importaba excepto poner distancia entre aquel lugar y yo. Sabía que mi abuela, la madre de mi padre, asistía al rosario todas las noches a las 8 en punto en la iglesia, y me dirigí allí como si mi vida dependiera de ello.

Un refugio en la Iglesia y el encuentro con mi abuelita

Mi corazón aún latía con fuerza después de mi apresurada huida del cementerio. Conocía el lugar donde mi abuelita solía sentarse en la iglesia todos los días, un banco de madera robusta con barrotes redondos que se entrecruzan. Era su rincón de reflexión, y yo me dirigí hacia allí en busca de consuelo.

Al llegar al templo, busqué a mi abuelita entre los fieles. Y allí estaba, en su asiento habitual. Aunque estaba atemorizado y con el corazón aún en la garganta, me arrodillé detrás de ella con la esperanza de que su presencia pudiera protegerme, como si intercediera por mí ante cualquier castigo que me esperara.

Mi abuelita siempre había sido amable y cariñosa conmigo, y compartíamos una conexión especial. Ella solía acompañarme con frecuencia, y esta era una de esas ocasiones. Después de todo, había sido mi refugio constante desde que llegué corriendo con el pelo erizado por el miedo.

Ella se dio cuenta de mi presencia y se volvió hacia mí, preocupada. "¿Dónde andabas, hijo?", me preguntó. Le expliqué que mi madre estaba preocupada y que temía regresar a casa porque pensaba que recibiría una reprimenda. Mi abuelita, con su dulzura habitual, me consoló y me invitó a su casa.

En su humilde morada, preparé algo de comer, y disfruté de una comida reconfortante. Después de la cena, me propuso regresar a casa conmigo para calmar las preocupaciones de mi madre. Aunque me resistí al principio, finalmente accedí, sabiendo que su presencia sería un bálsamo en cualquier situación difícil que pudiera surgir en casa.

El reconfortante consejo de mi abuelita

"No te preocupes, no te apures", fueron las primeras palabras de consuelo que recibí de mi abuelita cuando regresé a casa con la cola entre las piernas después de mi inesperada aventura en el cementerio. Ella me había encontrado allí, y su sola presencia me llenó de calma y alivio. Mi madre estaba preocupada, pero mi abuelita, con su sabiduría y comprensión, me tranquilizó.

Me dijo que cuando las cosas se habían calmado, mi madre se había ido, y en su regreso, le había explicado la situación. Le había dicho que no me harían ningún daño. Fue entonces cuando me di cuenta de la importancia de la relación especial que compartía con mi abuelita María.

Confío plenamente en ella, y su sabiduría me dio la confianza para enfrentar a mis padres. Aunque entré en casa con la cabeza gacha, con la sensación de que había desafiado la autoridad de mis padres, no me castigaron. Simplemente me preguntaron dónde había estado, a lo que respondí con una expresión de culpabilidad. Pero eso fue todo, no me hicieron nada más.

Mis padres eran personas buenas, aunque a veces los desafiaba y les hacía pasar por momentos difíciles. Afortunadamente, en esa ocasión, el amor y la comprensión prevalecieron, y no recibí ningún castigo. Mi abuelita María había sido mi refugio en momentos de dificultad, y agradezco profundamente su apoyo en aquel día. Mi espíritu aventurero no se detendría, pero había aprendido una valiosa lección en ese episodio. Ahora, compartiré otra de mis aventuras favoritas: la caza de tortolitas en los ranchos.

La caza de tortolitas: Un pasatiempo en mi región

En nuestra región, lo que llamamos "espiar" se refería a una actividad que disfrutábamos especialmente durante la temporada de caza de tortolitas, o huilotas, como las conocíamos en nuestro pueblo. Sabíamos que era hora de ir en busca de estas aves cuando empezaban a llegar a los nopales para descansar y dormir por la noche. Observábamos con atención los nopales que tenían más "cagadas" en el suelo, ya que eso indicaba que allí se congregaban muchas tortolitas durante la noche.

La temporada de caza de tortolitas era especialmente emocionante a mediados de septiembre, cuando estas aves emigran desde el norte, incluso desde Canadá. Recuerdo claramente el día en que matamos a una tortolita que llevaba un anillo de Canadá, lo que demostraba la distancia que habían recorrido. Durante esta época, miles de tortolitas llegaban a nuestra región en busca de pasto y semillas de buena calidad.

Nuestra técnica de caza era sencilla pero efectiva: utilizábamos resorteras y bolas de barro negro en lugar de piedras. Recolectábamos estas bolas de barro en la Laguna, cerca del Tajo, donde abundaba este recurso. Una vez que las bolas de barro se secaban, se volvían tan duras como piedras y eran ideales para utilizar en nuestras resorteras.

Solíamos fabricar estas bolas de barro en grandes cantidades, a veces incluso para venderlas a otros cazadores. Luis Galván era uno de los cazadores más destacados de nuestra región y adquiría nuestras bolas de barro a 20 centavos por cada 100. A menudo lo veía cargar grandes cantidades de ellas en su carreta mientras se preparaba para su propia jornada de caza.

La caza de tortolitas era un pasatiempo que unía a la comunidad durante la temporada de migración de estas aves. Nos brindaba la oportunidad de disfrutar de la naturaleza, aprender a observar y trabajar juntos para abastecernos de este recurso preciado. Era un momento emocionante que esperábamos con ansias cada año.

La caza de "Tortolitas" y la preparación

La temporada de caza de tortolitas, o "espiar", era un momento muy esperado en nuestra región. Era una actividad que involucraba a jóvenes y adultos por igual. En los días previos a la llegada de las tortolitas, la emoción llenaba el aire. La gente comenzaba a prepararse para esta emocionante actividad.

En las casas, se fabricaban bolas de barro en grandes cantidades, a veces llegando a pesar como una tonelada. Cuando las huilotas finalmente llegaban, todo ese montón de bolas estaba listo y esperando. Tanto adultos como niños que planeaban participar en la caza y no tenían bolas de barro iban a Luis Galván para comprarlas. Cada persona llevaba una bolsa colgada del hombro, cruzada sobre el pecho, y llenaba la bolsa con más de un centenar de bolas.

Armados con nuestras resorteras, que nosotros mismos fabricamos, nos dirigimos a diferentes áreas de caza en grupos de tres o cuatro personas. Las resorteras eran especialmente diseñadas y preparadas para la ocasión. Buscábamos arbustos, que abundaban en el rancho, específicamente un arbusto llamado "granjenos", que era conocido por su durabilidad. Buscábamos ramas con orqueta, las cortábamos y las moldeábamos según nuestras preferencias. Una vez que la resortera estaba lista, le añadíamos tiras de cámaras de llantas de camiones, que eran más resistentes que las de los automóviles. Esto hacía que nuestras resorteras fueran efectivas y duraderas.

Después de moldear cuidadosamente la resortera y asegurar los resortes, estábamos listos para la acción. Cada uno de nosotros se preparaba con determinación para la emocionante caza de tortolitas. Era un momento en el que la comunidad se unía en torno a una tradición que traía emoción y camaradería a nuestras vidas.

La experiencia de ir a la caza de tortolitas, o "espía", fue verdaderamente maravillosa. Cada momento se llenaba de belleza y asombro. A medida que caminábamos por la naturaleza, podíamos disfrutar de la sinfonía de sonidos que emanaban de los arroyos y riachuelos que fluían suavemente, mientras el pasto alto nos rodeaba y las flores de diversos colores adornaban el paisaje. Nos adentrábamos en las vastas nopaleras, explorando en busca de lugares donde los arroyos se convertían en pequeños arroyuelos. Sabíamos que estos eran los sitios predilectos de las tortolitas, ya que acudían allí para beber agua antes de dirigirse a las nopaleras a descansar.

Nuestra estrategia consistía en esperar pacientemente a que las tortolitas llegaran, listas para abatirlas con nuestras resorteras. Algunos de nuestros compañeros tenían una destreza excepcional y eran capaces de derribar varias tortolitas de un solo tiro. Yo, por mi parte, no era tan habilidoso en la caza y, en ocasiones, lograba abatir sólo unas cuantas tortolitas. Aunque mi destreza era limitada, cada captura me llenaba de alegría y satisfacción.

Una de las experiencias más hermosas durante la caza era cuando la noche estaba despejada y la luna brillaba en todo su esplendor. La luna iluminaba el paisaje y creaba una atmósfera mágica. Sentía que estaba inmerso en un sueño encantado, rodeado por el aroma de las flores, el sonido de las ranas, los grillos y las luciérnagas, y el característico murmullo de las tortolitas. Su canto tenía un sonido único y distintivo que las hacía reconocibles entre todos los demás sonidos de la naturaleza.

Permanecíamos agazapados bajo los nopales, listos y emocionados por la caza que se avecinaba. La anticipación y la conexión con la naturaleza hacían que cada momento fuera memorable.

Nuestras aventuras en la búsqueda de las tortolitas, cariñosamente conocidas como "espía", fueron momentos de emoción y expectación. Nos adentrábamos en la naturaleza con nuestras resorteras y bolas de barro negro listas en sus fundas de cuero, y nos movíamos en sigilo, evitando hacer el menor ruido posible. Acompañados por un experto en la caza de tortolitas, aprendíamos los trucos y estrategias necesarios para tener éxito en esta emocionante empresa.

La llegada de las tortolitas era un momento de gran alegría. Las aves, alzando vuelo o descendiendo en picada, eran un espectáculo que nos llenaba de emoción. A pesar de mi inexperiencia, me esforzaba por derribar estas ágiles aves, aunque a menudo fallaba debido a la emoción que me embargaba. Los más hábiles en la caza siempre me alentaban, regalándome algunas de sus capturas, con la esperanza de que mejorara con la práctica. Cada tortolita que conseguía abatir me llenaba de un profundo orgullo.

Una vez en casa, mi madre se encargaba de pelar y limpiar las tortolitas, preparándolas de una manera deliciosa. El sabor de sus platos era simplemente exquisito, y disfrutábamos de una cena que nunca olvidaré. Así era la emocionante "espía" de tortolitas, una actividad que me hacía olvidar el tiempo y disfrutar al máximo de la naturaleza.

Hoy, al revivir estos recuerdos y compartirlos, me siento emocionado por esos momentos de infancia que, lamentablemente, nunca volverán. Aunque esos tiempos ya pasaron, los bellos recuerdos perduran en mi mente y me llenan de gratitud por las experiencias vividas.

La caza de liebres y la tradición de los galgos en mi pueblo

En mi querido pueblo, mi Capilla, existe una tradición única que perdura hasta el día de hoy. Aproximadamente el 70% de los perros que habitan en la localidad son galgos, una raza especializada en la caza de liebres. Permítanme relatarles cómo esta tradición tomó forma y cuál fue la razón detrás de la presencia tan prominente de estos nobles canes en nuestra comunidad.

Todo comenzó en la época en que las familias llegaron de Castilla y se establecieron en la región. A medida que organizaban la agricultura y la ganadería, se encontraron con un problema persistente: los lobos. Estos depredadores amenazaban constantemente al ganado, en particular a las ovejas y cabras de aquellos que poseían rebaños. Los lugareños se veían en la necesidad de enfrentar a los lobos y proteger sus animales, lo que se convertía en una batalla desafiante.

Los primeros perros que utilizaron para esta tarea eran daneses, eficaces en su labor, pero algo torpes al atrapar a los astutos lobos. Sin embargo, a medida que avanzaba el siglo XIX, a fines de los 1800, la situación cambió. Personas conocedoras de la caza, como mi tío Silviano, que tenía un profundo conocimiento de esta tradición, compartieron conmigo valiosas historias.

Fue entonces cuando comenzaron a importar perros galgos específicamente entrenados para enfrentar a los lobos. Los galgos demostraron ser una elección excepcional, ya que su agilidad y velocidad les permitían alcanzar a los lobos con eficacia. La llegada de estos perros marcó el comienzo de una nueva era en la caza de lobos en nuestra región.

La tradición de los galgos se arraigó profundamente en nuestra comunidad. Con el tiempo, la necesidad de proteger el ganado de los lobos disminuyó, pero la pasión por la caza persistió. Los galgos encontraron un nuevo propósito: la caza de liebres. Esta actividad se convirtió en una parte integral de nuestra cultura, y los galgos se convirtieron en compañeros inseparables para quienes disfrutaban de la emoción de la caza.

Así, en mi Capilla, la caza de liebres y la presencia de los galgos se han convertido en una parte fundamental de nuestra identidad. Cada galgo que corre por nuestras tierras es un testimonio viviente de una tradición que se ha mantenido viva durante generaciones, y que continúa enriqueciendo nuestras vidas y nuestra comunidad.

La caza de liebres y la época de los galgos rusos

Durante la época en que la caza de liebres se convirtió en una pasión en nuestra comunidad, los galgos rusos se destacaron como los protagonistas principales. Estos elegantes canes de pelaje largo demostraron ser excepcionales en la caza de lobos, gracias a su velocidad y resistencia. Cuando se enfrentaban a un lobo, no se dejaban atrás y, con determinación, lograban darles alcance y eliminar la amenaza. Además de su gran tamaño, eran notoriamente fuertes, comparables incluso al poderoso galgo de galgódromo, aunque un poco más pequeño que los imponentes galgos rusos.

La lucha contra los lobos fue un esfuerzo comunitario en toda la región. Los rancheros se unieron y coordinaron sus esfuerzos para erradicar esta amenaza. Inicialmente, realizaron incursiones avanzadas en los vastos campos y colinas, a menudo durante varios días. Montaban a caballo, llevaban perros y se movían a pie, peinando minuciosamente la zona en busca de rastros de lobos. En los ranchos más alejados, los esperaban con perros y escopetas listas para el enfrentamiento.

Con determinación, lograban abatir cantidades considerables de lobos. Sin embargo, esta lucha también tuvo un costo para los galgos rusos, que se desgastaban y, lamentablemente, comenzaron a perecer en la batalla. Fue entonces cuando se optó por traer perros de galgódromo, conocidos por su destreza en las carreras, aunque eran menos resistentes en comparación con los galgos rusos.

A pesar de la transición hacia perros de galgódromo, las incursiones avanzadas contra los lobos no se olvidaron, y continuaron hasta la década de 1940. A medida que pasaba el tiempo, las estrategias se volvieron más sofisticadas y los lobos, más dóciles. Sin embargo, la huella de los galgos rusos en nuestra historia de caza de liebres permanece indeleble, recordándonos su valentía y dedicación en la protección de nuestras tierras.

La tradición de cazar liebres en Jueves Santo

En una época pasada, nuestros cerros se llenaban de vida y emoción durante una fecha especial: el Jueves Santo. Era la ocasión en que los amantes de la caza se unían para emprender una tradición arraigada en la región. Los cerros Gordo y Carnicero eran los lugares predilectos para esta celebración, y en la noche, las fogatas parpadeaban en la oscuridad, distantes entre sí, marcando la presencia de quienes buscaban cazar lobos.

Es importante destacar que, en realidad, en esos días ya había escasez de lobos en la región, pero la tradición persistía y las fogatas iluminaban la noche de Jueves Santo. Con el tiempo, la caza de lobos se transformó en una afición diferente: la caza de liebres. La transición fue suave, ya que aquellos cazadores necesitaban la emoción de perseguir algo, y las liebres se convirtieron en un objetivo perfecto.

Recuerdo cuando era joven y me encantaba participar en estas cacerías de liebres. La temporada comenzaba alrededor de un mes después del inicio de las lluvias, cuando el pasto verde y exuberante ofrecía un escenario perfecto. Además, las crías de liebre ya estaban crecidas y listas para correr.

La tradición dictaba que todos los aficionados a la caza se reunieran en la plaza cada miércoles por la mañana temprano. Cada uno llevaba sus perros, atados con una cuerda que se sujetaba al collar del animal. Esta era la escena típica antes de embarcarnos en nuestra emocionante jornada de caza de liebres.

La emoción de la caza de liebres en la región

La tradición de cazar liebres durante el Jueves Santo se vivía con gran entusiasmo en nuestra región. La atmósfera en la plaza era única, llena de expectación y emoción, especialmente cuando amanecía temprano y una camioneta estaba lista para llevar a la gente. Pronto, la plaza se llenaba de cazadores y sus perros, todos con cordeles atados a los collares de los animales.

Una vez que llegamos al poniente del potrero, nos encontramos con la llegada de los caballos y una camioneta llena de personas, así como otros rancheros cercanos que también traían sus perros. Era un evento masivo, con cerca de un centenar de personas, cada una de ellas con sus propios perros.

El potrero en sí era un vasto territorio, largo y cercado con muros de piedra, típico de la zona. Tenía dimensiones tan amplias que podría compararse con un campo de fútbol. Antes de comenzar la cacería, la primera tarea consistía en "ripiar" todo el potrero. Ripiar implicaba la limpieza y despeje de la vegetación alta y densa que pudiera obstaculizar el avance de la caza. Era una tarea crucial antes de dar inicio a la emocionante jornada de caza de liebres.

En estas reuniones, se podía ver una variedad de perros, desde los elegantes galgos hasta perritos ratoneros de colas cortadas. Estos últimos, a menudo pintos y de pequeño tamaño, eran perfectos para rastrear a los conejos y tejones que se escondían en madrigueras y túneles. Además, su presencia añadía un toque pintoresco a la escena.

La caza de liebres no implicaba el uso de armas de fuego; en su lugar, los cazadores se armaban con piedras, palos y, en ocasiones, montaban a caballo para seguir a los perros. Algunos entusiastas, como don Tomás Torres y Felipe el agrarista, se dirigían al campo en sus corceles, llevando consigo una pasión inigualable por esta actividad.

Los perros, a pesar de ser valientes cazadores, eran conscientes del peligro que representaban las serpientes cascabel que abundaban en la zona. Cuando se encontraban con una de estas mortales serpientes, los perros se agachaban, doblando las rodillas para proteger sus cuellos de los mordiscos venenosos. Este comportamiento instintivo demostraba el entendimiento que tenían de la amenaza.

En cierta ocasión, decidí aventurarme al potrero de los puercos, ubicado al este de La Capilla, un terreno extenso y similar al potrero de los cerdos. Este lugar se ganó su nombre debido a la introducción de cerdos para controlar la población de víboras en la zona. La caza de liebres era una experiencia emocionante y única que siempre llenaba de alegría a quienes participaban en ella.

La caza de liebres: Una tradición vívida y emocionante

La caza de liebres era una actividad llena de emoción y preparativos meticulosos. Antes de comenzar, debíamos asegurarnos de tapar todos los agujeros en las cercas alrededor del potrero para evitar que las liebres se escaparan a otras áreas durante la persecución. Esto era esencial para mantener el control de la caza y evitar que las liebres se dispersaran.

Una vez que todo estaba listo, los cazadores se alineaban a lo largo de la cerca, uniformemente espaciados como los dientes de un peine, listos para comenzar la emocionante cacería. Este proceso se conocía como "peinar", y consistía en avanzar a lo largo de la cerca mientras los perros eran sostenidos por un lazo delgado en sus collares, listos para ser liberados en cuanto apareciera una liebre.

Cuando finalmente comenzaba la cacería, la emoción inundaba todo el potrero. Las liebres saltaban y huían, y los cazadores soltaban uno o varios perros para perseguirlas. El potrero se llenaba de acción con los perros persiguiendo incansablemente a las ágiles liebres, mientras los jinetes montaban sus caballos detrás de ellos.

La atmósfera estaba cargada de entusiasmo, con algunos cazadores corriendo tras las liebres y otros esperando estratégicamente su oportunidad. En ocasiones, las liebres cambiaban de dirección y la emoción se desataba con gritos de "¡Allá viene!", o "¡Órale!", mientras todos seguían el frenético ritmo de la caza. Era una tradición vibrante y emocionante que se vivía con pasión en nuestra región.

Cacerías de liebres: Emoción y competencia

En medio de la cacería de liebres, la emoción y la competencia eran palpables. Pancho, siempre listo y alerta, advertía a los demás cuando avistaba una liebre. La adrenalina corría por las venas de los cazadores mientras se preparaban para quitarle la presa a los perros.

La tensión en el aire se rompía con un grito emocionado de "¡Órale!", mientras otros cazadores corrían hacia la acción.

La escena se asemejaba a una carrera trepidante, con los perros persiguiendo a la liebre como si fueran motocicletas, mientras luchaban por arrebatarle la presa. La emoción se prolongaba a lo largo del día, con los perros incansables, la multitud y los jinetes siguiendo el frenético ritmo de la caza.

Había una competencia feroz por apoderarse de la liebre, y quien lograra hacerlo se llevaba el mérito. En este ambiente competitivo, cada cazador anhelaba atrapar su propia liebre para llevarla a casa como trofeo. En un solo día, se llegaban a atrapar hasta 50 liebres, un testimonio de la destreza y la pasión de los participantes.

Al final del día, cansados pero satisfechos, regresaban a La Capilla. Llegaban a casa con orgullo, mostrando la liebre que habían capturado. Sus madres la cocinaban con arroz y papas, y la comida tenía un sabor especial y delicioso. Este recuerdo era uno de los tesoros que guardaba con cariño.

Entre los cazadores más destacados se encontraba Luis Muños, un amigo de todos y un apasionado de las cacerías a lo largo de su vida. Nunca faltaba a estas aventuras, especialmente cuando contaba con su excepcional perro, "El Tiro", que gozaba de gran fama en la región.

Otro perro notable era "El Venado", que pertenecía a don Pancho Paredes y a Manuel Navarro, hijo del dueño de la mejor tienda de abarrotes en la plaza, José María Navarro. Estos perros eran verdaderos campeones en la caza de liebres, y su destreza era admirada por todos.

Recordando con cariño, también estaba el perro de Javier Paredes, conocido cariñosamente como "la Cochonena". Este perro también era excelente en su labor de caza y se destacaba por su tenacidad.

"El Tiro" solía deambular libremente por las calles y visitar la plaza con frecuencia, ganándose el cariño de los niños del lugar. Sin embargo, hubo un incidente trágico cuando alguien envenenó al perro. Se hizo todo lo posible por salvarlo, incluso intentando hacerlo vomitar, pero lamentablemente no hubo reacción y el perro falleció. Esta pérdida entristeció a todos, ya que "el Tiro" era un compañero fiel y querido por la comunidad.

Así eran las emocionantes cacerías de liebres en mi Capilla, una pasión compartida que unía a la gente en aventuras emocionantes. Aunque estos relatos apenas raspan la superficie de las experiencias vividas, demuestran el amor y la dedicación que la comunidad tenía por esta tradición centenaria.

CAPÍTULO 14

Fiestas Patrias: Un cuento de hadas

El mes de septiembre, cuando las Fiestas Patrias se acercaban, fue un período mágico en mi infancia. Las celebraciones que rodeaban el 15 y 16 de septiembre parecían sacadas de un cuento de hadas. Quiero compartir algunos recuerdos de esas Fiestas Patrias, que eran aún más hermosas en mi juventud que en la actualidad. No quiero menospreciar las celebraciones actuales, pero siento que en aquel entonces había un espíritu y una pasión que las hacían aún más especiales.

Desde mucho antes del 15 de septiembre, comenzaban los preparativos. Se construía un hermoso carro alegórico que recorría la plaza, llevando a la reina de las Fiestas, elegida por votación popular, en el centro. A ambos lados de ella, se encontraban las princesas que habían perdido en la elección, y les aseguro que las tres eran absolutamente encantadoras.

Este desfile tenía lugar el día 16 y era un espectáculo digno de admirar. Sin embargo, la verdadera magia comenzaba el día 15, cuando las calles se adornaban con guirnaldas de papel de colores que se pegaban con engrudo y colgaban de un lado a otro. Era como entrar en un mundo de fantasía.

Las casas también se engalanaron con banderas, serpentinas y farolitos, y las luces iluminaban la noche, creando un ambiente festivo inolvidable. Pero eso no era todo. La música y las danzas tradicionales llenaban el aire, y la gente se reunía en la plaza para disfrutar de las presentaciones culturales.

Los juegos mecánicos eran una atracción especial para los niños, y las ferias con sus puestos de comida ofrecían delicias culinarias que esperábamos con ansias. Además, no podían faltar las sorpresas, que añadían un toque de emoción a la celebración.

Recuerdo con cariño esos días de septiembre en mi infancia, cuando las Fiestas Patrias eran como un cuento de hadas hecho realidad. Cada detalle, desde la decoración hasta las sonrisas en los rostros de la gente, hacía que esta época fuera verdaderamente especial. Aunque los tiempos han cambiado, estos recuerdos siguen brillando en mi memoria como un hermoso legado de tradición y celebración.

Fiestas Patrias: Tachín, Gamaliel y yo; tía Magdalena

Las Fiestas Patrias comenzaban con actividades de competencia y entretenimiento en la plaza. Desde el día anterior, se colocaba el *Barrilito Encebado* y, junto a este, el *Palo Encebado*. En la cima del palo se ponían premios para quien lograra escalar hasta la el tope y alcanzar el galardón. A continuación de estos juegos, se montaba una gran carpa donde se jugaba a la lotería familiar, Carcamanes y la jugada de albures, que empezaba en la noche. Sin embargo, había que interrumpirla cerca de las 11 o 12 de la noche, a veces incluso antes, para contar los votos de las princesas y determinar quién sería la reina.

Recuerdo que solía estar en la plaza con mi primo Tachín y mi primo Gamaliel. Gamaliel había venido de Guadalajara en esa época. Tachín y yo éramos inseparables y, con la llegada de Gamaliel, se unió a nuestra diversión. Recuerdo cómo Gamaliel se reía cuando le quitaba a Tachín su famoso sombrero, yo salía corriendo y él me seguía. Tachín sólo se quitaba ese persistente sombrero cuando yo se lo arrebataba, y ya sin él, parecía otra persona, créanme, llevó ese sombrero durante años, hasta que finalmente me alcanzó y me lo quitó.

Durante las Fiestas Patrias, Tachín, Gamaliel, y yo teníamos un gran deseo de comprar algunas de las golosinas que había en la plaza, pero nos encontrábamos sin dinero. De repente, se me ocurrió una idea. Me propuse ir a la casa de mamá María para ver si las gallinas habían puesto huevos, ya que sabía dónde los ponían.

Nos adentramos los tres, sigilosos, hacia el corral. Mi tía Magdalena, que era la madre de Gamaliel y había venido a visitar a su madre (mi abuela María), estaba allí, pero no nos vio entrar. Tía Magdalena era astuta, pero nosotros estábamos decididos en nuestra misión.

Llegamos al corral y comenzamos a revisar los nidos. Para nuestra suerte, encontramos varios huevos y cogimos dos o tres cada uno. Al abrir la puerta grande y vieja del corral, que creo fue instalada por mi bisabuelo Felipe Navarro allá por 1850, esta rechinó fuertemente al abrirse y cerrarse. Su sonido, que parecía sacado de una historia de fantasmas, delataba su antigüedad, quizás unos 100 años. Fue este rechinido el que alertó a mi tía Magdalena.

Ella, que estaba en una sala con mi abuelito, se percató de que veníamos del corral. Ya nos dirigíamos hacia la calle cuando nos gritó: "¡¿Adónde van?! ¡Esperen!". "A la plaza", le respondimos. Entonces preguntó con suspicacia: "¿Qué llevan en esas bolsas?".

Sólo se me ocurrió decir que eran pelotitas para jugar. Sin embargo, al mostrarle lo que realmente eran, nos quedamos sin palabras al revelar que eran huevos. Tía Magdalena, con una mezcla de sorpresa y autoridad, nos quitó los huevos, dejándonos avergonzados y sin las golosinas que tanto anhelábamos.

Desilusionados, pero no derrotados, volvimos a la plaza, inmersos en la alegría y las múltiples actividades. Continuamos con nuestras travesuras, como quitarle el sombrero a Tachín y huir de él, disfrutando del ambiente festivo que se extendía hasta bien entrada la tarde.

En un momento dado, cruzamos apresuradamente frente a la tienda de Luis Gutiérrez. Allí, en el portal, solía estar doña Cleta, una señora mayor que vendía semillas de calabaza doradas. Sin embargo, en nuestra carrera, no nos percatamos de su presencia y accidentalmente esparcimos algunas de sus semillas por la calle.

Mientras corríamos, no advertí que estaban a punto de comenzar los truenos artificiales, una tradición donde se golpeaba un pequeño envoltorio con un mazo (marro) para producir un estallido. Absorto en la emoción y sin prestar atención, casi fui alcanzado por el marro, una experiencia que añadió un toque de peligro y emoción a nuestras aventuras en las Fiestas Patrias.

En las vibrantes Fiestas Patrias, nos enfrentamos a los truenos de barrenos, así les llamábamos a esos estruendos que retumbaban como dinamita. Recuerdo vívidamente cuando uno de estos truenos explotó cerca de mis pies, lanzando mi sombrero sin saber a dónde. El susto fue inmenso y el estruendo tan fuerte que quedé temporalmente sordo.

Tachín, siempre a mi lado en esas aventuras, se había percatado del inminente estallido, pero no me advirtió. Así, tras el impacto, tuve que sentarme en una banca, esperando a que el zumbido en mis oídos cesará. Esos truenos eran creados con una mezcla de clorato y azufre envuelta en papel, y al golpearlos con el marro, ¡válgame Dios!, el sonido era ensordecedor. De hecho, me llevó casi tres días recuperar completamente mi audición.

Después de esa experiencia, cada uno regresó a su hogar para comer. Luego, alrededor de las seis de la tarde, la festividad continuó con una serenata. Dábamos vueltas en la plaza, regalando flores y lanzando confeti y serpentinas al ritmo de la música. Era realmente hermoso. Todo se detenía hacia las nueve y media de la noche, momento en que se preparaban las comitivas para el conteo de votos.

En el corazón de las Fiestas Patrias, se vivía un momento crucial: el depósito de votos para las candidatas a reinas. Era fascinante observar cómo se disponían tres urnas (casillas) en puntos estratégicos: una cerca de los comerciantes locales, otra en el centro del pueblo, y la tercera, siempre participativa, cerca de los camiones de Los Altos. Estos últimos eran conocidos por su tendencia a ganar en la recolección de votos.

La venta de votos empezaba unas dos semanas antes del 15 de septiembre. Pero el verdadero ajetreo se vivía el día 15, poco antes de las 10 de la noche, momento en que cerraban las urnas. Los partidos políticos se apresuraron a traer enormes paquetes llenos de miles de pesos para depositar. El monto exacto era desconocido hasta que empezaron a contar el dinero de estos paquetes.

En los últimos segundos antes del cierre, los partidos se agolpaban, extendiendo sus brazos con paquetes de dinero, ansiosos y decididos a ganar. Después de cerrar las urnas, todos esperaban con gran expectación, deseando que su candidata favorita ganara. Casi siempre, el partido de los Camiones de los Altos sorprendía a todos. Solían introducir paquetes más pequeños para despistar a los otros partidos, pero estos contenían billetes de mil pesos, impactando a todos con su estrategia.

Inmediatamente después del cierre, comenzaba el conteo, y en poco tiempo, ya estaba todo contabilizado, marcando un momento culminante de las Fiestas Patrias.

El grito en la plaza

En las vibrantes Fiestas Patrias, el momento cumbre llegaba con la decisión de quién había ganado los votos. Aquellos que ganaban se sumergían en una alegría desbordante, mientras los que perdían se entristecían brevemente, sabiendo que, al día siguiente, el 16 de septiembre, todos disfrutarían desde temprano, dejando atrás la competencia de los votos.

El 15 de septiembre, tan pronto como finalizaba el conteo de votos, todos se preparaban para el discurso y el tradicional Grito de Independencia. Recuerdo que, en aquellos tiempos, el delegado municipal era don José María Navarro, un señor muy respetado y bondadoso, que tenía muchos hijos ayudándole en su tienda. La tienda de José María estaba justo enfrente de la plaza, y así fue como, en esa significativa noche, se subió al quiosco junto con su comitiva.

Aunque era su deber dar el discurso y el Grito, don José María era un hombre humilde y consciente de sus limitaciones oratorias. A su lado estaba el secretario, que creo era su compadre. Yo era apenas un niño en esa época, pero recuerdo que mi tío Eulogio contaba que al secretario le tocó decir el discurso, pues don José María se sentía más cómodo en un papel secundario.

El secretario, algo torpe en sus palabras, empezó a pronunciar el discurso. Don José María, a su lado, lo observaba con una mezcla de apoyo y nerviosismo. La plaza, llena de expectantes ciudadanos, aguardaba cada palabra, cada anuncio, y especialmente, el emotivo Grito que resonaba en cada corazón presente.

Fiestas Patrias: El Grito y la balacera en la plaza

Era la noche del 15 de septiembre, cuando en medio de las Fiestas Patrias se preparaban para el momento más esperado: el Grito de Independencia. La plaza se llenaba de expectación. El discurso comenzó con un memorable "¡Amado Pueblo!", pero entonces ocurrió un gracioso equívoco. El orador, don José María, en su entusiasmo, exclamó: "¡Cuando el sol resplandecía!", a lo que su compadre, reaccionando rápido, le corrigió: "¡Será la luna!". Don José María, recuperando su compostura, continuó: "¡Sí, el sol de nuestra libertad! ¡Como cuando el cura Hidalgo, en el pueblo de Dolores, hizo sonar las campanas para dar el Grito de Independencia! ¡Viva México! ¡Viva el cura Hidalgo! ¡Viva Morelos!".

Sin embargo, justo cuando iba a continuar, comenzó una balacera inesperada. El compadre, sorprendido, exclamó: "¡Viva el que pueda vivir!". En ese momento, la gente comenzó a dispersarse, algunos saltando del quiosco y otros buscando refugio en un sótano cercano.

A pesar de que la policía había sido desplegada por toda la plaza para evitar disparos, parecía que todos habían acordado sacar sus pistolas escondidas en casa. Lo que empezó como un acto ceremonial se convirtió en un caos que parecía una revolución. Los disparos sonaban por todos lados, tanto que incluso los policías, viendo la intensidad de la situación, optaron por retirarse. En medio de ese pandemónium, el único que permaneció firme fui yo.

Julio Martín, un policía muy apreciado por todos, se dejó llevar por la emoción de la noche y sacó su revolver .38 especial, una pieza admirada, para unirse al alboroto. Los que estaban cerca le animaban con gritos de "¡Arriba, viva México!".

Don Herminio Alcalá, por su parte, no se encontraba en la plaza esa noche; prefería estar en su cantina disfrutando de su afición por el póker. A pesar del tumulto de balazos y la algarabía, se mantuvo aparte, quizás pensando: "Debería unirme a la diversión en este día tan señalado, pero no puedo, no debo".

Así transcurrió ese 15 de septiembre, con nosotros recogiendo casquillos de balas, abundantes por los innumerables disparos. Al día siguiente, les insertamos cabezas de cerillos y, con una piedra, los aplastamos para que explotaran, simulando disparos.

El 16 de septiembre la festividad continuaba con la misma intensidad. Las actividades como la lotería se trasladaban a la primera calle fuera de la plaza, dejando espacio para el Barrilito y el Palo Encebado. Las calles alrededor de la plaza debían estar libres para el esperado Combate Cape, una tradición que también embellecía de manera especial el día.

Fiestas Patrias: El combate del 16 de septiembre

Las Fiestas Patrias se centran en el emocionante "Combate" del 16 de septiembre, que comenzaba alrededor de las 4:30 o 5:00 p. m. En esta ocasión especial, recuerdo vívidamente una fotografía tomada por mi madre. Ella, con su cámara que tanto conocía, capturó el momento en que la reina y las dos princesas se acomodaban en el carro alegórico.

En ese año, la reina era una hija bellísima de don José Aceves May, y las princesas eran Mariquilla, conocida por su radiante juventud y belleza, y Concha Navarro, igualmente encantadora. Los chambelanes, varios en número, y los choferes, entre ellos José Paredes y José Gutiérrez (mi padre), desempeñaban un papel esencial en la organización del evento.

El carro alegórico, una camioneta sin carrocería para mayor visibilidad, iniciaba el Combate. Lleno de color y alegría, la reina y su comitiva lanzaban montones de Santa María y serpentinas. Curiosamente, sólo al carro de la reina se le permitía lanzar Santa Marías, creando una atmósfera festiva única.

Las camionetas, girando en direcciones opuestas, se encontraban y se enfrentaban en un juego amistoso, lanzando manojos de Santa María atados entre sí. Las azoteas también se llenaban de gente, sumándose a la celebración con confeti y serpentinas. A medida que oscurecía, el ambiente se llenaba de una magia especial, reflejando el espíritu jubiloso de las Fiestas Patrias.

Fiestas Patrias: Serenata y toro buscapiés

El Combate dejaba las calles de la plaza adornadas con restos de Santa María, confetis y serpentinas, y el aire se impregnaba del distintivo y agradable aroma de la Santa María. La banda de música, instalada en el quiosco, comenzaba a tocar, y la alegría juvenil se desbordaba. Los jóvenes, en un gesto de caballerosidad, obsequiaron claveles a las bellas señoritas que encontraban, acompañados de piropos como "Póngase un clavel en su hermoso pelo, para que haga juego con sus mejillas rojas, tan hermosas". Las gardenias perfumadas tampoco podían faltar.

Mientras tanto, adultos y mujeres disfrutaron del colorido ambiente sentados en las bancas, saboreando la algarabía y aprovechando para charlar o formar tertulias. La plaza se llenaba tanto que, además del Combate y la serenata, se vivían muchas emociones.

Alrededor de las 10:30 p. m., comenzaba el espectáculo del toro de pólvora, un evento que solía incluir dos toros. La gente, especialmente las mujeres, empezaban a correr al ver que iban a encender el toro, buscando un lugar seguro fuera de la plaza. Muchos se subían a las banquetas, balcones o azoteas para disfrutar del espectáculo desde una distancia segura. Desde allí, se veía a los jóvenes "toreros", desafiando al toro y esquivando los buscapiés que este lanzaba, en un juego de valentía y destreza.

En las Fiestas Patrias, el espectáculo de los toros de pólvora y los buscapiés era un momento culminante. Estos toros, llenos de fuegos artificiales, giraban sin rumbo, lanzando chispas en todas direcciones. Los jóvenes, llenos de valor y destreza, saltaban y esquivaban los buscapiés que, en ocasiones, alcanzaban a alguien, quemando su ropa en un juego emocionante y arriesgado.

La diversión continuaba hasta que el último toro se extinguía. Entonces, la atención se centraba en los buscapiés. Había quien los vendía y los compraba en grandes cantidades, creando una atmósfera que recordaba a las auténticas plazas de toros. Los que los adquirían comenzaban a encenderlos uno tras otro, lanzándolos al grupo de jóvenes que esperaban ansiosos para "torearlos". Incluso los adultos se contagiaban de la emoción y se unían al juego. Yo, siguiendo las instrucciones de mi madre, me mantenía al margen, observando desde el portal. Pero la emoción era tan contagiosa que a veces no podía resistirme y terminaba sumándome a la algarabía.

Estos dos días de emocionantes celebraciones adornaban el mes de septiembre, culminando las Fiestas Patrias. Ahora, continuaré relatando lo que sucedía después de estas festividades en mi Capilla y sus alrededores. En ese tiempo, comenzábamos la cosecha del maíz en octubre, marcando el inicio de mis travesuras otoñales.

Parvadas de tordos y las pizcas

Los tordos son aves pequeñas, de un tamaño algo mayor que un gorrión, de plumaje negro brillante. En el tiempo de la cosecha, cuando las semillas de los pastos maduran, estos pájaros llegan en septiembre por miles, formando parvadas tan grandes que oscurecen el cielo. Los machos de esta especie son especialmente llamativos, algunos con pecho amarillo y otros con pecho rojo, mientras que las hembras son más pequeñas y de un tono parduzco. El macho, con su plumaje negro intenso, casi azulado, y su canto distintivo, aunque no muy fuerte, es una presencia notable en el paisaje.

Estos tordos, junto con las huilotas (tórtolas) pardas, marcaban el ritmo de la vida en mi pintoresco y perfumado pueblo. Rodeado de flores, el aire se llenaba de fragancias que perduraban hasta finales de octubre. Con la madurez de las semillas, toda clase de pájaros, incluyendo los tordos, se congregaban en los maizales y campos de trigo.

Era una época en la que, junto con mis amigos, continuaba con mis travesuras. La tentación de aventurarme era demasiado fuerte en un lugar tan hermoso y lleno de vida. La caza de tordos se convertía en una actividad común. Armados con escopetas, íbamos tras estas aves, que abundaban tanto.

Las parvadas de tordos, esas aves negras más grandes que un gorrión, eran una visión impresionante en nuestros campos. Cuando caían bajo el disparo de una escopeta, la gran parvada se revolvía en el aire, intentando levantar a los caídos y llevarlos consigo. Mientras recargamos las escopetas, el cielo se oscurecía con todos. También usábamos piedritas y hasta la varilla para empujar los tapones de la escopeta, logrando tumbar algunos más.

Estas aves se cocinaban fritas o con arroz, al igual que las tórtolas. Curiosamente, ni siquiera disparándoles lográbamos disuadirlos de los potreros de maíz. Mi amigo y pariente, Rubén, quien tenía un gran rancho en el terrero, descubrió una táctica eficaz contra las parvadas que invadían sus maizales y trigales. Comenzó a lanzar cohetes de pólvora; el retumbar y el ruido de los cohetes lograron que las aves se retiraran y no volvieran.

Así, en toda mi región, los potreros de maíz, que lucían tan hermosos durante la pizca, se salvaguardaban. Ya habían cosechado la milpa un mes antes, y se formaban montones, llamados "monos", en los campos durante la época de cosecha, las parvadas de tordos y las "pizcas" creaban un cuadro vivo y colorido. La milpa, una vez madura, transformaba sus elotes en mazorcas secas, que luego se conocían como rastrojo después de retirar las mazorcas. La vista de los potreros llenos de gente cosechando y transportando estas mazorcas de maíz en canastas o costales hacia las carretas, tiradas por bueyes, era una estampa digna de una canción. La alegría y el bullicio de la pizca llenaban esos campos, especialmente hermosos al atardecer.

El crepúsculo, matizado con las parvadas de tordos ansiosos por comer el maíz, preludiaba el momento en que estos pájaros se retiraron a dormir. Los árboles se llenaban de su algarabía antes de que cayera la noche. Hablando de la pizca, cada "mono" de maíz que se cosechaba dejaba tras de sí el rastrojo, esas hojas secas que luego se recogían en manojos. Los campesinos, con gran habilidad, trenzaban un zacate largo y flexible, similar al utilizado para las escobas, pero más maleable, para crear amarraderas eficientes para el transporte de la cosecha.

Tordos, pizcas y nidos de urracas

La narración se centra en las "pizcas" y los tordos, así como en la práctica de hacer agarraderas para recoger las hojas de rastrojo. Estas hojas, una vez amontonadas en pilas grandes, se guardaban durante la temporada seca para alimentar a los animales hasta que volviera a llover.

Las urracas, pájaros negros como los tordos, pero de mayor tamaño y con colas más largas, parecían llevar un abanico. A diferencia de los tordos, las urracas son menos numerosas en los potreros y están emparentadas con los cuervos, aunque son más pequeñas. Estos pájaros construyen sus nidos principalmente en los eucaliptos.

Recuerdo una época en la que subir a estos árboles para explorar los nidos de urracas se convirtió en nuestra aventura favorita. Los huevos, que no olvidaré jamás, eran de un azul pintoresco. Junto con mi amigo "Cisto" y otro compañero de nuestra edad, igual de audaz, nos adentrábamos en la búsqueda de estos nidos. Las urracas los construían en lo más alto de los eucaliptos, y nosotros, llenos de valentía y curiosidad, nos esforzábamos por alcanzarlos.

En este capítulo, recuerdo nuestras aventuras buscando nidos de urracas. Nos íbamos adentrando en los eucaliptos con una destreza que sólo la juventud permite. Chuy era el más diestro y audaz entre nosotros, siempre ansioso por ser el primero en escalar. Las ramas, aunque delgadas, resistían nuestro peso por ser aún niños. A veces, encontrábamos pequeños huevos o mariposas en los nidos.

Recuerdo una ocasión en la que convencí a mi hermano Miguel para unirse a nosotros en esta travesía. Le prometí que le regalaría algunos huevos de urraca y, crédulo, se unió a la expedición. Sin embargo, mi verdadera intención era mantenerlo ocupado y lejos de casa, donde habitualmente le regañaban.

Aquel día, incluso mi padre se unió a la búsqueda. Miguel, que temía a mi padre, no esperaba su llegada. Mientras trepábamos los eucaliptos, mi padre, al pie de los árboles, nos advertía sobre los peligros de nuestra arriesgada empresa. "¡Se van a matar si no tienen cuidado!", exclamó preocupado. Al oírle, descendimos rápidamente, sólo para encontrarnos con él, que ya nos esperaba, cinturón en mano. Podrán imaginar lo que sucedió a continuación...

El Arroyo de los Linos en Saltillo

El Saltillo, un modesto rancho ubicado al oriente de La Capilla y a unos tres o cuatro kilómetros de distancia, era un lugar de gran aventura para nosotros, los muchachos. Aunque no era muy grande, para nosotros representaba un mundo por explorar. Por allí pasaba el Arroyo de los Linos, donde solíamos ir a nadar en sus charcos. Los alrededores estaban repletos de grama y arbustos, de donde cortamos las horquetas para hacer nuestras resorteras.

En esos arbustos y nopales, que abundaban en la zona, encontrábamos el lugar ideal para la caza de tórtolas y huilotas pardas. Las aves solían acercarse al arroyo a beber agua y después se dirigían a dormir, donde las esperábamos con nuestras resorteras. Además, en la zona crecían nopales que daban tunas agrias y de otras variedades. Cuando no había tórtolas, cazábamos otros pájaros pequeños, conocidos como "Sititos", que luego freíamos.

El terreno era muy variado, con pedregales y desniveles pronunciados, lo que probablemente dio origen al nombre de "Saltillo". Cerca del arroyo había una casa en ruinas, de la cual sólo quedaban las paredes, testimonio de tiempos pasados. Este lugar, con sus múltiples nidos de pájaros y huevos de colores diversos, era un paraíso para nosotros, lleno de aventuras y descubrimientos.

En El Saltillo, también disfrutamos de la naturaleza en una huerta abandonada. Allí aún crecía un perón y un capulín, de este último nos gustaban sus frutos que son similares a las cerezas, pero un poco más pequeños, de color negro y con un sabor dulce y exquisito. Durante la temporada de frutos, nos encantaba subirnos a los árboles para recolectar los capulines.

Además, en esta área crecían nopales mansos, que producían grandes tunas de color rojo o amarillo. Entre los nopales habitaban las "torcacitas", aves similares a las tórtolas o palomas, pero un poco más pequeñas y de un color más claro y jaspeado. Estas aves, nativas de la región, no emigraban y construían sus nidos en la huerta para criar.

Era curioso que estas "torcacitas" parecían ser exclusivas de nuestra región; no recuerdo haberlas visto en otros estados. Otro pájaro característico de la zona era el "purriche", también conocido como "salta pared". Este pájaro, frecuente en las paredes y reconocible por su canto único y distintivo, era algo más grande que una chuparrosa, con un pico largo y una cola jaspeada de color café. Sólo lo he visto en mi región Altense.

El Saltillo y los jicotes

En El Saltillo, una de nuestras aventuras más memorables era enfrentarnos a los jicotes, unas abejas conocidas por construir sus agujeros y túneles en las paredes. Estos nidos estaban llenos de miel, y nuestra curiosidad nos llevaba a intentar extraerla, a pesar de la feroz defensa de los jicotes. Eran abejas bravías que no dudaron en atacarnos, lo que nos hacía correr como si fuéramos campeones de pista, mientras los jicotes, tercos, nos seguían incansablemente, picándonos sin cesar.

Armados sólo con nuestras manos o con cualquier cosa que pudiéramos encontrar, intentábamos desesperadamente espantarlos, pero se mantenían pegados a nosotros, incluso a largas distancias. A veces, no desistían hasta que conseguían picarnos. Sin embargo, nuestra determinación era tal que volvíamos al día siguiente, no tanto por la miel, sino por el desafío que representaba enfrentar a los jicotes. Incluso llevábamos palos largos para defendernos o espantarlos durante estos encuentros.

Recuerdo un día, después de haber comido capulines hasta llenarnos, nos acercamos a los nidos de jicotes. Provocábamos las abejas picando sus agujeros con un popote. Parecía que se comunicaban entre ellas porque salían en tropel, listas para atacarnos. Y así comenzaba la carrera, una vez más, hasta que un día llegué a casa con la cara y un brazo hinchados. Al verme, mi madre exclamó alarmada, preguntando qué me había pasado. "No te preocupes, mamá, sólo fueron los jicotes", le respondí. Cuando me preguntó dónde había estado, simplemente le dije: "En El Saltillo".

Mi madre, al ver mi estado, rápidamente preparó un remedio casero. Trituró las cabezas de unos cerillos y las mezcló con saliva, aplicando la pasta en las picaduras. Me explicó que esto neutralizaría el veneno, aunque ya era algo tarde y podría arder un poco. "Se debe aplicar inmediatamente después de la picadura", me aconsejó.

Al día siguiente, desperté aún con hinchazón, pero el remedio me había ayudado. Mi madre me enseñó que el fósforo de los cerillos era útil para neutralizar el veneno de varios insectos venenosos. En casos de picaduras de hormigas, yo mismo preparaba la mezcla de cerillos molidos. Además, descubrí que el ajo era otro remedio efectivo. Desgranando y machacando los dientes de ajo, los tomaba con mucha agua, o mejor aún, con leche, lo que también ayudaba significativamente.

Sin embargo, en casos de picaduras más graves, como las de alacrán, era crucial chupar el veneno lo más rápido posible y luego aplicar los cerillos molidos. Estos conocimientos y remedios caseros eran parte esencial de nuestras vidas en El Saltillo, donde cada día era una aventura y una oportunidad para aprender.

En El Saltillo, aprendimos a lidiar con las picaduras y venenos de distintas criaturas. Con las picaduras de alacrán, por ejemplo, la rapidez es crucial para evitar que el veneno se disperse por la sangre. Algunas personas reaccionan muy mal a este veneno. En esos casos, se recurre al remedio del ajo, como mencioné anteriormente, o a tomar mucha leche. Estas soluciones son conocidas en la medicina natural, y las comparto gratuitamente aquí.

Los arlomos y su antídoto tradicional

Un caso particular es el de los "arlomos". Este pequeño gusano, que brilla en la oscuridad al igual que las luciérnagas, es una criatura única de mi región de Los Altos de Jalisco, o al menos así me parece, ya que no he oído hablar de él en otros lugares. La araña capulina o viuda negra es otro ser cuya mordedura es temible por su potente veneno.

El veneno del arlomo, aunque menos conocido, es igualmente peligroso. La picadura de este gusano no causa dolor inicialmente, pero con el tiempo, se forma una llaga que comienza a extenderse, consumiendo la carne alrededor del sitio de la picadura. Aquellos que desconocen su peligrosidad y no buscan atención médica a tiempo pueden enfrentar graves consecuencias. Incluso los médicos pueden tener dificultades para tratar estas picaduras, dado lo inusual del veneno del arlomo.

Nosotros, gracias a la sabiduría transmitida generación tras generación, probablemente desde tiempos prehispánicos, hemos aprendido a identificar y utilizar un remedio efectivo.

La "hierba del arlomo", un remedio ancestral, es el único conocido para curar estas picaduras. Existen dos variantes de esta planta: la "arloma" hembra y el "arlomo" macho. Curiosamente, el tipo de hierba a utilizar depende del género del arlomo que haya causado la picadura. Si la hierba macho no proporciona alivio, entonces se sabe que la picadura fue de un arlomo hembra, y se busca la hierba correspondiente. La gente de mi región puede distinguirlas con facilidad.

El tratamiento consiste en hervir la hierba y aplicar el agua tibia sobre la picadura, lo que brinda alivio casi inmediato. Aunque personalmente nunca he sufrido una picadura de arlomo, he sido testigo de cómo este remedio tradicional cura efectivamente a quienes han sido afectados. También he observado a estos pequeños gusanos iluminando la noche con su luz.

Ahora, continúo con más relatos de mis travesuras y experiencias en la región.

CAPÍTULO 15

María Esqueda y su receta de pozole

María Esqueda era una señora muy popular en nuestro pueblo. Diariamente, y especialmente los fines de semana, instalaba su puesto de comida en la plaza, cerca del portal. Desde temprano en la mañana, preparaba un menudo exquisitamente sabroso, acompañado de una salsa roja hecha con chile de árbol, perfecta para los crudos cuando se añadía al menudo.

Por las tardes, era infaltable su famoso pozole. Este platillo se elaboraba con maíz nixtamalizado y desflorado, un proceso que sólo los expertos en pozole saben realizar correctamente. La base del pozole era carne de cerdo, pero el ingrediente clave eran las patas de cerdo, que le daban una textura gelatinosa y una riqueza inigualable. Se decía que era una fuente de vitaminas fantástica, ideal también para la resaca.

Las patas de cerdo se debían cocer al menos una hora antes que el resto de la carne, debido a su dureza. A esta se le añadía toda la cabeza del cerdo, deshuesada, incluyendo la lengua, trompa, orejas, y hasta los ojos y cerebros, que personalmente me encantaban. Mientras se cocía la carne, después de unas dos horas, se agregaba el maíz ya desflorado. La proporción era crucial: dos terceras partes de maíz por una tercera parte de carne, para obtener el equilibrio perfecto del pozole.

Para un buen pozole, la proporción de maíz es crucial: debe ser abundante. Además de la carne de las patas de cerdo, se añade carne magra para enriquecer el sabor. En cuanto a los chiles, yo personalmente prefiero usar Chile California, que es suave y aporta sabor sin picante, y también Chile New México, que sí es picante. A veces, añado chile pasilla, ya sea en polvo o entero, que oscurece el caldo, pero lo hace deliciosamente sabroso.

La cocción de la carne debe ser lenta y cuidadosa, aproximadamente entre tres y cuatro horas a fuego medio, removiendo constantemente para evitar que se pegue. Una vez que la carne está tierna y el maíz cocido, el pozole está listo para servir.

Para complementar el platillo, se prepara un surtido de acompañamientos: lechuga picada, cebolla, rábanos rallados, limones para añadir jugo al gusto, y una salsa muy picante para aquellos que disfrutan del picante. Se añade todo esto al pozole justo antes de servirlo, en platos hondos y grandes, creando un festín para el paladar.

En California, donde preparo esta receta, compro todos los ingredientes en grandes mercados, donde encuentro todo lo necesario para recrear este plato tradicional.

María Esqueda, su cenaduría y su casa

María Esqueda no sólo era famosa por su pozole, sino también por su cenaduría en la plaza. Me emociono al recordar la receta que compartí con ustedes, especialmente útil para aliviar la resaca con su caldo caliente y una buena dosis de salsa picante.

Además del pozole, María vendía tostadas exquisitas y tacos dorados, acompañados de su picante salsa y una botella de "Chile Chiflador", tan fuerte que hasta hacía silbar a quien lo probaba. María vivía en la periferia de La Capilla, en una zona conocida como las "Colonias", aunque en aquel tiempo sólo había unas diez casas allí.

Recuerdo un día, al salir de la escuela sin saber qué hacer para entretenerme, me dirigí hacia las Colonias. En ese lugar, solía haber muchos lagartijos tomando el sol sobre las cercas de piedra. Mientras me entretenía lanzándoles piedras con mi resortera, sin darme cuenta, llegué hasta la cocina de la casa de María Esqueda.

Por aquel entonces, no sabía de quién era esa casa. Curioso, me asomé y vi que la puerta sólo estaba cerrada con un lazo.

María Esqueda y las ollas que quebré

En aquellos días, la casa de María Esqueda, hecha de adobe y con techo de tejas, era el lugar donde ella preparaba su famoso pozole. Una tarde, movido por la curiosidad, me asomé a su cocina a través de una puerta entreabierta. Allí dentro, vi grandes ollas de barro utilizadas para cocinar el pozole y el menudo.

Aquel día, impulsado por una travesura infantil, pensé que romper esas ollas resultaría en un estruendo muy atractivo. Asegurándome de que no hubiera nadie, desaté el lazo que mantenía cerrada la puerta y entré. Dentro, encontré bolsas de sal granulada y chiles de árbol secos. Buscando algo para comer y encontrando sólo un chile con sal, lo probé, pero su picante me hizo buscar agua desesperadamente.

En mi desesperación y aún con la boca ardiente por el chile, decidí romper las grandes ollas de barro. El ruido resultante fue tan estruendoso y satisfactorio, que se convirtió en mi venganza por el picante. Con una sensación de triunfo, observé cómo las ollas se hacían añicos, creando un ruido que resonó en la cocina como el retumbar de una tambora.

María Esqueda y el incidente de las ollas

Tras mi travesura en la cocina de María Esqueda, salí satisfecho pero consciente de mi maldad. Justo cuando estaba saliendo, me encontré de frente con María. Había escuchado el estruendo y, preocupada, se dirigió hacia su cocina. Al verme, me preguntó qué había hecho, a lo que respondí con un inocente "¡Nada, nada!", y acto seguido, eché a correr como un astuto zorro. María me siguió, pero no tardé en dejarla atrás, incluso pude escuchar su enagua ondeando detrás de mí. Aunque logré escapar, me gritó advirtiéndome que ya sabía quién era.

Mientras saltaba una cerca y me alejaba, me quedé pensando si realmente me había reconocido y si iría a hablar con mi padre. De hecho, mi padre tuvo que pagar por las ollas rotas, pero, curiosamente, no me castigaron en esa ocasión. Me sentí afortunado por haberme librado de un castigo.

Las mulas de don Pedro Chico y el motor eléctrico

Don Pedro Chico, así le llamaban porque su padre se llamaba Pedro Castellanos. Don Pedro era hermano de don Eulogio Castellanos, padre de Chepillo y abuelo de Cisto, mi amigo.

Don Pedro Chico, un hombre respetado en La Capilla, era conocido por su seriedad y su estatura imponente. Su hermano, don Eulogio, y él adquirieron propiedades cerca del pintoresco pueblo de Mezcala, perteneciente al municipio de Tepatitlán, ubicado al noroeste cerca del Río Verde.

Don Pedro era uno de los hombres más acaudalados de la zona. Poseía un atajo de aproximadamente 50 mulas que utilizaba para el comercio, transportando mercancías desde Guadalajara y pueblos vecinos. Tenía un corralón enorme donde albergaba las mulas, situado en la primera cuadra al suroeste de la plaza. Él fue también el pionero en traer la luz eléctrica al pueblo, instalando un motor enorme que funcionaba con gasolina. Este motor movía un dinamo para generar electricidad, conectado por una banda de lona gruesa. Aunque la luz que proporcionaba era débil, haciendo que los focos parecieran naranjas colgando, significó un gran avance para la comunidad.

Por las mañanas, don Pedro encendía el motor para moler el nixtamal, necesario para la elaboración de masa para tortillas. La gente hacía largas colas esperando su turno para obtener la masa fresca, un servicio esencial en la vida cotidiana del pueblo.

Las mulas de don Pedro Chico y el Maestro masas

Continuando con la historia de las mulas de don Pedro Chico, eran realmente numerosas y formaban parte esencial de su negocio. Antes de la llegada de vehículos motorizados, las mulas eran cruciales para el transporte y por eso eran muy rentables. Sin embargo, con la llegada de camiones y trocas, don Pedro tuvo que venderlas. Cuando todavía las tenía, su llegada a través de las calles del pueblo creaba un gran alboroto. El ruido de las mulas era tan imponente que a menudo nos asustaba y nos obligaba a refugiarnos en casa o a trepar a los barandales de las ventanas.

Las mulas eran llevadas al corralón para ser descargadas, justo donde estaba el motor eléctrico, operado por una figura muy popular en el pueblo, conocido como el Maestro masas. Su apodo seguramente venía de su habilidad para hacer masa para tortillas. Era una persona muy querida, originaria de Arandas y conocido también como "el arandense".

El Maestro masas tenía también un talento especial para curar las anginas. Yo, que padecía frecuentemente de este malestar, era atendido por él a solicitud de mi madre. A pesar del dolor que causaban sus masajes en los brazos, el alivio era casi inmediato. Además, recomendaba comer jitomate rojo maduro como parte del tratamiento. Lo más admirable era que nunca cobraba por sus servicios.

Las mulas de don Pedro Chico eran una presencia constante en nuestro pueblo. A cambio de sus servicios de curación, lo único que pedía el Maestro masas era una veladora para la Virgen de Guadalupe. Sin embargo, a pesar de sus habilidades, no podía curar los cráteres en mis anginas que aparecían con puntos blancos. Me enfermaba con frecuencia porque tenía un virus muy resistente que podía afectar al corazón, pulmones o hígado. Afortunadamente, nunca llegué a sufrir complicaciones graves y, finalmente, me curé con penicilina y una operación para extirpar las anginas.

Continuando con la historia de las mulas de don Pedro, recuerdo una vez que casi me pillan en la calle. Vivía cerca del molino y del motor eléctrico en el corralón, donde don Pedro guardaba su atajo de mulas. Solía andar con Cisto y, a veces, con otro amigo llamado Rubén Castellanos, al que apodamos "Patolo". Era un chico pacífico y amable desde pequeño. Nos gustaba jugar con canicas cerca del corralón, y fue allí donde las mulas, acostumbradas a galopar hacia su destino final porque sabían que serían alimentadas, casi nos alcanzaron en una de sus carreras frenéticas hacia el corralón.

Recuerdo a don Pedro Chico como una figura gallarda de la época. Solía vestir al estilo charro, con pantalones ajustados, una chaqueta corta y un sombrero redondo, no muy grande pero elegante. Su hermano, don Eulogio, al que su familia llamaba "Papoco", compartía su estatura imponente y tez clara, ambos muy castellanos, como indicaba su apellido.

En su rancho "El Espino", del cual ya he hablado, ocurrió un trágico accidente que nunca olvidaré. Dos jóvenes, conocidas como "las güeras" por sus cabellos rubios y su belleza, se ahogaron trágicamente. Eran dos muchachas de unos 15 años, en la flor de la juventud, tan hermosas como las gardenias recién cortadas en la mañana, cubiertas de rocío. Su belleza y su trágico final permanecen en mi memoria como un recuerdo agridulce de aquellos tiempos.

CAPÍTULO 16

El trágico destino de las güeras

Recuerdo que fue en septiembre, un mes de abundantes lluvias, cuando ocurrió la tragedia de las güeras. Una de ellas era hija de Chepillo y nieta de don Eulogio, mientras que la otra era hija de mi tío Felipe González y mi tía Lupe, también descendiente de don Eulogio. Irene Brimo Castellanos, hija de Trina Castellanos y otra descendiente de don Eulogio, estaba también con ellas, junto con Altagracia González, conocida como "Gacho".

El desafortunado suceso tuvo lugar en "El Espino", un hermoso rancho propiedad de don Eulogio. Las jóvenes habían ido allí para disfrutar de unos días en la naturaleza. En esa época del año, el lugar estaba especialmente hermoso, con lotes de tierras fértiles donde se cultivaban deliciosos productos como queso fresco y tunas en abundancia. Don Eulogio también tenía una gran huerta de duraznos de varias clases junto a su gran casa y un establo de vacas, asegurando siempre leche fresca y espumosa para la elaboración de queso.

Los pozos y norias del rancho estaban rebosantes de agua, y fue precisamente este exceso lo que desencadenó la desgracia. Las chicas, en un momento de descuido, se encontraron con una situación de la que no podían salir.

El incidente ocurrió en un pozo, una charca de unos 10 metros de diámetro. Aunque parecía inofensivo, en realidad era una trampa mortal. El pozo tenía una profundidad de unos cuatro metros, y junto a él, una extensión circular poco más pequeña, de alrededor de dos metros de ancho y poco más de un metro de profundidad. Presumo que se construyó así para recoger agua cuando el pozo principal rebosara.

Aquella mañana, después de desayunar, las jóvenes pasaron el tiempo en la huerta de duraznos, recolectando frutas para comer y llevar. Creo que sería cerca del mediodía cuando decidieron ir a la charca para bañarse. Las dos güeras y Gacho entraron al agua, mientras que la prima se quedó fuera, temerosa del agua. Confiadas, empezaron a caminar hacia el centro del pozo, sin darse cuenta de la profundidad que les esperaba.

De repente, una de las güeras se sumergió en la parte más profunda, luchando desesperadamente por mantenerse a flote. Trataba de salir a la superficie, pero la profundidad y, quizás, el pánico, se lo impedían. Fue un momento de terror y confusión, marcado por la desesperación de aquel fatídico día, las güeras, a pesar de su valentía, enfrentaron una situación de vida o muerte: ninguna de las dos sabía nadar. Al ver a una de ellas en problemas, la otra se lanzó al agua para intentar salvarla, pero, sin saber nadar, ambas quedaron atrapadas en la misma situación desesperada. Gacho, aunque estaba cerca y también desesperada, decidió unirse a ellas en el agua, resultando en que las tres se hundieron.

Irene, hija de Trina, fue testigo de todo y me contó la historia. Dijo que, al ver que desaparecían bajo el agua, se quedó paralizada en la orilla, sin saber qué hacer. Sabía que si se metía se enfrentaría al mismo destino. Por instinto, corrió hacia la casa para buscar ayuda y se encontró con el caporal de Papoco, quien estaba a caballo. Rápidamente le explicó lo que estaba sucediendo y juntos se apresuraron de vuelta al pozo.

Al llegar, vieron que Gacho flotaba en el agua. El caporal, con destreza, lanzó su lazo hacia el pozo, logrando agarrar a Gacho por un pie y la arrastró hacia afuera. La llevaron a la casa mientras se alertaba a todos en el pueblo. Mucha gente llegó al pozo, pero nadie sabía nadar. Se envió a alguien corriendo a La Capilla para buscar a alguien que pudiera nadar. Mientras tanto, Gacho, que estaba inconsciente, finalmente despertó. Un joven que encontró al caporal se fue corriendo en busca de más ayuda. Recuerdo este evento con una mezcla de tristeza y shock.

Ese día, yo estaba bañándome en la charca de la Grifa con varios amigos, cuando un muchacho pasó corriendo por el camino que llevaba a El Espino. Se dirigía a La Capilla para dar aviso de lo sucedido. Nos contó rápidamente la situación, y nosotros corrimos hacia El Espino. El muchacho llegó a La Capilla y el primero en enterarse fue Panchillo, hijo de don Pancho González, sastre y excelente nadador. Panchillo era también tío carnal, hermano de la esposa de Chepillo y abuelo de una de las güeras.

Panchillo, con una desesperación palpable y una agilidad impresionante para nadar, llegó casi al mismo tiempo que nosotros, a pesar de que teníamos una ventaja en la carrera. Desde La Capilla hasta la charca hay unos tres kilómetros. Cuando llegamos, ya había mucha gente alrededor del pozo, pero nadie se atrevía a meterse. Algunos sugirieron que yo me sumergiera, ya que sabían que era un buen nadador, pero, siendo aún un niño, no me atreví, temiendo correr la misma suerte que las güeras. Sin embargo, Panchillo no dudó ni un instante y se lanzó al agua para buscarlas.

Después de que Panchillo y otros valientes llegaron al lugar del accidente, comenzaron la búsqueda de las güeras, aferrándose a un hilo de esperanza. Desafortunadamente, cuando sacaron la primera, ya era demasiado tarde. Ella aún tenía un durazno en la boca, un recordatorio de sus momentos felices antes de la tragedia. Más tarde, Panchillo logró sacar a la segunda güera, que se había quedado atorada entre las piedras.

Ese día, parecía que todo el pueblo se había congregado en el lugar. Cuando la gente comenzó a regresar al pueblo, tomaron el camino de la carretera, aún en construcción y sin pavimentar. Recuerdo ver a mi tío Felipe y a Chepillo caminando cabizbajos, rodeados de personas que les ofrecían sus condolencias.

Más tarde, las güeras fueron veladas en la casa de mi tío Felipe González. Esa noche, no pude dormir, recordando lo sucedido. Estaba con Cisto, y una de las güeras era su hermana. Era muy similar a él: rubia, de piel clara y ojos azules. Pepe "la Cocorilla", otro hermano, también estaba allí, igualmente afectado por la pérdida.

Tras el trágico ahogamiento de las güeras, recuerdo haber escuchado una conversación entre personas de la edad de Pepe, mi tío, cuyos detalles no olvidaré. Hablaban de una creencia popular según la cual, si se besaban los pies de los difuntos, se evitaba el miedo y las apariciones de estos. Influenciado por mi inocencia y credulidad de aquel entonces, fui a la habitación donde estaban velando a las güeras y, en secreto, les besé los pies. Estaban vestidas con medias de algodón blancas, un detalle que aún resuena en mi memoria.

Gacho González, por su parte, milagrosamente sobrevivió al incidente. Después del suceso, participó en un concurso y se convirtió en montador. Irene, que también sobrevivió, se mudó a Estados Unidos con su madre y su hijo Juan Carranza, quien había nacido allí. Irene se casó con un hombre amable llamado Amado Pérez, y juntos tuvieron tres hijos y dos hijas, disfrutando de una vida plena y feliz.

Por otro lado, mi tío Felipe y las madres de las fallecidas quedaron sumidos en la tristeza por la pérdida de sus hijas. Mi tío Felipe recibió su nombre en honor a mi tatarabuelo, su bisabuelo, cuya memoria se mantuvo viva a través de las generaciones.

Las güeras que se ahogaron y la familia de tía Cristina

La historia de mi tía Cuca, madre de mi tío Felipe y hermana de mi abuela Maris, es notable. Ella se casó con un hombre rico de la familia González de La Loma, conocidos como "Los gorditos de La Loma". Desafortunadamente, quedó viuda a una edad temprana, heredando una considerable fortuna tanto de su esposo como de su propia familia tras el fallecimiento de su madre, mamá Mariquita.

De los hijos de tía Cuca, sólo uno era varón y tenía tres hermanas. Una de ellas, Lupe, se casó con un pariente de los mismos González de La Loma, pero también falleció prematuramente. Otra hermana, cuyo nombre no recuerdo, se fue a España, donde vivió y murió en un convento. La tercera hermana, lamentablemente, sufrió problemas de salud mental, particularmente durante el tiempo de la Guerra Cristera.

Mi tío Felipe, ya adulto, se hizo cargo del patrimonio familiar, tanto de su padre como de su madre, mi tía Cuca. Tía Cristina, por su parte, enfermó joven. Tuvo un novio, pero nunca llegó a casarse. Cuando tía Cuca quedó viuda, dedicó su vida a cuidar de Cristina en sus años de enfermedad.

La historia de tía Cristina es una que evoca sentimientos encontrados. Estaba confinada en una habitación que daba a la calle, probablemente era la sala, con una ventana con barandal. Creo que la colocaron allí para que pudiera distraerse observando la calle, en un intento de calmar sus nervios. A veces, tía Cristina se ponía nerviosa, y mi tía Cuca pedía ayuda, especialmente para cambiarle la ropa.

Para nosotros, los niños de esa época, tía Cristina era una fuente de curiosidad. Nos subíamos al barandal para mirar hacia su habitación. A veces la veíamos caminando de un lado a otro, como un animal encerrado. Tía Cuca siempre tenía preparado un orinal en un rincón de la habitación. Al principio, a tía Cristina le gustaba vernos, pero luego empezábamos a gritarle cosas, a veces incluso decíamos "¡Cristina está loca!", lo que la enojaba mucho.

En una ocasión, nos llevamos una sorpresa cuando, en un arrebato de ira, nos lanzó el contenido del orinal. Nos quedamos asombrados y avergonzados, aunque en retrospectiva, era una reacción merecida por nuestra falta de respeto. Así concluye la historia de las güeras y mi tía Cristina, un relato que refleja la complejidad de la condición humana y las dificultades de aquellos tiempos.

CAPÍTULO 17

Tacho burras, un personaje único

Continuando con la serie de historias y travesuras, me viene a la mente la figura de Tacho Burras, un soltero peculiar que siempre llamó nuestra atención. Era un hombre maduro, de entre 35 y 40 años, que a veces parecía perder la compostura mental. Poseía un pequeño terreno cerca de la presa de Gómez y solía sentarse en las bancas de la plaza, envuelto en una cobija a cuadros, con un sombrero grande y huaraches. No era muy dado al aseo personal y rara vez conversaba con alguien, ya que muchos evitaban hablar por sus episodios de confusión.

Tacho Burras era observador y tenía un gusto particular por las mujeres hermosas. Se fijaba en las jóvenes que salían del rosario por las tardes o los domingos. Siempre encontraba un asiento en alguna banca frente al templo, desde donde podía admirar a las muchachas que salían, quienes eran, en su mayoría, verdaderamente preciosas. De entre todas ellas, le llamó la atención especialmente Irene Carra, conocida como "la Chata", hija de Trina Castellanos y prima de las güeras que se ahogaron en El Espino.

Tacho Burras y su enamoramiento de "la Chata"

Tacho Burras, un personaje peculiar de nuestro pueblo, había puesto sus ojos en Irene, conocida cariñosamente como "la Chata". Ella era una de las supervivientes del trágico incidente en el que se ahogaron las güeras. Irene destacaba no sólo por su belleza, sino también por su simpatía y sociabilidad. Era, sin exageración, una de las jóvenes más hermosas del lugar.

Recuerdo un día, mientras jugaba con otros muchachos en la plaza, Tacho Burras se acercó a mí. Al parecer, había notado mi presencia y pensó que podía servirle de intermediario en su intento de cortejo. Se acercó y me pidió un favor, ofreciéndome dos monedas de veinte centavos, una suma considerable para un niño de mi edad. Su petición era que le entregara una nota a la Chata, hija de Trina. La recompensa y la curiosidad me impulsaron a aceptar el encargo.

Tacho Burras me instruyó para decirle a La Chata que, tras leer la nota, le enviara una respuesta conmigo. Prometió darme otras dos monedas si cumplía con el encargo. A mis diez años, esto me parecía una oportunidad de oro, aunque no dejaba de preguntarme cómo reaccionaría la Chata. En el fondo, sabía que era improbable que ella correspondiera los sentimientos de Tacho Burras, pero la esperanza y la inocencia de la juventud me llevaron a aceptar el reto.

Armado con el mensaje de Tacho Burras, me encontraba en un dilema sobre cómo proceder. No quería perder la oportunidad que representaban esas monedas. Mientras reflexionaba sobre qué hacer, me crucé con Pepe "la Cocorilla", hermano de Cisto, y se me ocurrió compartir el asunto con él, especialmente porque la Chata era su prima.

Al contarle sobre la misión encomendada por Tacho, la Cocorilla se rio y juntos ideamos un plan para responder la carta como si fuera la Chata. Dado que él tenía mejor letra, le entregué uno de los veintes que Tacho me había dado, y fuimos a su casa a redactar la respuesta. El mensaje original de Tacho estaba lleno de amor, por lo que nuestra respuesta debía ser igualmente sentimental para seguir el juego y tal vez obtener más dinero de Tacho.

Al día siguiente, encontré a Tacho sentado en la banca de la plaza, envuelto en su cobija y con su sombrero, la imagen misma de la expectativa. Le dije a la Cocorilla que se escondiera mientras yo le entregaba la respuesta que habíamos creado, llena de palabras amorosas. La Cocorilla apenas podía contener su risa ante la situación.

Tacho Burras y el enamoramiento imaginario

Llegué donde Tacho Burras y le entregué la carta ficticia que habíamos redactado. Al leerla, la expresión en su rostro era de total felicidad; si hubiera sido un perro, seguro habría aullado y movido la cola de contento. Al terminar de leer, me dio dos veintes más y me dijo que me esperaba al día siguiente para darme otra carta y más dinero. "¡Qué mina!", pensé, y luego fui a compartir el botín con Pepe. Decidimos repetir la misma estrategia al día siguiente.

Nuestra pequeña empresa continuó por dos o tres ocasiones más. El amor ficticio que le transmitíamos a Tacho en cada carta parecía elevar su emoción a tal punto que no pudo resistirse a buscar a la Chata en persona. Una noche, envuelto en su cobija y con su sombrero, se plantó frente a la casa de la Chata, quien no tenía idea de sus sentimientos, esperando verla. Casualmente, esa noche también salía Celina, la hija de mi tío Felipe, que era de la misma edad que la Chata y a menudo iba al rosario con ella. Tacho Burras, creyendo estar cerca de su "cielo", se acercó a ellas con una mezcla de esperanza y nerviosismo.

Al ver una figura acercándose en la oscuridad, la Chata y Celina comenzaron a gritar alarmadas. Alertado por los gritos, Chepillo, el tío de ambas jóvenes, salió al encuentro. A pesar de la oscuridad, Chepillo reconoció a Tacho y, aunque tenía su pistola, se detuvo cuando Tacho le pidió que no disparara. La Cocorilla, que estaba escondido y ya conocía toda la situación, observaba con nerviosismo.

Chepillo amenazó a Tacho con severidad, advirtiéndole que no quería volver a verlo cerca de su familia. Yo, que estaba en las inmediaciones sin saber lo que sucedía, me sorprendí al ver el altercado. Pese a la tensión del momento, no pude evitar pensar que todavía había posibilidad de sacar provecho de la situación. Sin embargo, cuando Tacho se percató de mi presencia, su frustración se desbordó y comenzó a lanzarme piedras. Tuve que huir a la carrera para evitar ser golpeado.

Después de ese incidente, cada vez que veía a Tacho Burras en la calle, procuraba mantenerme a distancia. A pesar de mis travesuras, había aprendido una valiosa lección sobre las consecuencias de jugar con los sentimientos de las personas.

Chilindrín, el peluquero de La Capilla

Chilindrín era una de las figuras más conocidas y queridas en La Capilla. Para cuando comencé a conocerlo, ya era un hombre de avanzada edad y gozaba de gran popularidad como peluquero. Su barbería, ubicada frente a mi casa, era un punto de encuentro importante en el pueblo. A pesar de sufrir cataratas, Chilindrín seguía ejerciendo su oficio con dedicación cada domingo, día en que su establecimiento se llenaba de rancheros que asistían a misa y hacían sus compras semanales.

La barbería de Chilindrín era pequeña, con apenas una silla, pero eso no disuadió a sus clientes. "Chilindrín, vuelvo más tarde, estás muy ocupado", le decían, conscientes de su mala visión y del estado anticuado de sus herramientas. Sus tijeras parecían borregueras y su navaja, aunque la afilaba constantemente, ya no cortaba como antes.

Sin embargo, los rancheros salían de su peluquería satisfechos, aunque sus cortes de pelo parecieran hechos con una rozadera o como si un burro les hubiera mordido la cabeza. A pesar de los resultados a veces dispares, y de que algunos tenían que retirarse algún que otro pelo largo que Chilindrín dejaba, todos disfrutaban de sus amenas charlas y salían de la barbería con una sonrisa.

Chilindrín, con sus cataratas y manos no siempre precisas, se había convertido en una figura emblemática en La Capilla. A pesar de los cortes no siempre perfectos y las pequeñas heridas que a veces causaba, él las curaba con alcohol y las cubría con talco para prevenir infecciones. Había incluso un dicho en el pueblo: "Más miedo al Chilindrín que a la rasuradora", en referencia a su peculiar manera de afeitar.

A pesar de su visión nublada y su edad avanzada, Chilindrín mantenía un espíritu joven y una buena condición física. Nosotros, los niños del pueblo, a veces lo convertíamos en el blanco de nuestras travesuras. Cuando no teníamos nada mejor que hacer, nos acercábamos a su peluquería y le gritábamos: "¡Chilindrín, dónde está tu rozadera!". Sabíamos que nos perseguiría, y él, ágil y esbelto, nos dio una buena carrera. A veces, incluso salía con la navaja que usaba para afeitar, lo que añadía un toque de emoción a nuestra huida. Chilindrín era en esencia una persona amable y tolerante, pero nuestros juegos a veces llegaban a ser excesivos.

El Mocono, un personaje querido en La Capilla

El Mocono era otro personaje muy conocido por todos en La Capilla, especialmente por su relación con la peluquería de Chilindrín. Vivía en la casa que ahora es de los Pitufos. Era un hombre humilde, con una esposa, una hermana y una sobrina llamada Enedina, quien era unos 20 años mayor que yo y muy amigable con todos. El Mocono, de edad avanzada y un poco corpulento, tenía un pequeño negocio en su casa, donde vendía golosinas y juguetes.

Recuerdo que en una habitación que daba a la calle, colocaba toda su mercancía y abría una ventana sin barandal para mostrar lo que vendía. Nosotros, los niños, le hacíamos bromas similares a las que le hacíamos a Chilindrín. Gritábamos "¡Mocono!", desde la calle, lo que le causaba cierta molestia. Aunque intentaba perseguirnos, su corpulencia le impedía alcanzarnos, y nosotros siempre corríamos rápidamente para escondernos en las canteras cercanas al templo.

Nuestras travesuras en la plaza a menudo atraían la atención de Herminio Alcalá, el comandante de policía, y sus oficiales. Con sus porras de membrillo en mano, a veces daban algún susto a los muchachos desprevenidos. Afortunadamente, nunca me tocó recibir un golpe o ser capturado. Hubo una época en que la policía comenzó a detener a los niños traviesos, llevándolos a la comisaría como medida correctiva.

Chuy el de Tiburcio, una tarde de béisbol

Chuy, a quien ya mencioné antes cuando hablábamos de bajar nidos de urracas junto con Cisto y yo, era conocido como "Chuy el de Tiburcio". Su padre se llamaba así y vivían en la orilla de La Capilla, a sólo tres cuadras al este de la plaza, en la misma calle que la casa de mi abuela.

Enfrente del Templo Nuevo, hacia el norte, comenzaba el terreno que se extendía hasta su casa, y más allá, sólo había potreros. Un día, buscando algo que hacer, decidimos jugar al béisbol. Éramos unos 15 muchachos y, aprovechando un terreno adecuado, improvisamos un campo de juego. Usábamos pelotas hechas de cordón y bateábamos con un pedazo de leño, ya que no teníamos bates. Estábamos disfrutando del juego, entre risas y gritos, cuando de repente apareció Herminio, el comandante de policía, junto con sus oficiales, algunos incluso en bicicleta.

Recuerdo vívidamente ese momento: Chuy y yo estábamos juntos cuando vimos a Herminio y a los policías acercarse. En un instante, todos nosotros, asustados, echamos a correr. No supe exactamente qué pasó después hasta más tarde esa noche. "Corrimos como si fuéramos balas", solía decir, recordando la sensación de adrenalina y el temor que nos invadió en aquel momento.

Chuy el de Tiburcio y la escapada de los policías

La aventura de aquel día con Chuy el de Tiburcio se intensificó cuando nos vimos obligados a escondernos de la policía. Al llegar a su casa, encontramos dos o tres canastas grandes utilizadas para transportar mazorcas de maíz. Eran lo suficientemente grandes como para que nosotros, siendo niños, nos escondiéramos dentro. Asustados, nos ocultamos en las canastas, mientras veíamos a los policías buscarnos sin éxito.

Desde nuestra improvisada guarida, podíamos observar a los oficiales pasar por las calles y la banqueta, buscándonos sin cesar. Afortunadamente, decidieron marcharse sin encontrarnos. Mi hermano Miguel también estaba con nosotros ese día. Él optó por correr hacia un potrero donde había surcos con troncones de caña de maíz. Herminio lo siguió en bicicleta, pero no podía adentrarse en los surcos, así que le gritó a Miguel que saliera, diciéndole que sería más fácil atraparlo en campo abierto.

Miguel, con la astucia de un ratón intentando evadir a una serpiente, se mantenía alerta. Sabía que Herminio solía llevar su pistola y temía que pudiera usarla. Fue un momento de tensión y miedo, una mezcla de juego infantil y el temor real a las consecuencias de nuestras travesuras.

Chuy el de Tiburcio y el encuentro con la ley

La aventura con Chuy el de Tiburcio tomó un giro inesperado cuando las autoridades decidieron capturar a los muchachos traviesos del pueblo. Lograron atrapar a casi todos, excepto a Chuy, a mí, y a algunos otros. Nos enorgullecíamos de nuestra astucia para evadir la captura, y los policías a menudo comentaban en tono de frustración: "Ese zorrito es escurridizo, no podemos atraparlo".

Finalmente, los que fueron capturados terminaron en la cárcel, que era simplemente un cuarto sin piso, sólo tierra. Entre ellos estaba el hijo de Herminio, el comandante, conocido como "el Guarro", y otro chico llamado Chime, cuya familia había llegado recientemente a La Capilla debido a un traslado de trabajo del gobierno estatal.

Los muchachos pasaron unas tres o cuatro horas en la cárcel, pero más que un castigo, se convirtió en una oportunidad para ellos de bromear y jugar. Hacían tanto ruido que al final, los policías decidieron liberarlos. Este episodio se convirtió en una fuente de entretenimiento para nosotros durante muchos días, recordándolo y comentándolo con risas y exageraciones.

Travesuras en los camiones: Las hazañas de los camiones en Los Altos

Corría el año 1942 o 1944, y yo tendría unos 10 años. En esa época, en aquellos tiempos, en Los Altos, se fabricaron dos notables camiones de pasajeros en Tepatitlán. Originalmente, los chasis eran traídos desde L.S.A. y un maestro laminero extraordinariamente hábil en Tepa, a quien conocí personalmente, se encargaba de su terminación. Le llamaban "el Maestro Tonila", y estaba tan cerca de ser un genio que convertía esos chasis en verdaderas obras de arte, prácticamente indistinguibles de los fabricados en serie.

Estos camiones, que operaban diariamente entre Guadalajara y Arandas, se habían ganado sus propios nombres: uno era "el Plating" y el otro "la Catrina". Sus nombres estaban orgullosamente exhibidos sobre los vidrios delanteros, una práctica común y permitida en aquel entonces, antes de que el gobierno de tránsito prohibiera esta costumbre.

Los camiones tenían un distintivo color rojo oscuro, algo opaco, que reflejaba el color típico de la tierra roja de la región de Los Altos de Jalisco. En aquella época, la ruta entre Guadalajara y Arandas era una mera brecha, llena de guardaganados que, en aquel entonces, Chuy el de Tiburcio, yo y otro amigo de nuestra edad llamado Salvador, a quien cariñosamente apodamos "la Rana", compartimos aventuras. La Rana, proveniente de una familia humilde, era un muchacho valiente y destacado jugador de fútbol en el equipo "El Nacional", el único que había en el pueblo.

Por las tardes, solíamos reunirnos en la plaza para planear nuestras travesuras. Un día, decidimos ir al Rancho de Coleto con nuestras resorteras para cazar huilotas (tórtolas) y disfrutar de las deliciosas tunas chamacheras, abundantes en esa zona. Caminábamos siempre por la brecha que venía desde Guadalajara, pasando por Tepa y siguiendo el camino real hasta Thanacasco, desde donde se desviaba directo a La Capilla, pasando por el Cerro Carnicero, cerca del Rancho de Coleto.

Por las tardes, alrededor de las cinco o seis, el camión de pasajeros de Camiones de Los Altos solía pasar por allí, dejando gente que iba a La Capilla y luego seguía hacia Arandas. Aquel día, mientras estábamos en Coleto, vimos acercarse el camión rojo y en esa época, Chuy, La Rana y yo nos pusimos de acuerdo para ir a La Capilla en uno de los camiones. Estos vehículos tenían que pasar despacio por cada guardaganado, estructuras colocadas en la orilla de cada potrero. Un guardaganado, para aquellos que no lo sepan, consiste en un hueco cuadrado de aproximadamente un metro de profundidad, un poco más de un metro de ancho y dos metros de largo, con varias vigas de madera dispuestas con cierta separación para evitar que el ganado se escape.

Aquella tarde, aprovechamos que el camión tenía una escalera sólida en la parte trasera, que conducía a una parrilla donde se solía cargar equipaje. Corriendo, nos subimos al camión y viajamos de polizón hasta la plaza. Este juego se convirtió en una costumbre para nosotros por un tiempo. Solíamos ir temprano, armados con nuestras resorteras, y nos deleitamos comiendo tunas. A veces nos subíamos a un sapote blanco cercano que daba unos zapotes muy dulces, o buscábamos talayotes o chirlos.

Cuando veíamos acercarse el camión, alguien daba la señal y todos corríamos a escondernos. Estos camiones eran grandes, parecían tortugas con el motor en la parte frontal y una amplia parrilla en la parte superior para el equipaje. Era una época de travesuras y aventuras, una muestra de la inocencia y la osadía de nuestra juventud.

Nuestras aventuras en los camiones llegaron a ser una parte rutinaria de nuestra vida en La Capilla. Los camiones, siempre llenos hasta el tope, llevaban encima de la parrilla todo tipo de carga: personas, gallinas, puercos, chivas, pavos, en resumen, un poco de todo. Aprovechamos la amplia escalera y la defensa del camión para trepar y viajar escondidos.

Pero llegó el día en que decidí dejar estas travesuras atrás, especialmente después de un incidente que me dio un gran susto. Un día, al intentar bajarme del camión mientras este iba despacio, mi pie se atoró en un guardaganado. Afortunadamente, sólo perdí un guarache, pero el susto fue tal que decidí no seguir jugando con mi suerte. Chuy y la Rana, al verme caer y quedar tendido en el suelo, me gritaban que corriera, pero mi tobillo estaba ligeramente lastimado, lo que me hizo cojear.

Además, los habitantes del pueblo empezaron a notar nuestras peripecias diarias en los camiones, colgando como changos. Incluso nuestras escapadas llegaban a oídos de don Juan Casillas, dueño de la oficina de boletos, a quien cariñosamente llamábamos "el hotel de don Juan Casillas" por los cuartos que había construido. Fue entonces cuando comenzamos a moderar nuestras travesuras.

Don Juan Casillas y su hotel

Don Juan Casillas era un hombre muy generoso y servicial en La Capilla. Además, era socio de los Camiones de Los Altos y la mayoría de los socios participaban activamente en el negocio. Don Juan tenía su propia oficina donde vendía boletos para el transporte público. Por aquel tiempo, dos camiones operaban regularmente: uno iba hasta Arandas y el otro, que llegaba más tarde, se quedaba en La Capilla, saliendo temprano al día siguiente.

Los conductores y cobradores que eran de La Capilla, como mi padre, Jesús "el Diablito" o Eusebio Paredes, no tenían problemas ya que tenían sus familias y hogares en el pueblo. Sin embargo, aquellos que no eran de La Capilla a menudo tenían que dormir en los camiones. Don Juan se dio cuenta de las dificultades que enfrentaban y, siendo una persona que siempre buscaba ayudar, decidió crear una solución.

Con su habitual espíritu de servicio, don Juan ideó la construcción de un pequeño hotel. De esta manera, los trabajadores de los camiones que no eran del lugar tenían un sitio cómodo donde pasar la noche. Este gesto reflejaba el carácter solidario y considerado de don Juan Casillas, siempre dispuesto a ayudar a los demás y contribuir al bienestar de la comunidad.

Don Juan Casillas, siempre atento a resolver problemas, transformó una parte de su amplia oficina en un pequeño hotel para solucionar las necesidades de alojamiento de los choferes que no eran de La Capilla. Aunque no recuerdo con exactitud, creo que construyó alrededor de seis cuartos. Eran estrechos, con apenas espacio para una cama pequeña y poco más.

Una vez, un chofer de gran estatura y corpulento, que no era del pueblo, fue enviado a La Capilla para pasar la noche y salir temprano al día siguiente. Don Juan, siempre amable y hospitalario, le ofreció uno de sus cuartos, asegurándole que dormiría cómodamente. El chofer, confiando plenamente en don Juan, no revisó el cuarto de antemano y se fue confiado a cenar.

Se dirigió a cenar con María Esqueda, quien era famosa por hacer el mejor pozole y unas deliciosas tostadas de lomo de cerdo con cebolla desflemada, limón y rebanadas de jitomate. Dado su apetito y tamaño, disfrutó de dos grandes platos de pozole, encantado con la comida. Sin embargo, tras disfrutar de una abundante cena de tostadas de lomo y pozole en el puesto de María Esqueda, el corpulento chofer se dirigió al hotel de don Juan Casillas para descansar. Sin embargo, se encontró con una sorpresa: el cuarto que don Juan le había asignado era tan pequeño que apenas cabía en la cama. Además, don Juan aún no había instalado luz eléctrica en los cuartos, así que le dejó un candelero con una vela.

El chofer, cansado, logró acostarse y se quedó dormido rápidamente. Pero después de un rato, la pesada cena comenzó a hacer efecto. Empezó a tener pesadillas, probablemente provocadas por el pozole, y se despertó en estado de confusión. Comenzó a estirar los brazos en la estrechez del cuarto, que parecía más un ataúd que un lugar para dormir. Perdido en la oscuridad y atrapado en su pesadilla, empezó a gritar desesperadamente: "¡Sáquenme de aquí!".

Sus gritos alarmaron a la familia de don José Navarro, cuya casa estaba pegada a la oficina y a los cuartos del hotel.

Una noche inolvidable en el hotel de don Juan Casillas

Aquel episodio en el hotel de don Juan Casillas se convirtió en una anécdota memorable en La Capilla. Los desesperados gritos del chofer despertaron a toda la familia Navarro, excepto a las tres hijas que eran sordomudas. Sólo la cuarta hija, que no tenía esa condición, también se levantó alarmada.

Cacheras, el hijo mayor de los Navarro, solía contar esta historia, quizás con alguna exageración, pero siempre provocaba risas. Relataba que su padre, don José, y el resto de la familia salieron apresuradamente al oír los gritos. Fueron a tocar a la puerta del cuarto y buscaron a don Juan Casillas para que abriera.

Una vez dentro, iluminaron al aterrado huésped con baterías. El pobre hombre, al darse cuenta de que no estaba en un ataúd, se calmó. Al día siguiente, Cacheras narraba lo sucedido, provocando carcajadas entre los vecinos. Recordaba especialmente cuando el señor gritaba "¡Sáquenme de aquí, estoy vivo!", pensando que había sido enterrado vivo en un ataúd por el estrecho espacio del cuarto.

Sin duda, la reacción del chofer y la posterior broma de Cacheras, con su inolvidable risa y su tendencia a embellecer las historias, se convirtieron en parte de los recuerdos entrañables y divertidos del pueblo.

El radio de Chepo y recuerdos de la época

En aquellos tiempos, cuando aún no había televisores para entretenerse, las personas a menudo exageraban las historias para hacerlas más interesantes, como hacía mi tío Eulogio, hermano de mi padre. Lo que sí comenzaba a ser común eran las radios, unos aparatos que parecían grandes cajas con bulbos.

Había un señor llamado Chepo, que vivía en la misma casa donde Gregorio Trujillo tenía su panadería. Esa casa era inmensa y pertenecía a dos señoritas ya mayores, tías de Concha Martín, esposa de Gregorio. Chepo, sobrino de estas señoritas y dueñas de la casa, era un hombre de unos cuarenta años que nunca se casó.

En esa misma casa vivían también dos hermanas de Chepo. Una de ellas era Mariquilla, madre de un chico de nuestra edad apodado Tite. La otra hermana se llamaba Pachita, cuyo esposo, Federico, era un reconocido joyero que fabricaba joyas de oro. Todos ellos eran personas de fina estampa y muy amables.

En aquellos tiempos, vivíamos en una gran casa que se extendía a lo largo de toda la cuadra y albergaba también una panadería. Pero lo que quiero contarles es sobre el radio de Chepo, que en aquel entonces era uno de los pocos que poseía un aparato de radio en el barrio. Chepo a menudo nos invitaba a escuchar eventos importantes, especialmente los partidos de fútbol. Recuerdo con especial emoción cuando se transmitían los partidos del Guadalajara contra otros equipos visitantes. En esa época, los tres grandes equipos de la liga mayor eran el Oro, el Atlas y el Guadalajara, nuestro favorito, cariñosamente apodado "las Chivas".

La emoción alcanzaba su punto máximo cuando Chepo anunciaba que el domingo jugarían Guadalajara y América, el clásico de aquellos tiempos. Nos reunimos en torno al radio, mordiéndonos las uñas de emoción, mientras Chepo, tan apasionado como nosotros, se deleitaba con nuestra compañía. Juntos lanzábamos porras al Guadalajara.

Recuerdo también una famosa pelea de boxeo transmitida en la radio alrededor de 1944 y 1946. Eran dos temibles pesos pesados, auténticos "tanques destructores", y la gente estaba ansiosa por saber quién sería el mejor. Ese día, el radio de Chepo fue el centro de atención de todo el barrio, todos querían escuchar el resultado de ese gran combate.

En el barrio, el radio de Chepo era el centro de reunión para los eventos importantes, y uno de esos momentos memorables fue la transmisión de una pelea de boxeo que capturó la atención no sólo de México, sino del mundo entero. Chepo, con su habitual generosidad, nos invitó con anticipación a escuchar la pelea entre Joe Louis y otro destacado boxeador, cuyos nombres resonaban como campeones en nuestros oídos.

Aquel sábado por la tarde, nos reunimos temprano en su casa, impacientes por saber quién sería el mejor. La pelea fue intensa, y cada uno de nosotros seguía con atención cada golpe y cada round. La casa de Chepo estaba llena, incluso Gregorio Trujillo y sus hijos, Goyo chico y Chava, se unieron a nosotros. Todos éramos aficionados al fútbol y jugábamos juntos en el equipo infantil "El Nacional". Goyo y Chava, aunque no tan traviesos como yo, eran excelentes compañeros de juego.

La emoción durante la pelea era palpable. Creo recordar que Joe Louis, un gran campeón de raza negra, salió victorioso. Louis mantuvo su título durante 12 años, desde 1937 hasta 1949, gracias a su técnica e inteligencia en el ring. Sus golpes destructores eran tan potentes que parecían patadas de mula.

Aquella noche, mientras escuchábamos la pelea, disfrutamos de los famosos "picones" que don Gregorio nos había llevado, haciendo de esa velada una experiencia inolvidable.

Recuerdos en la carpintería de mi abuelito Tacho

Mis días no sólo estaban llenos de travesuras; también tenía momentos de calma y tranquilidad, especialmente entre los 8 y los 14 años. Durante esa época, pasaba mucho tiempo con mi abuelita María, la madre de mi padre. Ya en sus años dorados, tanto ella como mi abuelito Tacho se habían quedado solos, pues todos sus hijos se habían casado.

Era el nieto consentido de mi abuelita María, y mis padres me permitieron vivir con ellos para ayudarla en las tareas diarias y hacerle compañía por las noches. No tenía miedo en esa casa enorme, con sus amplios patios y dos corrales grandes que sólo se iluminaban con la luz de la luna, excepto por un foco que daba un poco de luz al patio.

Aunque luego nos mudamos a San Luis Potosí, recuerdo vívidamente los tiempos en que, estando con mi abuela, nos alumbrábamos con lámparas de petróleo. Eran unos recipientes redondos con una mecha gruesa que absorbía el petróleo. Si la lámpara permanecía encendida mucho tiempo, amanecíamos con las fosas nasales negras debido al hollín que desprendía el aparato.

Mis días no eran sólo de travesuras; también estaban llenos de aprendizajes y tareas en el hogar. Desde los 8 hasta los 14 años, pasaba mucho tiempo con mi abuelita María. Me dedicaba a ayudarla en todo lo que podía, desde limpiar los chiqueros de los cerdos, tarea que requería atención diaria, hasta alimentar a los animales dos veces al día.

Mi abuelita preparaba el alimento de los cerdos con maíz amarillo que ponía a remojar desde el día anterior, mezclándolo con suero de queso. Ese suero lo obtenemos de doña Cuca, una prima hermana de mi abuelita por parte de ambos padres, relacionada también con don Pancho González, el sastre, y la familia del Rancho el 53.

Cada día, me encargaba de ir a buscar el suero con doña Cuca. Llevaba dos grandes baldes de unos 10 litros cada uno, ya que ordeñaban muchas vacas y producían bastante suero. Me gustaba ir a esa casa; al entrar, siempre saludaba con un fuerte "¡Buenos días! ¿Hay suero?". Las hijas de doña Cuca, muy amables y sólo un poco mayores que yo, me recibieron con una sonrisa acogedora y me contestaron amablemente, invitándome a pasar.

Recuerdos de mi tía Cuca y sus delicias caseras

A menudo encontraba a las hijas de mi tía Cuca moliendo requesón en un metate. Siempre estaban ocupadas, pero nunca dejaban de hacerme una bolita de requesón fresco, un gesto que me encantaba y por el cual disfrutaba ir allí.

Llenaba dos baldes con suero y emprendía el camino de regreso a casa de mi abuelita, que estaba a unas cuatro cuadras de distancia. Era un trayecto que solía hacer a pie, y debido al peso, tenía que descansar en cada esquina, especialmente porque era aún un niño.

Mi tía Cuca, viuda después de que su esposo falleciera dejándola con seis hijos, era una mujer fuerte y resiliente. El mayor de sus hijos, Antonio, a quien llamábamos tío Toño, se casó con la última hija de mis abuelitos, María de Jesús, conocida cariñosamente como tía Chuy. Su hermano Lilis nunca se casó, como era común entre muchos hombres solteros en La Capilla. Juanito, el más joven, y sus tres hermanas completaban la familia. Una de ellas se casó con un señor Jiménez, una familia conocida por ser buenos comerciantes y por un tiempo poseedores de los mejores caballos de carrera en México.

Recuerdos de mis abuelos y sus enseñanzas

Recuerdo con cariño a dos señoritas que solían regalarme queso fresco. Ellas, como muchas otras en La Capilla, optaron por permanecer solteras, incluso siendo muy hermosas. Creían que, si no encontraban al hombre indicado, era mejor vivir toda su vida sin casarse.

Ahora, volviendo a mis abuelitos, ambos me tenían un cariño inmenso. Mi abuelito tenía su propia carpintería, un lugar mágico para mí. Allí pasaba horas haciendo camioncitos de madera, carretillas y petaquillas pequeñas, a las cuales les colocaba yugos con bueyes que yo mismo moldeaba en barro negro del Tajoy. También era su ayudante, encargándose de comprar pegadura en polvo rojo para pintar las petaquillas, clavos, tachuelas y cualquier otro material que necesitara.

Mi abuelita María también me encomendaba tareas. Siempre que quería comprar algo, ella me decía: "Ve a ver si las gallinas pusieron huevos. Véndelos y guarda algo para ti". Mi abuelito, por su parte, pasaba gran parte del tiempo dormitando en la carpintería o, cuando estaba despierto, dedicándose a tocar y practicar...

Recuerdos de mi abuelo Tacho y su barítono

Mi vida no se limitaba a travesuras; también estaba llena de momentos significativos junto a mi abuelo Tacho. Recuerdo vívidamente su afición por tocar el barítono, un instrumento de viento similar al bajo, pero un poco más pequeño y melódico. Entre sus actividades cotidianas, aparte de hacer petaquillas, estaba la práctica constante de su instrumento.

Era especialmente aficionado al piloncillo, esos conos pequeños de azúcar de caña, a pesar de que ya había perdido la mayoría de sus dientes y tenía cerca de 75 años. Tenía un gusto particular por la cebolla, sin saber que este alimento es excelente para fortalecer el corazón. Quizás eso contribuyó a su longevidad; falleció a los 96 años, habiendo nacido en 1867, durante la presidencia de Benito Juárez, y falleciendo en 1963.

Ahora, retomando mis actividades en la infancia, fuera de la casa con mi abuelita, recuerdo que, al salir de la escuela, mi hermano Miguel y yo íbamos a casa donde mi mamá nos instaba a aprender el catecismo. Nos encantaba escuchar las historias bíblicas, que eran parte de nuestra formación religiosa y cultural.

La primogenitura: Un plato de lentejas

La primogenitura, un capítulo especial con un plato de lentejas. Esta historia se enmarca en el Antiguo Testamento, desde Adán hasta Moisés, pasando por Abraham, David y otros héroes de la historia sagrada. Un día, nos contaron la narración de cuando Esaú vendió su primogenitura a Jacob por un modesto plato de lentejas.

Esaú, el hermano mayor, llegó un día hambriento después de un largo día en el campo. Jacob disfrutaba de un plato humilde de lentejas. Esaú, con el estómago vacío, solicitó a Jacob un poco de esas deliciosas lentejas a cambio de su primogenitura. Jacob aceptó la oferta, y el precio de la primogenitura se convirtió en un simple plato de lentejas.

De este modo, Jacob se convirtió en el primogénito, y esta historia quedó grabada en nuestra mente cuando nos la contaron en el catecismo, incluso cuando éramos pequeños.

Curiosamente, algo similar ocurrió con mi hermano Miguel y yo. Pero lo que voy a contarles es la pura verdad. Después de asistir al templo y participar en el catecismo, regresamos a casa, donde nuestra madre preparaba la comida. ¡Qué casualidad! Estaba cocinando lentejas. Antes de permitirnos comer, nuestra madre nos encomendó la tarea de barrer los corrales y nos dijo: "Cuando terminen, pueden venir a comer".

Miguel y yo nos pusimos a barrer, aunque a él no le entusiasmaba la idea.

Mi padre estaba fuera de La Capilla, ocupado en su trabajo, y eso me hacía renuente a barrer. Yo ansiaba terminar rápido para disfrutar de las lentejas que tanto me gustaban, y que aún hoy me encantan. Miguel, por su parte, se mostraba terco y no quería ayudar; insistía en que yo fuera el único que barriera los dos corrales, que eran bastante grandes.

En ese momento, algo vino a mi mente. Recordé la historia de la primogenitura y el plato de lentejas. Le dije a Miguel: "Bueno, yo lavaré los dos corrales, pero tú me darás tu primogenitura". Él dudó al principio, pero como a él también le gustaban mucho las lentejas, finalmente aceptó. Acordamos que me daría su primogenitura a cambio de mi plato de lentejas.

Así que, barriendo los dos corrales, me convertí, al menos en ese momento, en el primogénito de la familia. En la vida cotidiana, actuaba como si fuera el heredero en quien todos confiaban. La verdad es que ni siquiera sé si fue una casualidad o un capricho del destino, pero cuando éramos mayores, recordábamos este hecho bíblico (y comprobado) y nos reíamos de la casualidad que nos unió. Espero que esta versión más elocuente sea de tu agrado.

CAPÍTULO 18

En busca de tesoros en mi infancia - Recuerdos con Tachín, Carlos y la carpintería

Mi primo Tacho solía visitarme con frecuencia en la casa de mi abuelita. Dado que también era su nieto, no había ningún problema, y juntos solíamos embarcarnos en aventuras en el taller de carpintería de mi abuelito Tacho. A veces, se nos unía otro primo, Carlos, quien era hermano de Tacho y el hijo de mi tía Chuy, la hija menor de mi abuelita que se casó con mi tío Toño Groscoy, y durante un tiempo vivieron con mi abuelita María para acompañarla. Fue así como Carlos se unió a nosotros, siendo el único niño varón de mi tío Toño, quien tenía cuatro hijas.

Desde pequeño, Carlos demostró ser una persona amable, al igual que Tacho. Nunca los vi enojados; Tacho siempre se llenaba de risas. En aquellos días, recuerdo que le habían comprado a Tacho su famoso sombrero. Tenía un tono de piel muy similar al de Carlos, parecido al color de mi abuelito Tacho. Esto se debía a su ascendencia indígena, aunque yo salí un poco más claro de piel debido a mi madre.

Continuando con nuestras aventuras en el taller de carpintería de mi abuelito Tacho, siempre le hacíamos muchas preguntas, aunque yo solía ser el más curioso. A él le encantaba que le preguntáramos. Fue de él que aprendí la mayoría de las historias de su familia, incluyendo las de su papá y su mamá. Su madre se llamaba Martina Cortés, y su padre era don Abundio Gutiérrez.

En busca de tesoros - El Zorro de La Capilla

A lo largo de mi vida, aprendí prácticamente todo de mi abuelito Tacho. No repetiré esos detalles para no salirme del hilo de la historia. Continuemos con nuestras aventuras en busca de tesoros, Tachín y yo.

Nuestra búsqueda de tesoros se originó a partir de las historias que mi abuelito Tacho nos contaba sobre nuestro tatarabuelo, Felipe Navarro. Este antiguo ancestro murió sin revelar dónde tenía enterrado y oculto su oro. Mi abuelito, quien pasó la mayor parte de su vida en esa gran casa, dedicó sus días a la búsqueda incansable de ese oro enterrado, convirtiéndolo en su pasatiempo diario. A pesar de nunca encontrar nada, nunca perdió la esperanza. Sus cuentos y relatos nos emocionaban a nosotros, y Tachín y yo decidimos unirnos a esta afición.

Comenzamos a escarbar por todas partes, excepto en las habitaciones de dormir, ya que mi abuelita solía regañarnos por eso. Un día, llevamos unas palas a un amplio corral, una de las habitaciones pegada a un granero. Casi a diario, cavábamos donde creíamos que sonaba hueco, y ese día en particular, dentro de esa habitación, golpeamos el suelo y sonó hueco. Comenzamos a excavar y cavamos un agujero similar al de los conejos. Poco a poco, nos aventuramos en el túnel, sacando la tierra. Cuanto más cavábamos, más profundo parecía ser el pozo.

La emoción de buscar tesoros nos llevó a lugares inimaginables. En aquel día de nuestras aventuras, me encontraba sumido en la excavación del túnel. Mi cuerpo estaba casi completamente dentro del agujero, dejando sólo mis pies afuera. Los únicos visibles eran mis zapatos, mientras yo seguía cavando con la barra y arrojando la tierra en un balde que tenía a mi lado. Cuando el balde se llenaba, lo sacaba poco a poco, y Tachín me ayudaba en esta tarea. Estaba tan inmerso en la excavación que ni siquiera me daba cuenta del tiempo que pasaba.

Sin embargo, en un momento, ocurrió algo inesperado que me dejó casi sin aliento. El túnel que estaba cavando se derrumbó de repente, y quedé enterrado bajo la tierra. Apenas podía respirar, y sentía que la tierra me oprimía. Lo que me salvó fue que mis pies quedaron por fuera del agujero. Tachín, sorprendido por la situación, no sabía qué hacer, pero finalmente reunió el coraje y comenzó a tirar de mis pies. Fue una tarea ardua, pero logró sacarme. Salí con dificultad, resoplando y, cuando finalmente emergí completamente, mi rostro estaba tan cubierto de tierra que apenas me reconocía a mí mismo.

Tras el susto, no pudimos evitar reírnos de la situación y de nuestras propias ilusiones. Habíamos acordado mantener en secreto nuestras expediciones, pero ni siquiera nosotros comprendíamos por qué continuamos soñando con encontrar el oro que Felipe, nuestro tatarabuelo, había enterrado. En otros momentos, Tachín y yo nos embarcamos en nuevas aventuras, siguiendo las emocionantes historias de tesoros y entierros de oro que mi abuelito Tacho apenas nos había empezado a contar.

Un día, Tachín y yo estábamos explorando una antigua caballeriza que se extendía hasta el techo, revelando su edad con cada crujido. De repente, encontramos un rincón en el suelo que resonaba de manera peculiar. Nuestra emoción se desbordó, y sin perder tiempo, comenzamos a cavar con la barra, esta vez sin crear un túnel. Con el tiempo, cavamos un hoyo de medio metro de profundidad, y la tierra se volvía cada vez más suelta.

Emocionado, seguí excavando sin cesar. Entonces, de repente, la barra hizo contacto con algo sólido. Mi corazón latió con fuerza cuando noté que la barra se encontraba con una lámina, similar a la de un bote. La atravesé con la barra, moviéndola hacia arriba y hacia abajo, y el sonido metálico resonó en el aire. Tachín también se dio cuenta y compartió mi emoción. Pensamos que habíamos encontrado un cofre lleno de tesoros.

Sin demora, corrimos a la carpintería, donde estaba mi abuelito, y le contamos la emocionante noticia. Él vino rápidamente para verificar si era cierto. Al ver la barra atravesada en el bote, su emoción superó la nuestra. Sacó un rosario que siempre llevaba en su bolsillo y lo colocó junto a la barra. Nos advirtió que no le diéramos la espalda ni al rosario ni a la barra, ya que, si allí había oro, podría convertirse en carbón si lo descuidábamos.

Esta experiencia nos llenó de emoción y expectación mientras exploramos los misterios que la caballeriza antigua tenía para ofrecernos.

Mi abuelito Tacho tenía ciertas supersticiones, quizás debido a una experiencia de su niñez que marcó su vida. Una vez, cuando mi padre era sólo un niño, estaba fuera de la casa, cerca de un rosal, excavando en busca de tesoros. En un momento, se encontró con una extraña olla de barro enterrada en la tierra. Para su decepción, en lugar de oro, la olla estaba llena de carbón. La creencia popular decía que debía haber contenido oro, pero mi abuelo pensó que su falta de fe en la búsqueda lo había convertido en carbón.

Lo que sucedió a continuación es que mi abuelito Tacho rápidamente trajo un talache y una pala para ampliar el agujero que estábamos cavando. Todos nos sentimos emocionados y estábamos seguros de que habíamos encontrado un tesoro dorado. Seguimos cavando con entusiasmo, rezando y sintiéndonos dueños de un tesoro en ese momento.

Sin embargo, cuando finalmente llegamos al objeto que habíamos supuesto, nuestra emoción se transformó en sorpresa. En lugar de un tesoro, nos encontramos con algo completamente inesperado. Al verlo, nuestras caras pasaron de la emoción a la confusión. No era un cofre dorado, sino un inodoro viejo y desgastado. Nos dimos cuenta de que, en algún momento del pasado, habían enterrado un inodoro en ese lugar y lo habían cubierto. En medio de tanta emoción, habíamos desenterrado un antiguo retrete. La vida en la casa de mi abuelita, en la carpintería con mi abuelito Tacho y mi primo Tachín, a veces tenía sorpresas inesperadas.

Después de este peculiar descubrimiento, mi abuelita nos regañó y nos dijo que ya habíamos excavado suficiente y que la casa estaba completamente revuelta.

Soledad Gutiérrez de Navarro: La mujer de coraje - La Revolución Cristera

Mi tía Chole, así le llamábamos cariñosamente, aunque su verdadero nombre era Soledad Gutiérrez de Navarro, fue la hija mayor de mis abuelitos. Contrajo matrimonio con un hombre notable llamado José Navarro. En aquellos días, cuando se casaron, José apenas podía mantenerse como carpintero. Fue durante el apogeo de la Revolución Cristera que nació su primer hijo varón, a quien bautizaron como Reynaldo.

En ese período histórico, México estaba inmerso en una intensa lucha. Se protestaba contra la política del presidente Plutarco Elías Calles, a quien algunos llamaban "Satán". Calles había ordenado el cierre de iglesias, la persecución de sacerdotes y monjas, y buscaba alinear a México con el gobierno comunista ateo de Rusia. Quería erradicar el cristianismo y seguir el modelo de purga que había ocurrido en Rusia en la década de 1930. Sin embargo, Dios estaba con nuestro pueblo, y aunque hubo muchos mártires, el pueblo mexicano resistió valientemente.

Los cristeros, como hormigas en todas las regiones del centro de México, se levantaron en defensa de su fe. Enfrentaron la adversidad con valentía, recordando las gestas de los cristianos contra los moros en España. La lucha fue intensa, y aunque el gobierno intentó imponer su agenda, nunca pudo doblegar la determinación de nuestro pueblo.

Tía Chole y José, como muchos otros, se unieron a esta causa con valentía, defendiendo sus creencias y luchando por la libertad religiosa en México. Su historia es un ejemplo de coraje y fe en tiempos difíciles.

Tía Chole en La Capilla

En este relato, la influencia de nuestra ascendencia española, y en particular de los castellanos de las tierras altas de Jalisco, se hace más evidente. Estos castellanos nunca cedieron ante la adversidad y lucharon con estrategia y valentía en tiempos difíciles.

El escenario es La Capilla y sus alrededores, donde las protestas se desencadenaron con coraje. Mi tío José fue comisionado como promotor de estas causas, pero el gobierno se percató de su participación y comenzaron a perseguirlo. Esto marcó el inicio de su exilio hacia los Estados Unidos, específicamente en San Francisco, California, donde vivió el resto de su vida.

Antes de emigrar, tío José estaba acompañado por mi tía Chole y su hijo Reynaldo Chico. Muchas personas en aquellos tiempos emigraron y buscaron refugio en lugares tan insólitos como conventos enteros. De hecho, llegué a visitar a algunas de estas personas en el convento al que llegaron en San Francisco, California.

Mi tía Chole y tío José, durante su tiempo en San Francisco, se convirtieron en ángeles guardianes de la familia y lucharon incansablemente en medio de la difícil situación económica que atravesábamos. El primero en tomar la decisión de unirse al exilio fue mi tío Liborio, seguido por mi tío Elodio, quien enfrentó un desafío particularmente importante al lidiar con un toro en esa época. Sus historias son un testimonio de la fortaleza y el coraje que caracterizan a nuestra familia en tiempos de adversidad.

Tía Chole en La Capilla y tío Liborio en el norte

En esta etapa de la historia, tanto mi tío Liborio como mi abuelito Tacho decidieron unirse a nosotros. Cuando llegaban, mi tía Chole y tío José, dos almas bondadosas, se sentían llenos de alegría. Les ofrecemos refugio con entusiasmo, proporcionándoles un hogar y comida hasta que pudieran conseguir empleo. Nunca se quejaron, siempre había lugar para quienes llegaban a nuestra puerta.

Mi tía Chole era una cocinera excepcional, y Reynaldo y sus tres hijos eran igualmente maravillosos. Todos eran amables y serviciales, dispuestos a ayudarnos en cualquier momento, incluso con el inglés cuando era necesario, ya que nosotros no lo hablábamos. Mis tíos estaban dispuestos a colaborar y eran una parte esencial de nuestra familia extendida.

Antes de tomar la decisión de emigrar, mis tíos habían pasado por muchas pruebas y tribulaciones. Yo aprendí mucho de ellos, especialmente de mi tía Chole, quien tenía una excelente memoria y disfrutaba compartiendo historias de lo que vivieron durante los días de los Cristeros. Gran parte de mi conocimiento sobre este período crucial proviene de las conversaciones que tuvieron lugar en torno a La Capilla, que ya he relatado en su mayoría en estas páginas.

Continuando con las historias sobre los Cristeros y nuestra vida en La Capilla, quiero relatar un episodio que ocurrió después de un largo tiempo sin visitar el lugar. Habían pasado aproximadamente 20 años desde la última vez que fuimos, lo que nos lleva alrededor de 1947. En ese entonces, yo tenía alrededor de 8 o 9 años, y pasaba la mayor parte de mi tiempo con mi abuelita María.

Un día, mi abuelita me anunció que mi tía Chole iba a venir a La Capilla. Estaba emocionada y comenzó a comprar muchas cosas nuevas para que la casa luciera espléndida. Adquirió camas grandes para que todos pudieran descansar cómodamente y un ropero para organizar la ropa. Hizo todo lo posible para asegurarse de que disfrutaran su estadía al máximo.

Finalmente, llegó el día esperado. Acompañando a mi tía Chole venían mi tío José y Hester, la hija mayor de las mujeres. Cuando llegaron, yo estaba en la casa de mi abuelita. Entraron junto con mi tío Eulogio, quien había ido a recibirlos en Guadalajara y se habían trasladado juntos en el camión. La reunión fue un verdadero festín de emociones y afecto. Hubo abrazos y lágrimas de alegría.

Yo, siendo sólo un niño, observaba con admiración a estos familiares que vestían con elegancia y me parecían muy sofisticados. En mi mente de joven, me sentía impresionado por su presencia y estilo.

Mi día a día estaba lleno de aventuras y tierra, especialmente durante la visita de mis familiares. Hester, a quien cariñosamente llamábamos Hestercita, me parecía especialmente encantadora. Después de saludarnos, ella y mi tía se fijaron en nosotros, los jóvenes de la casa.

Recuerdo con especial cariño el momento en que Hestercita me miró y dijo: "¡Mira, tú eres Liborio!", con una expresión llena de cariño. Hizo cosquillas en mi corazón y experimenté una emoción que me hizo sentir como si las cosquillas nunca se fueran. Durante ocho días, evité lavarme la cara para que esos sentimientos no se fueran. Realmente me sentía bonito, incluso como un rey.

Hestercita incluso participó en celebraciones en San Francisco y destacó por su belleza. Fue un detalle curioso que, cuando hablaba con mi tío Eulogio, lo hacía en inglés, ya que él hablaba el idioma con fluidez después de pasar mucho tiempo en el norte. Allí, nacieron sus tres primeros hijos: Rafael, Concha y mi querido amigo Tachín.

En La Capilla, la noticia de la llegada de mis tíos atrajo a mucha gente, y todos los días venían a visitarlos, en su mayoría parientes. Don José Navarro y doña María Navarro, parientes cercanos, eran especialmente apreciados en la familia. Doña María era prima hermana de mi abuelita María. Durante los días que estuvieron en La Capilla, la casa rebosaba de amor y visitas constantes.

En aquel tiempo en La Capilla, también había otros personajes notables que dejaron huella en mis recuerdos. Uno de ellos fue don Ramoncito Barba, un caballero de buen corazón y uno de los acomodados de la zona. Tenía tres hijos, todos excelentes muchachos. El mayor se llamaba Ramón, apodado "Moral", el siguiente era Arnoldo, y el nombre del más joven no me viene a la memoria en este momento. Lo que sí recuerdo claramente es que siempre andaba elegantemente vestido de negro, probablemente como señal de luto debido al fallecimiento de su madre.

Todos los hijos de don Ramoncito estudiaron para convertirse en sacerdotes, aunque ninguno de ellos finalmente abrazó el sacerdocio. Entre las anécdotas que recuerdo con cariño, destaca una en la que don Ramoncito me pidió ayuda con algo y a cambio me ofreció unas "patolas". Las patolas eran como frijoles, pero mucho más grandes, aproximadamente seis veces más grandes que un frijol común. Eran como las vacas pintas, de diversas formas.

Jugábamos un juego llamado "Garambullo" con las patolas. Para jugar, colocamos un montón de patolas en la palma de la mano, luego cerramos el puño y lo levantamos rápidamente. El jugador que estaba en turno nombraba una cantidad y, si acertaba en la cantidad exacta de patolas que quedaban en su mano después de hacer el movimiento, esas patolas eran suyas.

Era un juego sencillo pero entretenido que disfrutamos en esos momentos de diversión en La Capilla. Estos recuerdos siguen siendo valiosos en mi memoria.

Recuerdo especialmente un día en el que don Ramoncito me invitó a su casa. Quería que desgranara unas mazorcas de maíz que tenía guardadas en una de las habitaciones de su casa. Aunque sólo desgrané una pequeña cantidad que necesitaba para algo específico, don Ramoncito me agradeció generosamente con un montón de patolas. Salí de su casa contento y satisfecho por la recompensa.

Además de jugar con patolas, yo también era aficionado a hacer globos de papel que hacíamos volar con una esponja empapada en petróleo prendida. Esto era algo que compartía con mis primos Casillas y Cleofas, quienes eran hijos de don Juan Cacillas.

En otro momento que recuerdo con claridad, un domingo llegaron los "sardos", un grupo de soldados del ejército que venían a reclutar a jóvenes de 18 años para el servicio militar. Como los domingos eran días de misa y la plaza estaba llena de gente y jóvenes, la situación se tornó caótica. Fue entonces cuando vi a Mon, un joven delgado y ágil que parecía un venado corriendo velozmente. En ese momento, Mon se fue como una flecha que escapaba de los soldados. ¿Lograron atraparlo alguna vez? ¡Nunca! Mon siempre supo evadirlos de manera admirable. Los soldados nunca tuvieron idea de dónde quedó la "bolita" y no lograron atrapar a nadie.

Recuerdo que un día don Ramoncito nos invitó a todos a su rancho, que se encontraba a unos dos kilómetros al este de La Capilla. Su rancho era hermoso, con una extensa huerta y un estanque grande donde el ganado bebía agua diariamente. El agua del estanque tenía un tono rojizo, similar a la tierra que lo rodeaba, y solíamos llamarlo "la charca de don Ramoncito". En ocasiones, nos aventurábamos a bañarnos en ella, aunque no nos gustaba mucho debido al agua turbia y a la presencia de muchas sanguijuelas que se pegaban a nuestra piel. Sin embargo, lo que sí nos gustaba eran los duraznos, a los que intentábamos acceder saltando y robándolos.

En ese entorno tan hermoso, repleto de amigos y diversión, se encontraba Mon, quien estaba bastante enamorado de Hestercita. ¿Cómo no podría estarlo? Hestercita era realmente encantadora. Recuerdo que su padre, don Ramoncito, le encomendó a Mon traer algo a La Capilla un día. Ella estaba un poco cohibida no le abrió cuando Mon llegó a su puerta.

Mon, delgado, alto y ágil como un venado, saltó la cerca de la puerta que daba a la huerta sin titubear. Sin lugar a dudas, tenía todas las cualidades para ser un campeón. Además, estaba decidido a impresionar a Hestercita.

Los paseos que organizaba don Ramoncito Barba eran memorables, recuerdo un día en el que prepararon una deliciosa carne asada en la parrilla. Cocinaron también elotes, que acompañaron con sabroso queso fresco. Dado que don Ramoncito tenía un buen número de vacas, nunca faltaba el queso fresco en su hogar. Mi padre también estaba presente, habiendo obtenido permiso para unirse a la reunión con mis tíos. Mi tío Eulogio y don Toño Navarro, hermano de mi tío José y padre de Angelina, la esposa de Eusebio Paredes, también estaban allí. Además de ellos, mi madre, Mariquilla, y muchas otras personas se sumaron al encuentro.

Recuerdo que trajeron una canasta llena de tunas y un cántaro de pulque de la cosecha de unos magueyes que tenían en la zona para quienes deseaban disfrutarlo. ¡Dios mío! El hambre volvió a apoderarse de mí con sólo recordar esos deliciosos tacos de carne asada con su salsa picante. Y como postre, las tunas reales de los nopales que se encontraban en la canasta. Estas tunas también eran conocidas como "tunas mausas" debido a su tamaño considerable y su sabor exquisito.

Aquel día en que don Ramoncito Barba nos invitó a su rancho, debió de ser a principios de septiembre, ya que el maíz estaba en su apogeo. Los elotes estaban maduros, pero aún tiernos, en el punto perfecto para cocinarlos. A lo largo del camino hacia La Capilla, en los márgenes de los campos de maíz, la vegetación estaba en pleno esplendor. Las flores de colores azul, amarillo y blanco, como campanillas, adornaban el paisaje en cantidades abundantes. La belleza del campo en mi región en esa época era realmente notable. Incluso conservo una fotografía de ese día, cuando mi madre llevó la cámara y capturó a don José Navarro, mi padre, un primo de mi padre llamado Cristóbal Martín del Campo, y mi tío José disfrutando del paseo.

Después de ese agradable paseo, mi padre invitó a mis tíos a recorrer varias ciudades utilizando las rutas de los "Camiones Rojos de Los Altos". Los lazos familiares eran muy fuertes, ya que mi padre había vivido tres años en la casa de mis tíos en Wister. Todos se querían mucho, y cuando llegó el momento de despedirse, recuerdo que a Hestercita se le escaparon algunas lágrimas. Nos dio un abrazo a los niños y, en algunos casos, incluso nos dio un beso. A mí me dio un beso.

Sin embargo, antes de lavarme la cara, debo mencionar lo hermosa y bondadosa que era tía Chole. Tenía una risa encantadora y una personalidad muy simpática que todos disfrutábamos. Nos entristeció mucho a mí y a los demás niños cuando se fueron. Incluso el padre Morales fue a despedirlos, lo que muestra cuánto cariño se tenían. Fue él quien recomendó a mi tío José que se mudara a los Estados Unidos durante los tiempos de la Revolución Cristera.

Después de 20 años, cuando mis tíos regresaron, el padre Morales los invitó a una comida en su casa. En esta ocasión, asistió mucha gente conocida, aunque yo no me involucré directamente en la conversación, pude notar que casi todos los que habían ido al paseo con don Ramoncito Barba también estaban presentes.

Tras su partida, todos nos quedamos con un sentimiento de tristeza. Las personas buenas dejan recuerdos gratos. Después de ese episodio, mi abuelito y un joven músico formaron una banda musical. Mi abuelito Tacho nos introdujo a mí y a mi hermano Miguel, junto con varios jóvenes y dos o tres niños más. A continuación, describiré nuestra experiencia en la banda musical y cuánto tiempo duramos en ella.

Banda musical

Ezequiel Gutiérrez, que así se llamaba, llegó a La Capilla y conversó con el padre Morales. Quedó impresionado con la oferta que recibió: además de un sueldo, le proporcionaron una casa adyacente a la nuestra. Pronto, se trasladó toda su familia: su padre, don Juanito Gutiérrez, su madre doña Juanita, y sus hermanos, Adalberto y Abundio, quienes también se convirtieron en miembros de la Banda.

En lo que ahora es la residencia del nuevo cura, había un amplio salón donde se realizaban conferencias. Aquel lugar sirvió para comenzar a aprender desde cero, aunque algunos, como mi abuelo —a quien llamaban "el Chore" y tocaba la trompeta— y el maestro Ezequiel, ya tenían conocimientos musicales.

Pronto, nos pusimos a estudiar solfeo desde el primer libro. Ezequiel era un excelente maestro, al igual que mi abuelito. Pasamos varios meses practicando solfeo hasta que, una vez preparados, trajeron todos los instrumentos para comenzar nuestras prácticas. Este periodo de aprendizaje se extendió por un buen tiempo, hasta que el maestro consideró que estábamos listos. A mí me asignaron un instrumento de viento conocido como la Armonía.

Siendo el más joven y pequeño en estatura, me asignaron la Armonía, un instrumento de viento. Era una tarea desafiante, ya que constantemente tenía que coordinar con el Bajo. Este instrumento, de tono profundo y resonante, formaba parte de la sección melódica junto con otro, tocado por un joven dos años mayor que yo, conocido como "el Palillo" cuyo verdadero nombre era Manuel Miguel. Mi hermano tocaba la flauta, y mi abuelito Tacho, el barítono, un instrumento similar al bajo, pero de menor tamaño.

Nuestra banda contaba con una amplia variedad de instrumentos: flautines, platillos, tamboras, tarolas, trompetas, trombones, incluso un triángulo, entre otros que ahora no recuerdo. Éramos unos 15 miembros en total. Esta gran banda se convirtió en un refugio para muchos de nosotros, alejándonos de las travesuras de la juventud.

Recuerdo que un día, habiendo ya avanzado bastante, Ezequiel, nuestro maestro, nos instó a aprender más rápido y con más dedicación. Se aproximaban las fiestas y él planeaba que debutáramos tocando en el quiosco de la plaza. La emoción nos embargó y comenzamos a practicar con un renovado entusiasmo. Incluso dejé de pasar tiempo con mis amigos habituales en la plaza, completamente absorbido y emocionado por nuestra banda.

Ya me sentía un gran músico, y con emoción le conté a mi madre que pronto empezábamos a tocar en las fiestas. Fue entonces cuando me mandó hacer mis primeros zapatos. Recuerdo que venía un señor de vez en cuando, un zapatero que tomaba medidas y regresaba al cabo de un mes con un pedido grande. Cuando me puse estos zapatos, me costó caminar; estaba acostumbrado a usar huaraches todos los días. Los zapatos nuevos eran tan rígidos y robustos que parecía un gato con espinas en los pies. Para domarlos, era necesario caminar mucho, y a veces hasta me salían ampollas.

Prefería mis huaraches, pero para tocar en la banda, tenía que usar zapatos.

Llegó el día en que comenzamos a tocar en la plaza, frente al pórtico del templo, justo antes de las fiestas. Era un domingo, porque Ezequiel quería que nos acostumbráramos a tocar al aire libre. Habíamos aprendido y practicado unas 10 piezas musicales, y entre ellas estaba la famosa Marcha de Zacatecas. No recuerdo con cuál pieza empezamos, pero recuerdo cuando tocamos la Marcha de Zacatecas.

Nosotros, con nuestra música, habíamos elevado la Marcha de Zacatecas al estatus de segundo himno nacional. Empezamos a tocar y, para nuestra sorpresa, una multitud comenzó a rodearnos. Incluso nos aplaudieron. Mis amigos se asombraban, exclamando "¡Mira al Zorrito! ¡Sabe tocar!". La Armonía, casi de mi tamaño, impresionaba a todos, tanto a jóvenes como a adultos. Escuchaba sus murmullos de asombro.

Al terminar la Marcha de Zacatecas, don Ramoncito Barba se acercó emocionado, felicitando a Ezequiel y preguntándole cuánto costaría repetir la pieza. No sé cuánto le cobró, pero terminamos tocándola tres veces en honor a don Ramoncito, y la gente estaba encantada. Por fin, había en La Capilla una banda digna de tal nombre.

Fundación de la banda de música: Agustín "el Cucho"

Luego, otro señor, cuyo nombre no recuerdo, pidió "El Quelite", que también gustó mucho. Fue entonces cuando recibí mi primer sueldo, algo que no esperaba. Ezequiel repartió el dinero y yo casi no podía creer la cantidad. Aunque no era mucho, para mí representaba una fortuna. Me habría conformado con diez o veinte, pero al tener los billetes en mis manos, me asusté tanto que salí corriendo a llegué a casa y entregué el dinero a mi madre. "¿Y esto?", me preguntó sorprendida. Le expliqué que me habían pagado por tocar en la banda, lo cual la llenó de orgullo. Decidí no gastarlo, y también me sentí satisfecho por contribuir en algo a nuestra familia.

Cuando se acercaban las fiestas, con ese dinero mi madre me mandó hacer un traje. Era negro, una prenda que mi tío José, el de mi papá Chole, había dejado antes de partir al norte. De aquel traje, adaptaron el mío. No recuerdo bien quién lo hizo, pero creo que fue Luis Muñoz, a quien llamábamos "el Chimo". Era un excelente sastre y dueño del famoso perro galgo, "el Tiro".

Con la banda, continuamos practicando entre semana y tocando en el quiosco los domingos antes de las fiestas. Durante ese periodo, vivimos muchos acontecimientos memorables, algunos bastante curiosos. Uno de ellos involucró a un personaje conocido como Agustín "el Cucho".

Era un domingo, y aún no habíamos empezado a tocar. Habíamos dejado nuestros instrumentos en el quiosco y estábamos sentados en los bancos de la plaza. De repente, unos perros galgos comenzaron a pelearse, causando un gran alboroto. La iglesia estaba abierta, y justo en ese momento se iba a iniciar el rosario. Los feligreses madrugadores empezaban a entrar, y los perros, en medio de su pelea, corrieron hacia el interior de la iglesia. Uno de ellos, perseguido por el otro, entró hasta el altar, donde continuaron su lucha.

En ese instante, estaba Agustín, conocido como "el Cucho". Había nacido con el paladar hendido, y aunque una operación lo había corregido parcialmente, aún tenía dificultades para hablar claramente. Ese día, salió corriendo del templo, gritando a pleno pulmón. Alguien le preguntó qué pasaba, y él, jadeando, intentó explicar: "¡Un feroz pleito de perros en el altar de la parroquia!". Pero, debido a su dificultad para pronunciar ciertas palabras, su mensaje no fue entendido claramente.

Otro curioso, sin entenderle, preguntó: "¿Qué dices, Cucho?". Agustín, ya molesto por no ser comprendido, se irritó aún más cuando le llamaron "Cucho", y les reclamó: "¿Por qué me dices Cucho?".

La situación se tornó aún más caótica cuando Agustín, incapaz de pronunciar correctamente "Cucho", se enfureció ante la burla de los demás. La multitud, rodeándolos y animando a luchar, gritaba: "¡Échale, Cucho! ¡Ándale, Chale! ¡Dale duro, Cucho!". En un momento de tensión, Agustín, levantándose del suelo mientras tenía al otro hombre abajo, les gritó: "¡Pues ese es el pleito, porque me dijo Jucho!", al darse cuenta de que no podía enfrentarse a todos, decidió retirarse. Ese incidente se convirtió en una anécdota que se recordaría por años.

Las esperadas fiestas finalmente llegaron. En aquel tiempo, se celebraban en febrero, aunque el 12 de diciembre nunca se dejaba de rendir homenaje a la Virgen de Guadalupe con Las Mañanitas. Ese día, sólo se celebraba el 12, y me tocó participar con la banda de música. Durante todo el día, llegaban danzantes y se celebraban misas, una verdadera fiesta en todo México, incluso declarada Fiesta Nacional.

El primer día de las fiestas, que ya había explicado cómo se celebraban, lo esperaba con ansias. Me sentía importante. La gente de La Capilla estaba extremadamente contenta con nosotros, pues por primera vez contaban con una banda formal y de calidad. Créanme cuando digo que tocábamos al mismo nivel que la banda municipal de Tepatitlán. El colorido y la emoción que se empezaba a sentir en las noches de serenata eran indescriptibles. Comenzábamos a tocar justo antes del rosario y, durante el mismo, descansábamos un poco. Cuando en la iglesia empezaban a cantar el último canto, nos subíamos al quiosco y comenzábamos a tocar justo cuando la gente salía del templo.

Los jóvenes y las señoritas empezaban a dar vueltas alrededor, mientras los adultos, sentados, disfrutaban de nuestra música. Incluso rodeaban el quiosco, atentos a cómo tocábamos. Así pasábamos toda la fiesta, con todos disfrutando de nuestra presencia. Los jóvenes y señoritas daban vueltas, lanzando confeti y serpentinas, regalando claveles y gardenias por montones, realzando la belleza de las muchachas presentes, que eran realmente preciosas.

Incluso yo tenía pretendientes. En la luminosidad y el bullicio que envolvía el quiosco, hubo una presencia que capturó mi atención: la "güerita de Doroteo", una jovencita muy bonita, de pelo rubio. Me di cuenta de que, mientras yo tocaba, ella se paraba frente a mí, perdida en la música, pero sus ojos se fijaban en mí insistentemente. Un día, noté cómo me miraba y, para ser sincero, me pareció muy bonita y me atrajo. En un descanso, me armé de valor, me acerqué y empezamos a charlar, conversaciones sencillas, propias de niños.

En ese entonces, conseguí un clavel y se lo regalé. Aún no había puesto mi atención en la güera de Victoria. En aquel momento, con la pelirroja, éramos sólo niños, ignorantes de las complejidades del amor, viviendo en esa bella edad de la inocencia. Simplemente nos gustábamos y nos llevábamos bien, nada más.

También recuerdo que ella era la hija de un señor acaudalado, Doroteo Navarro, quien se había mudado a Guadalajara, pero no olvidaba su tierra natal y volvía para las fiestas. Doroteo, el hermano mayor de José María Navarro, quien era el delegado en aquel tiempo que mencioné durante las fiestas patrias, tenía a esta preciosa niña y otros hijos mayores, igualmente atractivos.

La banda de música: La Güera de Doroteo

El hermano de la "Güera de Doroteo" se fue al seminario, tal vez hasta se convirtió en sacerdote. Ojalá sea de los buenos. Su hermana, con cabello medio rojizo, creo que se llamaba Esther. Pero continuemos con la historia de la fiesta. Fue alrededor del quinto día cuando regresé a casa y mi mamá me dijo: "Ya trajeron tu traje, pruébatelo a ver cómo te queda". Me lo puse y me quedó muy bien. Decidí dejármelo puesto para salir a presumirlo. Eran más o menos las tres de la tarde, recuerdo bien, pues ya había comido y hasta mi papá estaba en casa.

Me dirigí a la plaza, luciendo mis zapatos casi nuevos. ¡Válgame Dios! Me sentía como un pavo real, todo orgulloso, y pensando en que esa noche tocaría con la banda. Esther me vería con mi nuevo traje. Ya había ido a la plaza a presumir con mis amigos y estaba regresando a casa, caminando por la acera, henchido de orgullo por mi traje, balanceándome de un lado a otro, sin rumbo, pero muy satisfecho. En eso, venía una señora por el lado opuesto caminando y llevaba un bracero y un garrafón de vidrio, de unos diez litros, lleno de alcohol.

Ella venía a vender canelas con alcohol, una bebida típica traída por comerciantes durante las fiestas. Absorto en mi propia imagen y ella en su tarea, ninguno de los dos previó el inminente choque. Mi traje se enganchó en una esquina de su brazo y, en un instante, el garrafón cayó al suelo, derramando alcohol por todos lados.

La situación se convirtió en un caos. La señora, desesperada, gritaba: "¡Diantre de muchacho! ¡Hijo de...! ¡Párate! ¡Párate, maldito!". Conocido como "El Zorrito", no podía permitir que ese nombre se desacreditara, así que comencé a correr. Mientras pensaba en lo que sucedería cuando me alcanzara, pasé junto a unos niños que jugaban afuera de la casa de Pedro Manos, hermano de Luis "el Chino". Entre ellos estaba un niño llamado Alfonso y una niña llamada Teresa.

Corrí como un rayo junto a ellos, y recuerdo que uno me gritó: "¡No te dejes, Zorrito!"; mientras la señora seguía detrás, furiosa y ligera, pensé que en cualquier momento me cansaría. Mi objetivo era llegar a la casa de mi abuelita María, que quedaba a unas cuatro cuadras, más de un kilómetro. A mitad de camino, me volteé para verla y allí estaba ella, más cerca, pareciendo una maratonista con sus faldas ondeando al viento. Incluso se le veían los calzones de tanto correr y seguía gritándome: "¡Párate, muchacho!". Mientras más me acercaba a la casa de mi abuelita, más me cansaba, y la señora casi me alcanzaba. Me dio más miedo pensar que ella no se cansaría.

Conocía cada rincón de la casa de mi abuelita, así que atravesé la cuadra de lado a lado y entré como un rayo por la puerta abierta, seguido de cerca por la incansable señora. Sin respetar nada, corrió tras de mí hasta donde mi abuelita estaba alimentando a los cerdos en los chiqueros, al fondo de la propiedad. Atravesé todo el lugar corriendo, y aunque busqué a mi abuelita, no la vi ni en el corral. Seguí hasta los chiqueros y, al llegar allí, estaba completamente asustado, pero no dejé de correr.

Mientras huía desesperadamente de la señora ligera, mi abuelita me gritó, "Muchacho espérate". Yo me preguntaba: "¿Esperar? ¿Cómo iba a esperar?". Sólo alcancé a gritarle: "¡Una señora me sigue y me quiere agarrar!". Atravesé una huerta inmensa que había en la casa, corriendo como una liebre, aterrado. Conocía cada rincón de esa propiedad y llegué hasta el extremo, donde mi papá Felipe había construido una plaza de toros. Ya demolida, sólo quedaban paredes de lo que iba a ser una casa, pero nunca se terminó. Llegué allí, desesperado, y como ya sabía por dónde escapar, utilicé mis escondites en la pared, salté como un fantasma a la otra calle y seguí corriendo por la misma vía por la que había venido.

Llegué a casa, pero sólo pasé de largo porque temía que mi papá me regañara. Así que me dirigí a la casa donde vivía el maestro Ezequiel. Ahí estaban don Juanito, su esposa doña Juanita, y también Adalberto y Abundio. Les conté lo ocurrido, aunque al principio fingieron no saber nada. Luego me confesaron que ya estaban enterados, pero como eran tan buenos, me tranquilizaron diciendo: "No te preocupes, quédate aquí, se arreglarán las cosas", me dijeron al refugiarme en la casa del maestro Ezequiel. Entendieron que había sido un accidente y lograron calmarme.

Estaba exhausto. Poco después, mi mamá y mi papá supieron dónde estaba y ya estaban al tanto de todo. Me mandaron a llamar, fue don Juanito quien les avisó que estaba en su casa. Me tranquilizó saber que mi papá había ido a hablar con la señora y había pagado el alcohol derramado.

Más tarde, me enteré de lo sucedido cuando la señora entró a la casa de mi abuelita María, persiguiéndome con furia. Cruzó el patio, el corral y llegó a los chiqueros donde estaba mi abuela. La señora, todavía enojada y buscándome por todos lados, no sabía que yo ya me había escondido entre los muchos árboles del huerto.

Mi abuelita, aunque tenía ya unos 60 años, al ver a la señora y sabiendo que me seguía, en lugar de asustarse, sacó el coraje de los Gonzales y los demás apellidos que llevaba. Se enfrentó a la señora, discutió con ella y hasta la amenazó. Eso hizo que la señora perdiera su valentía y mi abuelito Tacho, enterado en la plaza de lo que ocurría, se dirigió rápidamente hacia su casa. Al llegar, vio a la señora ligera entrar corriendo, y él también aceleró el paso hasta los chiqueros, justo cuando mi abuelita estaba confrontando a la señora. "¡Cálmate, María! Yo arreglo esto", le dijo a mi abuela, llevando a la señora afuera.

La señora, desesperada, fue en busca de ayuda con el delegado, don José María Navarro, a quien encontró en su tienda grande, situada al sur de la plaza. La pobre mujer estaba angustiada: el alcohol que llevaba era su esperanza de ganar algo de dinero. Afortunadamente, todo se resolvió cuando le pagaron incluso por la cartera que se había dañado.

Así continuaron las fiestas, y esa noche volví a tocar en la banda de música, esperando ver de nuevo a la güerita de Doroteo. No llevé el traje nuevo, porque se había arrugado y ensuciado en el incidente. Con ese traje me pasó algo parecido a lo del perro de mi tía Cleta: nunca ladraba, pero el día que lo hizo, le rompieron el hocico. Y yo, que nunca me había puesto un traje, el día que lo hice, me sucedió eso; aunque no me rompieron el incidente con la señora ligera me dejó atónito, y apenas faltó un suspiro para que me asustara de verdad. Aquel traje, que por un tiempo evité ponerme, me generó una especie de temor. En aquellos días, en La Capilla, pocos niños se atrevían a lucir trajes, y si yo lo hacía, no faltaban las burlas a mi alrededor.

De hecho, solíamos burlarnos de todo, éramos traviesos en nuestras travesuras diarias, incluso si se trataba de burlarse de quienes vestían con elegancia. Recuerdo una ocasión en la que una señora muy distinguida, a la que llamábamos cariñosamente "Catrina", llegó a La Capilla. Su elegante vestido y un sombrero adornado con plumas nos dejaron asombrados. Era como si el obispo en persona hubiera llegado.

Desde el momento en que descendió del camión, comenzamos a rodearla. A medida que caminaba, unas dos cuadras después, éramos casi cincuenta muchachos siguiéndola. Nunca supe qué pasó por la mente de la señora,

Vestía un vestido medio roto, con tonos morados, y unos zapatos del mismo color, con tacones tan altos que apenas podía caminar por el empedrado de la plaza. Cruzaba sus hombros con una piel de coyote que parecía haber viajado mucho, y su sombrero ostentaba una pluma que destacaba como un símbolo de grandiosidad.

Su atuendo sugería que estaba a punto de asistir a un evento importante, como si estuviera allí para anunciar algo trascendental. Sin embargo, se alejó caminando hacia el norte de la plaza, cruzando una calle que formaba una cuadra cerrada. Tenía la apariencia de alguien que venía de los Estados Unidos, donde vestirse de esa manera era común en las ciudades del norte. Parecía haber decidido adoptar el mismo estilo que llevaba de donde venía, quizás para impresionar.

A medida que avanzaba, un grupo de muchachos la seguía en silencio, con la admiración en sus ojos. Era algo que nunca habían presenciado antes y los dejaba sin palabras. Sin embargo, en un momento dado, la señora se detuvo y se volvió hacia atrás, sobresaltada al ver a tantos muchachos siguiéndola. Les gritó: "¡Me están siguiendo! ¡Aléjense!".

La señora Catrina

La anécdota de "Catrina" en nuestra Capilla fue un recuerdo que atesoramos. Aunque era hermosa, su vestimenta era demasiado llamativa y peculiar. Decidimos dejarla sola, ya que su aspecto colorido y extravagante nos hizo reír.

Esta historia de la señora ocurrió poco antes de que yo comenzara a estudiar música en la Banda musical. Continuamos tocando con gran alegría, y un día nos dijeron que íbamos a tomarnos una fotografía. Nos arreglamos cuidadosamente, y don Gregorio Trujillo nos permitió tomar la foto cerca de la Panadería. Cada uno de nosotros recibió una copia de esa foto.

Seguimos tocando con entusiasmo, y la comunidad de La Capilla estaba contenta y animada. Contaban con nosotros para amenizar sus celebraciones dominicales. La Banda estaba prosperando y ya teníamos aproximadamente un año tocando juntos.

Sin embargo, hubo un incidente desagradable en algún momento. Surgió un conflicto entre Ezequiel, el maestro, y un joven de características similares. Ellos comenzaron a pelear a puñetazos, y Ezequiel sacó una pequeña navaja en medio de la disputa.

Decadencia de la banda de música

En un lamentable giro de eventos, la Banda de música experimentó su decadencia. Una disputa entre Ezequiel, el maestro, y otro joven casi termina en tragedia. Ezequiel, en medio de la trifulca le causó algunas heridas al otro muchacho al defenderse, afortunadamente no muy graves.

Herminio Alcalá, nuestro comandante, intervino y decidió poner a Ezequiel en prisión, no como castigo, sino para protegerlo. El padre del otro joven estaba completamente exaltado y hasta portaba una pistola, con la intención de hacer daño a Ezequiel. Herminio logró calmar la situación, pero para evitar represalias, Ezequiel aceptó un acuerdo de mediación para mantener la paz.

Tanto Ezequiel como la otra familia involucrada eran conocidos por ser personas de bien. Ezequiel había contribuido de manera positiva y alegre a la vida de La Capilla. La otra familia también era respetada en la comunidad. Sin embargo, a veces, las disputas pueden desbaratar lo bueno, y todos lamentamos profundamente la partida de Ezequiel y su familia.

Mi abuelito Tacho, que estaba disfrutando de su papel como segundo maestro y estaba feliz de enseñarnos a su lado, se vio afectado por esta desafortunada situación. Él y yo estábamos aprendiendo juntos en la Banda de Música. Así fue como la Banda se desintegró, y la música que una vez nos unió se desvaneció.

La desintegración de la Banda de Música marcó un período de incertidumbre y cambio en La Capilla. Tras la partida de Ezequiel y sin otro maestro que pudiera igualar su pasión y talento, la música parecía destinada a perder su esplendor. Yo, por mi parte, continué con mis travesuras, sin entender por qué el padre Morales no emprendió la tarea de formar una nueva banda.

Los instrumentos musicales, que eran propiedad del templo, fueron guardados una vez más en el Curato. Nadie sabía qué destino les aguardaba. Tras el fallecimiento del padre Morales, los demás sacerdotes no tomaron la iniciativa de revivir la música.

Quizás la razón radicaba en la falta de instrumentos o en la incertidumbre sobre su propiedad. Sin embargo, pienso que había potencial para traer alegría de nuevo a La Capilla. La Delegación tenía la capacidad de liderar esta iniciativa, y si faltaba el dinero, la comunidad de La Capilla podría contribuir para organizarlo.

Los comerciantes y panaderos de la zona también poseían talento musical, y aunque no cantaran mal, a menudo no se mostraban dispuestos a compartir sus habilidades. La Ranchera, un género popular, resonaba en sus voces. Con esfuerzo y organización, la Banda de Música podría resurgir y mantenerse por sí sola.

La música, que antes había unido a los jóvenes de la comunidad en la Banda de Música, se había disipado, dejando espacio para otras distracciones.

CAPÍTULO 19

Rafael y la matanza de don Martín

Rafael era el hermano mayor entre los hijos de mi tío Eulogio y su esposa, Emilia Torres, quien a su vez era hija de don Martín Torres. Don Martín llevaba una vida cómoda gracias a su carnicería, ubicada al suroeste de la plaza, a sólo unas cuantas casas de mi hogar en la calle Guerrero. Cuando llegaba el momento de sacrificar ganado o cerdos, izaba temprano su bandera roja, una señal de su labor.

En aquel entonces, yo mantenía una estrecha amistad con mi primo Tachín. Con alrededor de once años de edad, nos encontrábamos en una encrucijada tras la disolución de la Banda de Música. Debíamos encontrar nuevas formas de entretenimiento cuando no estábamos en la escuela. Tachín, quien ya ayudaba activamente en la carnicería y en la matanza de don Martín, me invitó a unirme a él y a Rafael en estas actividades.

Don Martín, un hábil matarife, solía sacrificar tanto reses como cerdos, y nos introdujo en el arte de desollar, quitarles la piel y despiezarlos. Fue una experiencia enriquecedora, ya que aprendí a despojar a los animales de su cuero y participé en esta tarea con entusiasmo. También disfruté degustando los deliciosos chicharrones de res y cerdo, cuya preparación era una verdadera tradición en la familia.

La cocina de don Martín era un rincón acogedor, donde se preparaban estos manjares con gran destreza. Utilizaba un torno de madera y una prensa para comprimir la carne, eliminando cuidadosamente la grasa sobrante. Los chicharrones resultantes eran firmes y libres de exceso de manteca, un auténtico deleite para el paladar.

Estos chicharrones se convertían en una exquisitez cuando se cocinaban en un caldo con salsa de jitomate, creando un sabor inigualable. Acompañadas de tortillas recién hechas, preparadas con destreza a mano, estas delicias culinarias nos saciaban por completo. Era un auténtico placer culinario que nos ayudaba a superar el hambre.

Don Martín solía enviar a Rafael y a Tachín a las fincas cercanas para obtener ganado fresco. En algunas ocasiones, me unía a Tachín en estas expediciones, y nos dirigimos a lomo de burro por las callejuelas de nuestro pueblo. Los burros eran un recurso invaluable para transportar el ganado de regreso a casa, y estas aventuras se volvían memorables.

Don Martín, dueño de burros y de una yegua a la que apreciaba mucho, contaba con varios animales que nos acompañaban en nuestras travesías. Por las callejas de Jones, disfrutábamos con nuestras hazañas, utilizando nuestras hondas para derribar lagartijos que descansaban en las piedras de las cercas. Mientras recorríamos el camino, abundantes nopales nos rodeaban, y nos deleitábamos con las tunas que encontrábamos, satisfaciendo nuestros antojos.

Al llegar a las fincas donde íbamos a adquirir los cerdos, comenzábamos el proceso de arreo con paciencia. En ocasiones, don Martín se encargaba de sacrificar a los cerdos en los ranchos, dividiéndolos por la mitad en la zona abdominal antes de cargarlos en los burros. Esta tarea, aunque demandaba tiempo y esfuerzo, resultaba entretenida debido a que los cerdos estaban bien alimentados y no se movían con rapidez.

Así transcurría la vida en la carnicería junto a Tachín, Rafael y yo. Rafael, con aproximadamente trece años, ya había alcanzado una edad en la que experimentaba ciertas libertades, como fumar. Solía adquirir cigarrillos de la marca "Carmencitas". Don Martín confiaba en él y no escatimaba en recursos para comprarlos. Recuerdo un día en particular cuando estábamos en la laguna, no muy lejos de la matanza. Tachín y yo, acompañados por Rafael, nos dedicamos a cazar pichicuates.

Tachín, Rafael y la carnicería

Cerca del Tajo, junto a un charco de agua, se encontraban unas piedras grandes emergiendo del nivel del agua. En ese entorno, habitaba una especie de culebra inofensiva. Nos divertíamos lanzándole proyectiles con nuestras hondas. Fue durante uno de estos encuentros que notamos a Rafael fumando. Le comenté a Tachín, "Mira, el travieso Cepillo está fumando". A Rafael lo llamábamos "Cepillo" debido a que a menudo tenía sus cabellos alborotados, pareciendo las cerdas de un cepillo.

En cuanto a Tachín, lo apodábamos "Beiby" porque, al haber nacido en Estados Unidos, había adquirido ese nombre. La mayoría de nosotros teníamos apodos peculiares. Cuando nos encontramos con Rafael, este nos propuso probar fumar. Tachín y yo inicialmente rechazamos la idea, pero mi curiosidad me llevó a darle una oportunidad al cigarrillo. Con el tiempo, desarrollé el hábito de fumar y, en ocasiones, incluso robaba dinero para comprar los famosos cigarros "Carmencitas".

El vicio persistió a lo largo de unos veinticinco años, hasta que empecé a experimentar sus efectos perjudiciales. Fue entonces cuando me di cuenta de que debía abandonar este hábito y cambiar mi estilo de vida.

Cuando decidí dejar de fumar, lo logré con determinación y, tal vez, un poco de suerte. Había caído en un hábito tan arraigado que llegué a fumar tres cajetillas de cigarros al día. No había tregua, incluso durante el sueño, pues encendía uno tras otro de manera mecánica. Sin embargo, reuní la voluntad necesaria y me impuse el desafío de dejarlo atrás.

Recuerdo que han pasado ya 25 años desde entonces, y agradezco no haber seguido el trágico destino de un amigo que no pudo liberarse del vicio del cigarrillo. Cada vez que lo veía, le advertía sobre los riesgos para su salud, pero él respondía con desdén. Tristemente, falleció a causa de un cáncer de pulmón, uniéndose así a la triste estadística de miles que sucumben a esta enfermedad cada año.

Con esto concluye la historia de Tachín y Rafael, y el apodo de "el Cepillo" para Rafael, quien, sin quererlo, me introdujo al mundo del tabaco. Rafael, a pesar de todo, tuvo la fuerza de voluntad necesaria para dejar el cigarrillo. Si no lo hubiera hecho, habría partido antes al encuentro con San Pedro. Así es la vida aquí en el cielo, donde todos debemos adaptarnos a las mismas reglas. Ahora, continúo con otro episodio que había olvidado mencionar: las veces que mi madre me llevó muy cerca de Tepatitlán.

Tepatitlán

En Tepatitlán, durante esa época, mi tío Silviano, el hermano mayor de mi padre, se había mudado allí desde que se convirtió en socio de "Camiones de los Altos". Desempeñaba un papel crucial en la empresa, sirviendo como coordinador en sus oficinas principales. Una de las ventajas de tener familiares involucrados en el negocio de transporte era que no teníamos que pagar pasajes de autobús. Todas las familias de los socios podían viajar de forma gratuita en todas las rutas.

Cuando visitábamos Tepatitlán, llegábamos a la casa de mi tío Silviano. Tenía un hijo, también llamado Silviano, pero cariñosamente lo llamábamos "el Chato". Él también se había convertido en socio de "Camiones de los Altos" y tenía tres maravillosas hermanas: Sara, Socorro y Chavela. Estas hermanas eran como nuestras madres, especialmente tía Chavela. Sentíamos que éramos no sólo primos, sino más bien hermanos. Cuando visitábamos su casa, siempre era una ocasión alegre. Nos invitaban a quedarnos más tiempo, pero como la iglesia estaba cerca, eventualmente regresamos a casa. Mis primos asistían a la iglesia ocasionalmente, pero no con la misma frecuencia que nosotros.

Balacera en la presidencia

La casa de mi tío Silviano estaba ubicada a sólo media cuadra al sur del Palacio Presidencial en Tepatitlán. Él era el mayor de la familia, aproximadamente 20 años mayor que mi padre. Fue el pionero de la familia, y mi padre nació más tarde, seguido por mi tía Chuy. En total, éramos 14, y qué hermosa abundancia era. Mi abuela, María, solía decir que la voluntad de Dios es realmente amable.

Mi tío tenía una esposa generosa llamada Chavela, una persona verdaderamente de buen corazón. Recuerdo una comida en particular que compartimos mi hermano Miguel y yo, mientras disfrutábamos de nuestra comida la tía Chavela participaba en su animada conversación habitual. De repente, escuchamos disparos. La tía Chavela nos tranquilizó con calma, diciendo que los disparos no eran raros en los alrededores debido a las frecuentes pruebas de pistolas en el Palacio Presidencial.

Estaba acostumbrado a escuchar disparos en Tepatitlán, especialmente los domingos cuando los rancheros venían a misa. Siempre que los sonidos atronadores resonaban, nos alejábamos como flechas. En esta ocasión, estaba sentado en el comedor, sintiendo las vibraciones en mi silla. Me levanté y escuché a mi madre llamándome. En cualquier caso, era sólo otro día en Tepatitlán, donde los disparos eran parte de la vida, y continuamos como de costumbre.

Mientras caminaba junto al Palacio Presidencial, noté una conmoción cerca de la esquina. Se había reunido una multitud y la curiosidad se apoderó de mí. No podía soportar la idea de quedarme en la oscuridad, así que me apresuré hacia la esquina.

La gente estaba agitada y escuché a alguien decir: "Allá va Baby Bottie". La calle descendía bruscamente desde ese punto, conduciendo hacia el río, y lo que recuerdo vivamente es a una persona montando un caballo alazán a toda velocidad. El jinete, una figura pequeña, luchaba por controlar al caballo galopante, probablemente con todas sus fuerzas.

Se hizo evidente que hubo un tiroteo, y un joven yacía herido en la carreta. Como curioso espectador, no pude resistirme a escuchar las conversaciones. Vi que el joven había sido herido en el pecho, y una joven, vestida de novia, lo abrazaba llorando. No era sólo su novia; era su esposa. Habían salido recientemente del Palacio Presidencial después de casarse.

Al parecer, el tirador les había advertido que no se casaran, pero habían ignorado la amenaza. Trágicamente, la joven novia se convirtió en viuda antes de poder siquiera emprender su luna de miel. Tales disputas no eran infrecuentes y a veces escalaban a la violencia física. En cada altercado, siempre había quienes sufrían las consecuencias.

En numerosas ocasiones, realizamos viajes a Tepatitlán, y a menudo se sentía como escapar a otro mundo. Tepatitlán se había convertido en una pintoresca ciudad, la capital del municipio. Parecía tener todo lo que uno pudiera necesitar, asemejándose a la bulliciosa Guadalajara. De hecho, ocupaba el tercer lugar en población en Jalisco, justo después de Guadalajara y Ciudad Guzmán.

La plaza central de Tepatitlán era un espectáculo para contemplar. Su singular quiosco se alzaba con orgullo, rodeado de una mezcla de arquitectura clásica castellana. Al norte de la plaza central, se erguía la gran iglesia parroquial, un magnífico y precioso testimonio del diseño clásico español.

La ciudad contaba con un amplio mercado, rebosante de una amplia variedad de productos. Era un centro de comercio bullicioso. El mercado ofrecía una rica variedad de productos, desde frutas frescas y verduras de todo tipo hasta especias e ingredientes exóticos.

Mientras deambulamos por el mercado, nuestros sentidos se veían abrumados por los aromas de la deliciosa cocina mexicana. Los puestos estaban adornados con grandes cazuelas de barro llenas de sabrosos platillos tradicionales. Había puestos especializados en la birria de chivo, cocida a fuego lento hasta dorarse y servida con una sabrosa y caliente salsa. Comer ese plato era una experiencia, un esfuerzo laborioso pero encantador que te dejaba ansiando más.

En medio del laberinto del mercado, también podías encontrar birria de cordero, cada bocado era una explosión de sabor. Estas delicias culinarias eran un testimonio de la rica y diversa cocina de México, donde cada platillo tenía una historia que contar.

¡Tepatitlán, una ciudad de maravillas culinarias! Nunca dejó de sorprenderme con sus deliciosas ofertas. Uno no podía evitar sentirse atraído por el tentador aroma del platillo emblemático de la región, la birria. Ya fuera de chivo o de cordero, había algo encantador en cómo preparaban estas birrias aquí.

Mientras paseábamos por las calles, especialmente cerca del mercado, nos encontrábamos con amigables vendedores, a menudo señoras mayores, vendiendo nopales asados. Estos nopales estaban cortados en trozos pequeños, perfectamente asados para capturar la esencia de las tiernas pencas de cactus. Los disponían en grandes canastas, junto a una olla llena de tortillas, cuidadosamente cubiertas con toallas para mantenerlas calientes. Era un espectáculo para contemplar, y los nopales, acompañados de cebolla salteada, tomate y cilantro fresco, dejaban nuestros paladares deseando más.

Y luego estaban las carnicerías, casi todas ellas, vendiendo las famosas carnitas de Tepatitlán. Estas carnitas de cerdo eran una creación divina, preparadas con habilidad hasta la perfección, quedando crujientes y doradas. La fama de las carnitas de Tepatitlán estaba bien merecida, y eran un tesoro local.

Pero las delicias culinarias no se detenían ahí. También te encontrarías con chicharrones prensados, preparados con tanta destreza que prácticamente se derretían en la boca. Una salsa tentadora, cocida con las especias justas, adornaba estas maravillas crujientes, haciéndolas irresistibles.

En el bullicioso mercado de Tepatitlán, cuando las ocupadas amas de casa se encontraban sin tiempo o ganas de cocinar, este era su refugio. El mercado era un lugar donde las riquezas culinarias de Tepatitlán estaban al alcance de la mano, un testimonio del talento gastronómico de esta encantadora ciudad.

Tepatitlán: Celebración y música

¡Tepatitlán, una ciudad que sabe cómo celebrar! Entre sus muchos tesoros, presume de una gran banda municipal que deslumbra a la multitud todos los domingos durante las ceremonias y en ocasiones especiales. Ya sea en las corridas de toros o en las festividades anuales, como la celebración del "Señor de la Misericordia", que culminan el 30 de abril y comienzan nueve días antes, esta ciudad sabe cómo disfrutar con estilo.

Las festividades comienzan con una animada peregrinación que se extiende durante dos días, el 28 y 29 de abril. Las calles se convierten en un mar de gente, haciendo que sea casi imposible caminar. Los peregrinos visitan primero el encantador templo de San Antonio, ubicado al norte de Tepatitlán. Luego, regresan a la parroquia y continúan su viaje al Santuario de Guadalupe, que se encuentra al oeste de la iglesia. Finalmente, regresan una vez más a su propio Santuario, situado al sur de la parroquia. Estas festividades en Tepatitlán son un espectáculo para contemplar, atrayendo incluso a multitudes más grandes que las que describí en La Capilla.

En medio de las festividades, se pueden presenciar las vibrantes actividades de la ciudad, incluido el desfile de carros alegóricos bellamente decorados. Los Charros y diversas colectividades también participan, desfilando con orgullo con sus uniformes distintivos. Destaca el "Colegio Morelos", con su magnífica banda militar, que ocupa un lugar de gran importancia en la ciudad y está afiliado a la Organización Internacional de Religiosos Maristas.

Tepatitlán, una ciudad que sabe cómo cobrar vida, donde la música y la celebración están entrelazadas en su propia esencia, es verdaderamente un lugar extraordinario.

Tepatitlán: Señor de la Misericordia

Cuando regresaba de La Capilla a Tepa, cuando ya estaba a punto de llegar, divisaba Tepa. Había una colina alta que se alzaba majestuosa, y no podía evitar suspirar por lo hermoso que se veía. Es como un sueño hecho realidad, especialmente de noche. En esos momentos, Tepa parecía un inmenso árbol de Navidad, resplandeciendo con muchas luces.

Cuando las luces de los templos se encendían, el cuerpo de las iglesias, sus torres y cúpulas, que eran imponentes, se veían preciosos. Pero el Santuario del Señor de la Misericordia destacaba aún más. Este Cristo tenía una historia que se remonta a 1847, tal vez me equivoque en uno o dos años en esa fecha, pero hasta el día de hoy, el Santuario alberga cientos de milagros concedidos que están pintados en láminas desde la segunda mitad del siglo XIX, manifestando la gratitud por los milagros pedidos y otorgados.

La historia de este maravilloso Cristo comienza en un rancho muy cercano al Cerro Gordo, al oeste, cerca del Rancho del Aguacate. Viví por allí durante ese tiempo.

En la década de 1840, vivía en este lugar un hombre llamado Pedro Medina. Residía junto al imponente Cerro Gordo, inmerso en la naturaleza. Un día, mientras se encontraba cortando leña de encino y palo colorado para su familia, algo captó su atención entre los árboles: una rama gruesa que formaba una Cruz. Sin dudarlo, la cortó con cuidado, conservándola intacta.

Pedro Medina, jefe de una familia profundamente religiosa, llena de fe y amor por Dios, decidió llevar la Cruz a su casa. Cargó la robusta pieza en una carreta tirada por bueyes, y a pesar de no saber cómo esculpir un Cristo, la mantuvo en su hogar. El tiempo pasó, y la Cruz permaneció sin ser intervenida.

Un día, dos viajeros cansados se cruzaron en el camino de Pedro Medina. Él, siendo un buen hombre, los invitó a descansar y comer en su casa. Los viajeros, al enterarse de la Cruz que tenía Pedro, le ofrecieron crear un Crucifijo con el Cristo, pues afirmaron tener experiencia en ello y deseaban expresar su gratitud de alguna manera.

Aunque les llevara un poco más de tiempo, don Pedro aceptó de inmediato cuando los jóvenes artesanos se ofrecieron a tallar una escultura del Cristo para su capilla, pues eso era lo que él deseaba. Y, además, les prometió pagarles bien por su trabajo. Así, con la maestría de expertos, comenzaron la tarea, incrementando la alegría de don Pedro con cada golpe de cincel.

Según relataba después, los artesanos trabajaron sin descanso durante unos diez días, creando una obra preciosa y llena de inspiración como ninguna otra que se hubiera visto antes. Cuando ya casi terminaban su labor, don Pedro tuvo que ausentarse para atender unos asuntos en su hacienda. Al salir por la mañana, les indicó: "Regreso esta noche. Quédense en casa y si necesitan algo, mi familia los atenderá".

Cuando regresó al anochecer, vio el Cristo terminado. La escultura era tan bella y natural que a don Pedro casi se le salen los ojos de admiración. Se quitó el sombrero en señal de respeto y luego preguntó por los jóvenes. Le respondieron: "No sabemos. Salieron hace rato y aún no han vuelto". Don Pedro pensó en esperarlos para darles una buena recompensa por su excelente trabajo. Todos en su casa estaban maravillados y le dijeron: "Nunca habíamos visto algo tan sublime".

Cuando don Pedro regresó para decirles a los jóvenes artesanos lo maravilloso que había quedado el Cristo, se llevó una sorpresa.

Habían desaparecido sin despedirse ni cobrar su trabajo. Los buscó por todos lados, pero no había rastro de ellos. ¿Quiénes eran estos misteriosos jóvenes? Hasta el día de hoy sigue siendo un misterio. Las creencias populares cuentan que en realidad eran ángeles que bajaron a la tierra para tallar con maestría divina esa imagen prodigiosa de Cristo. Luego, sin pedir nada a cambio, se desvanecieron en el aire. ¿Qué prueba más clara podría haber de su origen celestial?

La imagen permaneció bastante tiempo en casa de don Pedro antes de que él decidiera llevarla a Tepatitlán para bautizarla, junto con otras dos o tres esculturas de Cristo, también bellamente labradas. Fue entonces cuando la nombraron "El Señor de la Misericordia" y don Pedro Medina le construyó un gran santuario donde hasta el día de hoy acuden con fe los creyentes a pedirle los milagros que con urgencia necesitan. Con la intercesión de esta imagen divina tallada por ángeles, muchos han visto cumplidos sus ruegos.

Tepatitlán querido

Tepatitlán, pueblo querido y precioso que hasta inspiraste una famosa canción que todo mariachi en México conoce: "Vamos a Tepa". Ahora regreso a mi Capilla, mi pueblo de la infancia con sus bellos recuerdos y a veces tristezas y sustos. Como cuando me andaba ahogando en la charca de La Grifa o cuando se ahogaron las güeras. O aquella vez que casi me lleva una fiebre maligna.

Tendría unos 8 o 9 años. Estaba jugando canicas cerca de casa, en la pura tierra. Debió ser en abril o mayo cuando me dio una fiebre tan fuerte que no me morí sólo porque Dios no lo quiso. Cuando vino el doctor, le dijo a mi mamá que no sabía qué extraña enfermedad me había dado, pero que se preparara porque me iba a morir. Mi mamá lo aceptó con resignación cristiana.

Pasaron tres días que parecieron tres siglos, ardiendo en fiebre, delirando en visiones aterradoras. Todo me daba vueltas y sentía el cuerpo pesado como plomo. Mi mamá rezaba el rosario día y noche.

Al cuarto día la fiebre cedió un poco. Al quinto ya podía incorporarme. ¡Fue un gran milagro! Cuando el doctor regresó no lo podía creer. Dijo que algo muy poderoso me había salvado.

Fiebre maligna

Yo me consolaba pensando "no te preocupes, hijo, si te mueres te vas derechito al cielo". No sentía que me fuera a morir, sólo me sentía mal, pero nada más.

Sin embargo, rápidamente se corrió la voz, primero, de que estaba muy grave; luego, de que estaba muriéndome; y finalmente, de que "el muchacho de Cica ya se murió de una fiebre maligna". ¡Válgame Dios! Con el mitote que se armó parecía que el mundo se acababa.

Total, que el doctor quedó mal: o era un aprendiz o Dios hizo el milagro de sanarme, pues yo tenía que escribir este libro. "Seguramente muchacho, levántate, no tienes nada, no te estés haciendo el muerto, tienes mucho trabajo y responsabilidades en tu futuro", me dijo.

Y aquí sigo todavía, gracias a Dios. Mejor pido licencia para escribir tantas otras cosas. Con las enfermedades no hay pronóstico más ciego que la voluntad de Dios. Esta vez me levanté a los dos días como si nada. Mi mamá me mandó donde doña Aurelia, la de don Tomás Torres, a su casa, la que me contó lo del niño Dios en Navidad.

Toco la puerta y cuando abrieron me vio y casi se le salen los ojos. No podía ni hablar hasta que empecé a decirle "Mi mamá me mandó con usted". Y me dice "¡Liborio, no te moriste! ¿No te moriste?". Pensé que de veras ya me estaba muriendo.

Doña Aurelia era una señora muy buena y caritativa, todo lo contrario de su esposo don Tomás Torres. En fin, lo que me dijo es que, si no me había muerto, ni lo tomara en cuenta. Así que seguí con mis travesuras y aventuras explorando La Capilla.

Entre mis amigos más grandes estaban la Cocorilla, el Cepillo, la Sanduriga, Alfonso Martín del Campo. Éste era primo mío segundo, pero medio simple. Decía unas cosas tan graciosas que hacía reír a todos sus amigos. Todos estos que menciono tendrían unos 13 o 14 años.

Alfonso ayudaba a Chepillo Castellanos con el oficio de hacer cirios. La Cocorilla tenía una máquina para hacer fideos en un cuarto en la entrada de su casa. Un día el Cisto y yo entramos a ese cuarto y Alfonso y la Cocorilla se habían encontrado no sé dónde.

Ese mentado Pedorrón era pariente y amigo nuestro, de la misma pandilla con la Sanduriga, la Cocorilla, Alfonso Trinegallinas y Rafael el Cepillo. Ellos eran como dos o tres años mayores que el Cisto y yo.

Resulta que un domingo en la noche, después de divertirse en la verbena y haber ido al rosario, este muchacho se fue a su casa. Como traía mucha hambre fue directo a la cocina sin avisarle a nadie. Ahí se encontró una gallina que tenía todo el día afuera (pues en ese tiempo no había refrigeradores). Y como la carne de gallina cuando se deja mucho rato se descompone rápido, pos la agarró y se la comió.

¡Ándale! Que entra a la cocina y ve una gallina que habían cocinado desde la mañana. Como traía mucha hambre, ni pensó en avisar a su mamá para no arriesgarse a que le dijera que no. Y se la empezó a comer a toda prisa porque se estaba muriendo de hambre.

Ya cuando se la acabó toda, hartándose y eructando de tan lleno, resulta que luego van a buscar la gallina y nada de gallina. ¡Se la había escondido en la panza! Para no decir nombres y que luego me agarre a patadas si me ve. El problema fue que se la comió muy rápido, sin masticarla bien. Y luego, del puro cansancio, se quedó profundamente dormido, el caso es que en la noche le empieza a hacer digestión soltando pedos a cada rato. Su mamá le pregunta: "¿qué tienes?", y ahí descubre dónde estaba la gallina.

Se la había comido sin masticarla. Luego le dieron una medicina casera para los cólicos y a dormir, creyendo que al día siguiente iba a estar mejor. Pero no, se la pasó toda la noche pujando y pedorreando sin parar. Tempranito mandan a traer al doctor, don Isidro Ruiz, muy buena persona y excelente médico. Lo examina, le hace preguntas y ve que está intoxicado. Luego le receta una medicina.

CAPÍTULO 20

Historia del pedorrón

En ese momento en que le estaban dando la medicina, entraron a la casa la Cocorilla y Cacheras que habían quedado de verse en la mañana para ir a algún lado. Pero Babilonio seguía en la cama con la gallina haciendo estragos en su panza. Se imaginan qué podredumbre traería en el estómago.

Por suerte llegó la medicina recetada por don Isidro, que aún estaba ahí. Le indicó cómo tomarla y luego le hizo efecto, empezando a purgarle las entrañas. Con el bullicio de la medicina, le dio un retortijón y se aventó un pedo que no, más bien fue un pedorrón.

Como todos estaban en el cuarto, que era como una bodega sin ventanas donde dormía Babilonio, pos ni cómo salir huyendo. Cuando se le salió el fétido pedorrón, se armó la gorda. La pestilencia que traía adentro pareció que soltaron una bomba hedionda.

Don Isidro salió corriendo, tropezando de tan mareado mientras Cacheras que estaba junto a Babilonio grita: "¡El pedorrón!", y todos salieron despavoridos gritando "¡Sálvese quien pueda!".

Hasta un perrito chihuahueño salió disparado ladrando y un gato que estaba echado tranquilamente brincó erizándose y maullando. Cacheras contaba que esa pieza se quedó hasta sin ratones de tanta peste que salieron huyendo junto con el gato y el perro, sin hacerles caso de lo asqueroso que estaba.

Grillos, alacranes y cucarachas también salieron en fila india. No quedó ni un bicho en ese cuarto. Hasta Babilonio, que cuando se vio solo en medio de esa pestilencia, comienza a gritar "¡No me lo hagan! ¡No sean ingratos!", ni él lo aguantaba. Salió corriendo al baño porque ya le andaba haciendo efecto el purgante que le recetó don Isidro. Eso fue lo que lo salvó. Y así se le quedó el sobre nombre del Pedorrón.

Ahora les voy a contar de un rancho muy alegre que me encantaba cuando era niño. Se llamaba La Tinaja de los Navarro, que lo fundaron cuando vinieron los colonizadores Castillo en 1712 o 1713. Yo fui varias veces cuando era chico.

La Tinaja

Como dije, La Tinaja es un rancho precioso fundado en el siglo 18 cuando llegaron colonizadores españoles de apellido Castellanos con sus familias. A la familia Navarro les tocó establecer este hermoso lugar al que bautizaron La Tinaja.

Cuando repartieron las tierras por orden virreinal, pusieron una condición estricta para que confirmaran su propiedad: tenían cierto tiempo para cercar todo el terreno que se les asignaba. Como había abundantes piedras en esa zona no hubo problema. Pero al que no cercaba en el plazo, otra persona de la comunidad podía hacerlo y así reclamar legalmente esa tierra.

Yo conozco bien toda esa región y sé que hay potreros inmensos perfectamente delimitados por muros de piedra, tan planos y verdes que parecen canchas de fútbol. Ya les conté que, en época de lluvias, esas praderas se vuelven jardines exuberantes llenos de flores perfumando el ambiente.

Así es justamente La Tinaja y sus contornos. La primera vez que fui tendría unos 9 o 10 años y me impresionaron los hermosos paisajes en tonos verdes y amarillos. Las casas tienen techos de teja roja y patios llenos de flores. Los pájaros trinan por doquier. Sin duda un verdadero paraíso.

Mi mamá me llevó porque la invitó una pariente suya, de sus mejores amigas, que se llamaba María de Nina. El papá se llamaba Aureliano Navarro, esposo del hermano de Chepillo, papá del Cisto.

A ella le decían La Canaleta. Resulta que María tenía familiares en La Tinaja a los que íbamos a visitar. Ella estaba soltera todavía. También fueron otras familias amigas.

Nos fuimos caminando muy contentos. La Tinaja está como a una legua al oriente de La Capilla, algo así como 5 kilómetros. Como mi papá andaba trabajando fuera, a mi mamá le encantaban esas excursiones con sus parientes. Era época de elotes tiernos, recién crestados, cuando todas las flores estaban en pleno apogeo perfumando los campos.

Lo que más recuerdo al llegar es lo bonito que se me hizo todo. No me acuerdo bien con quién íbamos, pero antes de llegar atravesamos unos duraznales repletos de fruta. Comimos a gusto sólo estirando la mano. Luego nos topamos con una carreta jalada por bueyes donde iban unos niños con su papá. Era un paisaje de ensueño.

Íbamos caminando cuando de repente los niños en la carreta gritan: "¡Tía María!", y se bajan corriendo a saludarnos. El señor, que era pariente cercano de María, detiene los bueyes y también viene a saludar muy amablemente. Luego nos dice: "Súbanse a la carreta, deben venir cansados". ¡Y vaya que sí! Nos caía de perlas porque las mujeres ya no podían con las bolsas. Éramos unas 10 personas con los niños y amigas de María como Cuca, otra soltera.

Así llegamos a la mentada casa, que era inmensa con varios graneros afuera, carretas, caballerizas con caballos, corrales llenos de ganado. Como yo andaba de metiche, me puse a contar las vacas junto a la laguna frente a la casa donde había algunos fresnos. Al otro lado estaba un enorme zapote blanco que daba una sombra impresionante.

Ahí fueron a platicar las mujeres al día siguiente. El árbol tenía una fronda bellísima y unos troncos gruesos perfectos para recargarse a tejer o lo que fuera. Como no conocía, todo me parecía extraordinario. En aquellos tiempos había muchos fresnos alrededor y el panorama era precioso. Recuerdo que andaba pastando ganado muy cerca y oía el bramido de los becerros y el canto de los pájaros. Pasaban carretas por un caminito y se escuchaba el bullicio alegre de la gente en los ranchos cercanos y jinetes arreando el ganado.

¡Qué bonito!, suspiraba uno al ver esos potreros tan verdes llenos de flores, con el ganado pastando y la gente alrededor. Las mujeres preparaban queso en los adobes, que no podía faltar.

Luego se juntaba más gente del pueblo, muchas lindísimas señoritas que se ponían a cantar haciendo coros con canciones preciosas. Hasta el pecho se nos ensanchaba de la emoción. Era un ambiente muy diferente al de La Capilla. Nunca me había sentido tan contento. Aunque sólo duramos dos días, ese día en particular nunca se me va a olvidar, sobre todo porque pasaron dos cosas extraordinarias...

Me caí de un zapote

Andaba yo muy gustoso disfrutando el paisaje y para ver mejor me subí al enorme zapote blanco que les platiqué, este árbol majestuoso, digno del asombro que sólo Dios puede crear, capturaba mi atención. No pude resistir la tentación de explorarlo; de alguna manera, sentí que debía hacerlo. Ya tenía rato en una gruesa rama cuando se me ocurrió cambiarme más arriba. Los árboles de zapote tienen la corteza muy lisa. Total, que resbalé y ¡zas! para abajo.

Lo malo es que abajo había una piedra enterrada que sobresalía. Caí justo sentado en esa punta filosa, pegándome en la punta de la columna, allí donde terminan las vértebras lumbares. ¡Fue un dolor espantoso! Veía estrellitas y no podía ni hablar.

Mi mamá que me vio caer se acercó asustada. Yo estaba pálido del dolor y ella me decía "¡Habla, hijo! ¿Qué tienes?". Poco a poco se me fue pasando ese suplicio. ¡Pero nunca más me volví a subir a un zapote!

Se me quitó el susto y seguimos disfrutando de ese hermoso lugar hasta la tarde que nos regresamos en la carreta. ¡Qué tiempos aquéllos en la preciosa Tinaja!

De regreso a La Capilla atravesamos las huertas llenas de duraznos en plena floración, despidiendo un aroma exquisito. Las mujeres venían cantando melodiosamente, en especial María de Nina que tenía una voz preciosa. Cuando vislumbrábamos las torres del templo a lo lejos, el sol enorme y anaranjado comenzaba a ocultarse tras las copas de los duraznos.

Suspiramos porque apenas llevábamos un rato fuera de nuestra querida Capilla y ya la extrañábamos. Al llegar, nos prepararon unos camastros para dormir con lámparas de petróleo. Cuando nos llamaron a cenar, ya tenían una olla con elotes cocidos, queso fresco en rajas y frijoles recién hechos que se deshacían, también con queso derretido encima.

Había un par de molcajetes con salsa borracha, otra verde con tomate machacado y tortillas calientitas que una señora estaba haciendo en ese momento en un comal grande de barro sobre la estufa de leña. Y ahí mismo asaban unos chiles anchos para completar el fandango.

¡Qué rico cenamos! Luego a dormir tranquilos oyendo el repique de los grillos. Al día siguiente otra sorpresa me esperaba. Cenamos tanto que no nos cabía más. Las familias locales, también parientes, nos decían "¡Cómanle, no han comido nada!", obligándonos a repetir. Esa noche casi ni pudimos dormir de tan llenos que estábamos.

Después de la cena, las conversaciones se extendieron, lo que resultó beneficioso para aliviar la pesadez en el estómago. Fue entonces cuando recordamos una hermosa tradición: rezar el rosario. Esta costumbre era practicada en todos los ranchos de la región de Los Altos de Jalisco. Mientras comenzaban a rezar, mi hermano Miguel y yo, con el suave murmullo de las oraciones de fondo, nos dejábamos llevar al sueño. Mi madre, con ternura, nos acariciaba el cabello para despertarnos.

Cuando terminaron ya era tarde así que nos fuimos a las recámaras. En la que dormí había unas claraboyas por donde entraba la luz de la luna reflejándose en las paredes. Entre el cansancio y la panza llena, rápidamente nos venció el sueño.

En La Tinaja, el corazón de la cocina era un lugar especial. Allí, una enorme mesa acogía la preparación de los manjares. Recuerdo que, en un rincón, un joven se ocupaba de moler el nixtamal en una máquina manual, girando la palanca con destreza para obtener la masa necesaria para las tortillas. La misma señora que nos había recibido la noche anterior se encargaba de la tarea de tortear y cocinar las tortillas en el comal, utilizando el mismo fogón que avivaba con leña y rajas de madera, las cuales eran el residuo de la tala de árboles, y se convertían en combustible.

El desayuno que disfrutamos fue magnífico, al igual que la cena de la noche anterior. Saboreamos huevos fritos y unos chilaquiles que me hacían rugir de placer, de tan deliciosos que eran. Pero lo que realmente me sorprendió fue una carne asada, picadita y servida con tortillas recién hechas, acompañada de una salsa de tomatillo y chile de árbol asado. Cada bocado era un auténtico deleite para el paladar.

La noche en La Tinaja se prolongó con cánticos y animadas conversaciones. La gente compartía historias de La Capilla y los diversos acontecimientos que ocurrían en la región. La velada transcurría amena, y todos parecíamos haber olvidado la cena. Fue entonces cuando llegó una niña, apenas visible en la penumbra, con una noticia inesperada: nos invitaban a su casa.

Siguiendo a la niña, llegamos a su hogar con una sorpresa extraordinaria: habían sacrificado un becerro. Sin decir palabra, prepararon una barbacoa excepcional, de esas que se desprenden con facilidad. La carne se cocinó con tanta destreza que se podía separar con sólo dos dedos. Mientras aguardamos, nos ofrecieron tortillas envueltas en hojas de maíz para mantenerlas calientes. La paciencia valió la pena, ya que la carne estaba sazonada con hierbas y especias locales, y el sabor era exquisito.

La satisfacción fue tal que parecía que nunca habíamos tenido hambre. Sin embargo, no podíamos descansar el estómago, y continuamos la velada en el patio, alegrándonos por la comida y las historias compartidas en esta inolvidable noche en La Tinaja.

Al día siguiente me llevé otra sorpresa. Resulta que muy temprano llegaron unos tíos míos de Teocaltiche a visitar a la familia. Eran los esposos de dos hermanas de mi papá a las que casi no veíamos. Mi mamá se puso muy contenta, pero para mí eso significaba que nos teníamos que regresar pronto a La Capilla. Y yo no me quería ir.

La Tinaja: Una despedida memorable

La velada en La Tinaja llegó a su punto culminante cuando nos ofrecieron un postre inusual: duraznos. Casi reventamos de lo llenos que estábamos, pero, como siempre, la hospitalidad de nuestros anfitriones nos animó a seguir degustando estas delicias. Nos acostamos tarde esa noche, ya que sabíamos que al día siguiente nos esperaba la partida temprano.

Despertamos al alba, con la luz del nuevo día inundando nuestro entorno. Nos levantamos con cuidado, tratando de no perturbar el sueño de quienes aún descansaban. Mientras nos preparábamos para partir, recordé al tío de María, a pesar de que su nombre escapaba de mi memoria en ese momento. Lo que nunca olvidaría es la imagen de esa familia, tan hermosa como amable.

Entre los trabajadores de la finca, había un joven llamado Juan de la Torre, a quien recordaba claramente. Durante nuestra estancia en el Zapote Blanco, ocurrió un incidente que lo convirtió en una figura inolvidable. Una majestuosa águila real intentaba llevarse a un ternero recién nacido, pero Juan corrió hacia la casa grande y logró abatirla con un disparo de escopeta. La criatura alada yacía muerta con alas que superan en tamaño a mi propia estatura.

La Tinaja: El adiós y los duraznos especiales

La partida de La Tinaja se acercaba, pero antes de dejar atrás ese lugar lleno de recuerdos, tuve la oportunidad de conocer más sobre el águila que mencioné anteriormente. Sus garras eran tan enormes que superaban el tamaño de las manos de un adulto. Supe que habían sido cortadas y conservadas como trofeo. En ese momento, tenía alrededor de ocho o nueve años y, lleno de curiosidad, le pregunté a Juan de la Torre, el joven que había abatido al águila, sobre las garras. Él me contó que las había guardado y que incluso había hecho un llavero con ellas, que aún perdura en algún lugar.

Pero, como suele ocurrir, el tiempo avanzaba, y nos dimos cuenta de que era hora de despedirnos. Alrededor de las diez de la mañana, partimos en una carreta tirada por bueyes pintados de colorado que el tío de María nos había preparado. Los bultos con duraznos que habíamos recopilado en la cesta se acomodaron junto a nosotros.

Las despedidas fueron emotivas, y prácticamente todos los habitantes del rancho vinieron a decirnos adiós. Algunos incluso nos animaron a quedarnos unos días más. Mientras partíamos, nos acompañó el sabor especial de los duraznos de La Tinaja, cuyos frutos, alimentados por esa tierra roja y parda, tenían un sabor único y fuerte, muy diferente de los que había probado en otros lugares.

Durante el trayecto, disfrutamos de los duraznos que llevábamos con nosotros, cortesía del tío de María de Nina. Su generosidad nos brindó un camino reconfortante, casi hasta las puertas de La Capilla, donde se encontraba el Saltillo, cerca del Charco Hondo.

Cargábamos los costales llenos de duraznos y tunas que también nos habían obsequiado generosamente. Este viaje fue un capítulo lleno de momentos felices que nunca olvidaré, una de las experiencias más gratas de mi vida.

Felipe, el agrarista

Felipe el agrarista era un individuo sumamente popular en La Capilla, era tío de Luis Muñoz, quien era el dueño del galgo llamado "El Tiro", el cual lamentablemente fue envenenado en algún momento.

A Felipe también le apasionaba la caza de liebres y siempre contaba con una mula que era excelente en el trote. Esta mula sólo encontraba competencia en el caballo de don Juan Torres, conocido por su trote inigualable. Felipe el agrarista era un hombre sencillo, ni rico ni pobre, pero dejó una huella imborrable en La Tinaja con su pasión por la caza y su destreza en el trote.

Felipe el agrarista era un hombre que sabía mantenerse a sí mismo como dueño de un modesto rancho. Su casa, ubicada casi en el corazón de La Capilla, era una vista cotidiana para mí mientras me desplazaba desde su rancho. En las mismas calles, lo veía montado en su mula, avanzando con un paso firme y un trote puro que supera a cualquier hombre corriendo. Un día, decidimos salir a cazar liebres en un rancho al poniente de La Capilla.

Felipe, como de costumbre, llegó a lomos de su mula mientras el resto de nosotros nos apretamos en una camioneta. El rancho estaba a unos seis kilómetros al oeste de La Capilla, y en ese entonces, sólo había caminos de terracería, pero Felipe nos estaba esperando cuando llegamos. No puedo evitar recordar lo hábil que era para moverse con sus espuelas en su mula, que demostró ser excepcional para recorrer el terreno.

Pasamos todo el día inmersos en la emoción de la caza, disfrutando de emocionantes carreras y capturando muchas liebres. Cuando finalmente nos cansamos y nos preparamos para regresar, Felipe y el dueño de la camioneta organizaron una apuesta para ver quién llegaría primero. Fue un día inolvidable lleno de aventuras en ese rancho.

Felipe el agrarista y don Juan Gazapa

En la plaza, Felipe apareció con su mula, y recuerdo que la camioneta era de un señor llamado Andrés, el padre de un joven de nuestra edad llamado "Jilo". Cuando nos preparamos para partir, Felipe montó su mula y comenzó a trotar a una velocidad que parecía la de una motocicleta. Se adentró en un camino accidentado que conocía muy bien. La camioneta no podía seguir su ritmo, y todos nosotros, de pie en la parte trasera, nos aferramos con fuerza ya que el camino de terracería estaba lleno de piedras, baches y curvas pronunciadas.

A pesar de los obstáculos, Felipe avanzaba con determinación, sorteando las dificultades del terreno. Cuando llegamos a los guardaganados, tuvo que hacer una parada para darle un respiro a su cansada mula. Era importante enfriar para evitar que se sobrecalentara, ya que un animal agotado puede colapsar si no se enfría adecuadamente después de un esfuerzo.

Finalmente, cuando llegamos a la plaza de La Capilla, allí estaba don Felipe, sentado en una banca, esperándonos. Su mula, exhausta, no necesitaba ser paseada, ya que había hecho el esfuerzo necesario para llegar. Felipe, un sobrino de un hombre valiente y respetado, demostró una vez más su habilidad y destreza en ese día memorable.

En la tranquila Capilla, vivía un hombre llamado Juan Gazapa, cuyo apellido posiblemente fuera Muñoz, pero todos lo conocían como Gazapa. Mi tía Chole compartió una anécdota sobre él que revela su personalidad amigable pero también su incapacidad para tolerar el desprecio.

Don Juan Gazapa tenía un galgo, como muchos en La Capilla, y su perro solía pasear por la plaza. Un día, el perro se acercó a una mesa donde un hombre estaba cenando y trató de robar un queso. En respuesta, el hombre le disparó al pobre perro en la cabeza, pensando que era un perro callejero. Lo que no sabía era que el perro pertenecía a don Juan Gazapa.

Cuando alguien corrió a informar a don Juan Gazapa sobre la situación, llegó rápidamente a la escena llevando una cobija sobre el hombro y una pistola en la cintura, chocando con ella mientras corría. Al llegar, encontró al hombre que había disparado al perro sentado con arrogancia. El perro yacía muerto en el suelo. Esta historia ocurrió a principios de 1720 en La Capilla, y demuestra que don Juan Gazapa no toleraba el desprecio hacia lo suyo.

Le preguntó al hombre que había matado a su perro si era él, a lo que el hombre respondió de manera desafiante. En medio de la conversación, el hombre intentó sacar su pistola, pero don Juan Gazapa actuó con rapidez y destreza. En un abrir y cerrar de ojos, le disparó al hombre en la cabeza, causando su muerte instantánea.

El hombre desconocido, del cual no se supo su procedencia, cayó al suelo junto al perro, ambos con heridas mortales en la cabeza. Esta tragedia ocurrió debido a un malentendido fatal, donde el hombre que había matado al perro amenazaba a don Juan Gazapa, sin conocerlo. En su tierra natal, es posible que este hombre fuera temido, pero en La Capilla, cometió un grave error.

Esta historia real es un ejemplo de cómo las amenazas pueden llevar a consecuencias trágicas cuando no se comprenden completamente las circunstancias.

CAPÍTULO 21

El Cacalote de los Alcalá: Un rancho con historia

Les contaré sobre el Cacalote, un antiguo rancho fundado en el siglo XVIII por los mismos colonizadores castellanos que llegaron a la región de Altense. Fue en este lugar donde se establecieron los Alcalá, hombres valientes y decididos, conocidos por su amistosidad, pero también por su enemistad feroz cuando se les ofendía. A lo largo de mi vida, he tenido la oportunidad de presenciar sus acciones y relaciones en este lugar.

Entre los Alcalá, tuve un amigo llamado Jesús Alcalá, conocido como "Chuy". Él participó en numerosos hechos peligrosos mientras ocupaba el cargo de comandante en mi pueblo. En varias ocasiones, escapó de situaciones de peligro de milagro. Jesús Alcalá era sobrino de don Herminio Alcalá, a quien he mencionado previamente en mi relato. Don Herminio fue comandante de La Capilla durante mi infancia y ocupó ese cargo durante mucho tiempo. Sin embargo, antes de asumir como comandante, Jesús Alcalá se vio involucrado en un incidente trágico.

El primer enfrentamiento en el que participó Jesús Alcalá fue la venganza por la muerte de un tío de don Herminio, quien vivía en el Cacalote. Este tío tuvo un serio conflicto con otra persona, que finalmente lo mató. En respuesta, Herminio Alcalá, como sobrino, buscó al asesino de su tío y lo mató también. Esta historia refleja la firmeza de carácter y la determinación que caracterizaban a los Alcalá, quienes no dudaban en tomar medidas drásticas para hacer justicia por sus seres queridos. El Cacalote es testigo de estas historias que se han transmitido de generación en generación, dejando una huella indeleble en la historia de la región.

Después de la venganza por la muerte de su tío, Jesús Alcalá fue nombrado comandante de La Capilla. Al igual que don Herminio también se desempeñó en este cargo durante un largo mandato y La Capilla disfrutó de un período de relativa paz.

Sin embargo, en su papel de comandante, Jesús Alcalá se vio obligado en ocasiones a tomar medidas drásticas contra aquellos que cometían graves ofensas contra la comunidad. A pesar de su liderazgo, algunos individuos desafiantes tuvieron que enfrentar las consecuencias de sus acciones en el "otro lado", como se solía decir en la región. Jesús Alcalá era conocido por su firmeza y determinación para mantener la seguridad del pueblo.

En su tiempo como comandante, La Capilla experimentó una tranquilidad que duró muchos años. Sin embargo, Jesús Alcalá también se ganó la enemistad de aquellos a quienes desterró por sus acciones perniciosas. Algunos de ellos intentaron regresar al pueblo de manera clandestina, pero don Herminio, un hombre astuto y querido por todos, siempre estaba alerta. Cuando se enteraba de la presencia de alguien con malas intenciones, actuaba con rapidez para neutralizar cualquier amenaza.

Don Herminio, a pesar de su avanzada edad, nunca dejó de proteger a su comunidad. Aunque algunos quisieron que continuará como comandante, eventualmente decidió retirarse voluntariamente. Su legado de sabiduría y liderazgo perduró en la memoria de La Capilla.

Después de su partida, otro comandante ocupó su lugar, pero su mandato fue breve. Más tarde, llegó otro comandante de San Miguel el Alto, cuyo nombre no recuerdo, y tenía un subalterno cuyo nombre también se me escapa en este momento. La historia de La Capilla y los Alcalá continúa, llena de intrigas y cambios en el liderazgo, pero siempre marcada por la determinación de proteger y preservar la comunidad.

Luego llegó un nuevo comandante después de Jesús Alcalá y su liderazgo cambió drásticamente la dinámica del pueblo.

Este nuevo comandante comenzó a mostrarse implacable con la población y, en ocasiones, trató de manera injusta a los habitantes del pueblo. Parecía estar decidido a demostrar que podía ser más duro que su predecesor, don Herminio Alcalá. Sin embargo, su enfoque rudo e injusto no demostró ser efectivo y, en mi opinión, reveló su falta de sabiduría.

Recuerdo haber presenciado algunas de sus injusticias, aunque me encontraba lejos de la influencia de don Herminio. Más tarde, fue nombrado comandante de La Capilla, lo que empeoró la situación. Parecía estar decidido a gobernar con mano de hierro, lo que resultó en un aumento de los abusos hacia la gente. Finalmente, algunos residentes decidieron poner fin a sus injusticias.

Un día, en la plaza, un grupo de personas se dirigió directamente hacia él con intenciones hostiles, claramente armados. Ante la inminente amenaza, el comandante buscó refugio en la tienda de don Luis Gutiérrez. Sin embargo, debido a las tres puertas de la tienda, no pudo escapar de la multitud que lo rodeaba. Trágicamente, fue abatido a tiros en un acto de justicia por parte de quienes habían sufrido bajo su mando.

Este triste episodio dejó a La Capilla sin comandante por un tiempo. La comunidad se mostró reacia a nombrar a otro líder equivocado, y así, la historia de La Capilla continuó marcada por los cambios en el liderazgo y las luchas por mantener la paz y la justicia en la región.

Después de la trágica muerte del comandante anterior, se nombró a mi amigo Jesús Alcalá como comandante, y su período duró varios años. Posteriormente, otro comandante ocupó el cargo por un tiempo y, finalmente, Jesús Alcalá fue reinstalado.

Durante su último período como comandante, Jesús y yo nos hicimos amigos más cercanos. También conocí a su hermano Salvador, apodado Chava, con quien establecí una gran confianza. Jesús compartía muchas anécdotas de su vida y de la historia del Cacalote, incluyendo algunos incidentes con sus tíos y vecinos.

Uno de los relatos que me contó involucró un conflicto serio entre los Alcalá y sus vecinos en un rancho cercano. Hubo una disputa que escaló, resultando en la trágica muerte de uno de los tíos mayores de los Alcalá. Esto ocurrió aproximadamente en la segunda década de 1720, y parece que también hubo una víctima entre los vecinos en ese conflicto.

Las rivalidades y tensiones en la región eran comunes en esa época, y estas historias ilustran la complejidad de las relaciones entre las familias y comunidades en La Capilla.

Se revelan tensiones y rivalidades entre los Alcalá y sus vecinos. Después de los trágicos eventos en los que murieron algunos miembros de ambas familias, los vecinos de Alcalá no quedaron satisfechos. En muchas ocasiones, cuando los Alcalá regresaban a su rancho por la noche, veían a los vecinos escondidos en los alrededores de las cercas de piedra, aparentemente tratando de intimidar a los Alcalá para expulsarlos de la región.

Los Alcalá, a su vez, fingían no darse cuenta y comentaban en voz alta que veían "bultos" próximos a las cercas de piedra, dejando a los vecinos desconcertados. Esta situación la compartió mi amigo Chuy, quien mencionó que los vecinos siempre estaban acechando en busca de una oportunidad para resolver sus diferencias de manera violenta. Aunque los vecinos eran valientes, Chuy señaló que no hay razón para actuar impulsivamente cuando se conocen las consecuencias.

En un incidente relacionado, Chuy y algunos de sus primos estaban practicando montar a caballo en un campo plano como parte de su entrenamiento en caso de enfrentarse a soldados del ejército gubernamental durante la Guerra Cristera. Esta guerra aún estaba en curso, y los jóvenes se preparaban para posibles escenarios. Su disposición para enfrentar peligros y su determinación se hacen evidentes en estas historias.

Las tensiones y peligros que enfrentaron los Alcalá en esa época ilustran la complejidad de la vida en la región y la importancia de mantener la calma en situaciones conflictivas.

Se relata un encuentro inesperado en una nopalera. Los Alcalá, quienes estaban practicando montar a caballo en un campo plano como parte de su preparación para la Guerra Cristera, decidieron detenerse en una nopalera llena de tunas para disfrutar de este fruto del desierto.

Lo curioso es que dos de los misteriosos "bultos" que habían estado acechando a los Alcalá se encontraban en la nopalera, cortando tunas. Sorprendentemente, habían escondido sus pistolas debido al ruido de los caballos que se acercaban, pensando que se trataba del ejército gubernamental. Los Alcalá, al entrar en la nopalera, quedaron perplejos al ver a estos individuos. Uno de los primos de Chuy reaccionó rápidamente, pensando que podrían ser atacados, pero nadie sabía que los bultos habían escondido sus armas.

En ese momento tenso, el primo de Chuy sacó su pistola y comenzó a disparar a los individuos que los habían sorprendido. Uno de ellos cayó herido, mientras que el otro, herido pero furioso, intentó atacar al primo que les estaba disparando. Este relato ilustra la rapidez de reacción de los Alcalá en una situación inesperada y peligrosa. Cada disparo que el primo realizaba venía acompañado de una maldición, en un intento por repeler a su agresor y defenderse.

Este emocionante episodio en la nopalera destaca la tensión y los riesgos que enfrentaron los Alcalá durante ese período turbulento de la historia.

Un momento de peligro en La Capilla

Chuy, sentado en la barra de la tienda de su tío Herminio en el centro de La Capilla, estaba consciente de los posibles conflictos y venganzas que podían surgir en cualquier momento. En este día en particular, mientras miraba en el espejo detrás de él, notó que la punta de una pistola se asomaba por la puerta. Su instinto lo llevó a reaccionar rápidamente, sabiendo que debía moverse con destreza.

Chuy se levantó del asiento redondo en el que se encontraba y se lanzó al suelo. Cuando llegó al suelo, ya había sacado su propia pistola. El atacante, sorprendido por la rápida reacción de Chuy, disparó en la dirección donde él estaba sentado, pero al no encontrarlo, no disparó más.

Chuy, en su camino hacia el suelo, disparó dos balazos sin apuntar específicamente, y el atacante se escondió en la puerta. Este incidente ilustra la peligrosa realidad que enfrentaban las personas en posiciones de autoridad en ese tiempo, donde la violencia podía estallar en cualquier momento, y la rapidez de reacción era crucial para la supervivencia.

El Cacalote de los Alcalá: Un duelo en La Capilla

Se narra un emocionante enfrentamiento que tuvo lugar en La Capilla. Este relato pone de manifiesto la valentía y el instinto de supervivencia de Chuy en un momento de gran peligro.

Chuy, esperando pacientemente en su posición, calculó cuidadosamente la situación. Sabía que debía actuar con rapidez y precisión. Cuando el agresor asomó la cabeza, Chuy no dudó y disparó su pistola. Sin embargo, el atacante logró esquivar los disparos debido a la presencia de un escalón en la puerta.

La confrontación continuó con un intercambio de disparos, pero eventualmente ambos se quedaron sin balas. El atacante intentó huir, corriendo por la plaza, mientras que Chuy lo persiguió decidido a atraparlo. Finalmente, Chuy logró acercarse lo suficiente y apuntó su pistola, pero se dio cuenta de que ya no tenía balas para disparar. A pesar de ello, el atacante, desconociendo la falta de munición en la pistola de Chuy, optó por rendirse.

Esta emocionante narración demuestra la destreza y la valentía de Chuy en un momento de gran tensión. Además, revela detalles sobre la vida en el Cacalote, como la existencia de una gran casa y una huerta con árboles frutales, lo que añade un toque de contexto a la historia.

La despedida de Chuy

Se narra un emotivo episodio que revela la cercana relación entre Chuy y su hermana en los últimos momentos de su vida.

Aunque no he tenido la fortuna de visitar el Cacalote en persona, espero hacerlo algún día y conocer más sobre este lugar que tiene un significado especial en la historia de los Alcalá. Sin embargo, en mis visitas a La Capilla, tuve la oportunidad de hablar con el hermano de Chuy: Chava, quien es mi amigo y un amante de los gallos de pelea.

Chava compartió conmigo la conmovedora historia de la enfermedad de Chuy, que afectó su corazón. Un día, Chuy llegó a la casa de Chava sintiéndose mal, y su hermana, preocupada, inmediatamente envió a alguien en busca de un médico. Chuy, consciente de su estado, bromeó diciendo que si moría sólo debían enterrarlo para tranquilizar a su hermana.

La historia continúa con la llegada del médico, pero lamentablemente, Chuy falleció en ese momento, haciendo bromas hasta el último aliento. Esta anécdota revela la valentía y el espíritu de Chuy, así como el apoyo y la conexión emocional entre los miembros de la familia Alcalá.

La cantina de Herminio: Duelo de gallos

Se relata un memorable episodio en la cantina de Herminio Alcalá, donde los juegos de baraja y las disputas solían prolongarse durante días y noches. Sin embargo, en esta ocasión, la situación tomó un giro más peligroso cuando Herminio Alcalá se enfrentó a Máximo González en un duelo de gallos.

Ambos hombres, conocidos por sus gallos con espolones afilados, sacaron sus pistolas en medio de la confrontación. Afortunadamente, la presencia de numerosos amigos que participaban en la jugada evitó una tragedia. Los amigos intervinieron a tiempo y lograron arrebatarles las pistolas antes de que apretaran el gatillo, desactivando así la potencialmente letal situación.

Este episodio muestra cómo la pasión y la rivalidad en la cantina de Herminio Alcalá a veces podían llevar a situaciones peligrosas, pero también destaca la importancia de la intervención de amigos que evitó una tragedia en ese momento.

Se narra una historia que ilustra las pasiones y las rivalidades que solían surgir en este lugar emblemático. La historia comienza con el narrador llevando baldes de suero para los cerdos de su abuelita, pero su atención se desvía hacia la cantina de Herminio Alcalá debido a un tumulto.

A pesar de las tensiones, la narración destaca que, al día siguiente, Herminio y Máximo volvieron a jugar a las cartas juntos, mostrando cómo las rivalidades en la cantina eran a menudo pasajeras. Además, se menciona a un personaje peculiar apodado "Vinaco", que, a pesar de su audacia, buscaba caer bien a Herminio, ya que pretendía casarse con una de sus hijas.

Esta historia revela cómo la cantina de Herminio Alcalá era un lugar donde las pasiones a menudo chocaban, pero también era un espacio donde las relaciones humanas y la camaradería tenían un lugar importante en medio de las rivalidades y los juegos de cartas.

Entre los personajes de la cantina, se destaca a don Tereso, un jugador empedernido y soltero, conocido por su amabilidad. Don Tereso era un miembro querido de la comunidad, y su generosidad era evidente cuando compartía sus ganancias con los jóvenes que se reunían en la plaza.

Don Tereso solía participar activamente en las jugadas de cartas que tenían lugar en la cantina. Después de ganar, solía llevar consigo bolsas llenas de monedas o billetes. Sin embargo, lo que más le gustaba hacer era compartir su alegría con los niños del pueblo. Al salir de la cantina, se acercaba a los niños y les lanzaba monedas al suelo, creando así momentos de felicidad en sus vidas.

Esta generosidad y su disposición para platicar con los niños lo convirtieron en un personaje querido en la comunidad. Los niños lo esperaban con entusiasmo y alegría cada vez que salía de la cantina. Don Tereso se sentía feliz al hacer felices a los jóvenes, y su presencia era una fuente de alegría en el pueblo.

Sin embargo, la historia toma un giro triste cuando don Tereso desaparece por un tiempo. Cuando finalmente lo ven de nuevo, camina descalzo por las calles, aparentemente desorientado. Se revela que había sufrido una gran pérdida económica debido a su pasión por los juegos de azar, lo que lo llevó a un estado de deterioro mental.

A pesar de la compasión que sentían por él, los niños no podían hacer mucho para ayudarlo. La historia de don Tereso sirve como un recordatorio de cómo las pasiones pueden llevar a la ruina y cómo la generosidad de una persona puede dejar una huella perdurable en la comunidad, incluso en momentos difíciles.

El encuentro nocturno en la esquina: "el Tinaco"

La historia de Herminio, relata un acontecimiento en el que estuvo involucrado un personaje conocido como "el Tinaco". En ese momento, "el Tinaco" se desempeñaba como policía en la localidad.

La escena se desarrolla cuando "el Tinaco" sale de la cantina de don Herminio, dirigiéndose hacia su casa. Mientras camina por la acera, cerca de la casa de don Juanillo Franco, en dirección al poniente, nota la presencia de un individuo sospechoso en la esquina de enfrente.

El individuo, que se encontraba en actitud amenazante, saca una pistola. Afortunadamente para "el Tinaco", una camioneta estaba estacionada cerca de la acera por donde él caminaba. Rápidamente, "el Tinaco" se oculta detrás de las llantas de la camioneta, evitando así los primeros disparos que el otro individuo efectúa en su dirección.

La escena se torna caótica, con disparos resonando en la noche. Aunque los tiros alcanzan las llantas y los rines de la camioneta, "el Tinaco" logra mantenerse a salvo detrás de su improvisado refugio. Mientras tanto, los gritos de advertencia de testigos circundantes le indican a "el Tinaco" que se mueva hacia el portal de la plaza para resguardarse, ya que podrían disparar en cualquier momento.

Finalmente, el agresor decide darse a la fuga, corriendo por la calle y desapareciendo en la oscuridad de la noche. A pesar del peligro y la tensión de la situación, "el Tinaco" logra salir ileso de este encuentro nocturno en la esquina, evitando ser víctima de un ataque que pudo haber tenido consecuencias trágicas.

Los Gonzales de la Cruz: Un duelo en la calle del Sur

La historia de los Gonzales de la Cruz, narra un enfrentamiento que marcó su legado en el rancho de La Cruz. Los Gonzales de la Cruz eran dos hermanos de gran renombre en la región, y su rancho llevaba el mismo nombre, La Cruz.

La trama se desarrolla en la misma calle donde residían dos personajes clave en la narrativa, mi amigo el Cisto y mi tío Felipe González, ubicada en las proximidades de la parroquia, en dirección al sur. Estos dos hermanos, de distinguida estampa, eran conocidos por su elegancia y porte de verdaderos caballeros. Siempre se presentaban ataviados con impecables atuendos, luciendo orgullosamente sus botas de montar y monturas de calidad, así como elegantes espuelas plateadas. Sus sombreros, de generosas dimensiones y ribetes de cuero, los identificaban como auténticos vaqueros.

Sin embargo, un día, al llegar a la parroquia, se encontraron con una situación inesperada. Habían descendido de sus monturas, cuando un individuo de apellido Dávila comenzó a dispararles balas perdidas en la misma calle en dirección al sur. Los Gonzales, conscientes de su reputación y preparados con sus confiables pistolas y fundas, no dudaron en responder a la amenaza.

El enfrentamiento se convirtió en un duelo de balas y coraje en la soleada calle del sur. Los Gonzales de la Cruz, respaldados por su experiencia y armamento, se defendieron con firmeza. La escena se convirtió en un recuerdo imborrable de valentía y destreza, donde los ribetes de cuero de sus sombreros relucían con cada destello de los disparos.

A pesar de la tensión y la violencia del enfrentamiento, los Gonzales de la Cruz demostraron su temple y se ganaron el respeto de quienes presenciaron aquel duelo en la calle del sur. Aunque uno de los Gonzales resultó herido, su espíritu indomable no se quebrantó, y continuaron enfrentando la amenaza con firmeza. Su legado perdurará como un ejemplo de gallardía en la historia de La Cruz.

La escena se convirtió en un símbolo de la tenacidad y el coraje de los Gonzales de la Ruiz, quienes nunca se rindieron ante la adversidad. Su legado perdura como un testimonio de la voluntad inquebrantable de una familia que defendió con valentía su honor y su tierra en aquella histórica calle del sur.

La hechicera de Tonalá: Un intento desesperado de curación

De esta cautivadora narración, se desvela un episodio conmovedor protagonizado por un valiente oficial de policía. Este relato nos transporta a una época en la que la esperanza y la desesperación se entrelazaban en la búsqueda de la curación para un ser querido.

El oficial de policía, cuya valentía y dedicación eran conocidas por todos, se encontraba en una situación angustiante. Su amada esposa estaba gravemente enferma, y los esfuerzos del médico no habían logrado aliviar su sufrimiento. La desesperación se apoderó de él, y recurrió a un recurso insólito: la búsqueda de ayuda en Tonalá.

Tonalá, una ciudad cercana a Guadalajara y famosa por sus "Hechiceros" o "Verberos" indígenas desde tiempos inmemoriales, era conocida por sus prácticas místicas y ancestrales. El oficial de policía decidió embarcarse en un viaje a Tonalá, buscando la ayuda de una mujer hechicera en un intento desesperado por curar a su esposa.

Cuando la hechicera llegó, fue recibida por una multitud en las calles y los portales del pueblo. El bullicio y la emoción se apoderaron del lugar, y la gente se agrupó para presenciar este evento extraordinario. Incluso el autor de esta historia recuerda que estaba en la escuela en ese momento y que la emoción se extendió hasta allí.

La hechicera, experta en hierbas y conjuros, recibió al oficial con la promesa de curar a su esposa enferma. Sin demora, comenzó a realizar rituales ancestrales, encendiendo una fogata y recitando palabras indígenas cargadas de significado. Preparó un ungüento y lo aplicó en la zona afectada, además de proporcionarle remedios para tomar.

Sin embargo, a pesar de la esperanza que esta búsqueda había despertado, el destino tenía otros planes. La salud de la esposa del oficial empeoró rápidamente, y, lamentablemente, falleció. La intervención de la hechicera, en lugar de curar, aceleró su partida.

Sin embargo, la situación dio un giro inesperado cuando la multitud se volvió agresiva y hostil hacia la hechicera. La tensión creció, y Herminio, el comandante de la policía, se sintió abrumado por la situación. Temiendo que la situación se saliera de control y que la hechicera sufriera daño, decidió intervenir para protegerla.

La noticia de esta tragedia llegó a oídos de Herminio, el comandante de la policía, quien, en un acto de solidaridad y apoyo, se dirigió de inmediato a la casa del oficial, seguido por otros miembros de la comunidad. Todos compartieron el dolor y la tristeza por la pérdida del ser querido.

La multitud finalmente llevó a la hechicera hacia una laguna cercana, donde la sumergieron en el agua. La escena fue impactante y la pobre mujer, aterrada, fue rescatada empapada y asustada. Herminio, con un sentido de justicia y humanidad, tomó la decisión de protegerla y cuidar de ella.

Este relato nos recuerda la lucha desesperada por la vida y la esperanza en tiempos de dificultades. La búsqueda de soluciones inusuales, como recurrir a la hechicería, a veces refleja la profundidad del amor y la desesperación de quienes buscan aliviar el sufrimiento de sus seres queridos. Aunque en este caso el resultado fue trágico, el gesto de valentía del oficial y la solidaridad de la comunidad dejan una huella imborrable en esta historia.

CAPÍTULO 22

Otra aventura con Tacho: Tras las liebres en bicicleta

Hubo una época en la que las bicicletas "Manita Roja" eran un tesoro codiciado y las aventuras en la naturaleza eran el pasatiempo de elección.

La historia comienza con el entusiasmo de recibir una bicicleta "Manita Roja", una marca que representaba la excelencia en aquellos tiempos. El regalo de esta bicicleta me aportó una gran alegría y también a mi hermano Miguel, quien compartía la diversión de montarla.

El día en cuestión, Tacho y yo decidimos embarcarnos en una aventura en bicicleta para seguir a los cazadores de liebres hasta el potrero del Llano. El camino consistía en una brecha que anteriormente había sido parte del antiguo Camino Real, utilizado tanto por vehículos como por carretas. La emoción de la búsqueda y la exploración nos impulsaba, a pesar de que nunca habían visitado ese lugar antes.

Las condiciones del día añadieron un elemento adicional de desafío, ya que había llovido copiosamente durante la noche anterior. Sin embargo, esto no nos disuadió para seguir la aventura en las bicicletas "Manita Roja", y pedaleamos con determinación a través de charcos y caminos embarrados.

De pronto nos topamos con un charco que, a simple vista, parecía igual que los anteriores, pero resultó ser mucho más profundo. Mi bicicleta quedó atrapada en el agua y me caí, primero cayendo sobre el asiento y luego golpeándome en una caída posterior.

Me encontraba en un estado de dolor y aturdimiento. Mientras tanto, Tacho, que ya estaba a cierta distancia, se detuvo al percatarse de la situación.

Lo que siguió fue una escena cómica, ya que Tachó, al verme dando una voltereta en el suelo, comenzó a reír a carcajadas. Sus risas eran incontrolables y contagiosas, lo que sólo me hacía sentir más incómodo y avergonzado. Tacho no pudo contener su risa y no tenía idea de lo que había causado la caída.

Yo estaba sufriendo de un dolor en mi "colita" como resultado de la caída, y me sentía incapaz de moverme. Eventualmente, cuando el dolor disminuyó, pude ponerme de pie y continuar nuestro viaje en bicicleta hacia el potrero del Llano, un terreno montañoso en el que nos esperaban más aventuras.

Sin embargo, no logramos encontrar a los cazadores de liebres ni ubicar el pueblo de Mirandilla. A pesar de ello, seguimos pedaleando con determinación y disfrutando de hermosos paisajes como un pequeño lago donde se avistaban aves como patos reales y gansos.

Este relato nos lleva a una época en la que las aventuras al aire libre eran el epítome de la diversión y la emoción. La bicicleta "Manita Roja" era una fiel compañera en estas travesías, y cada aventura, incluso las caídas inesperadas, se convirtieron en una parte valiosa de nuestra memoria y experiencias vividas.

En estos paseos se disfrutaba de la belleza natural de la época de lluvias y la diversidad de la fauna que habita la región.

También pasamos por un rancho llamado El Terrero, conocido por ser tierra de los Casillas, y otro llamado San Francisco, donde hicimos amigos que se convirtieron en nuestros compadres en el futuro. Esta travesía en bicicleta no sólo fue una aventura física, sino también una oportunidad para explorar la naturaleza y establecer conexiones con la gente de la región.

Elpidio Navarro y su trágico destino

Ahora les hablaré un poco de la vida de Elpidio Navarro y su trágico desenlace. Elpidio Navarro era una figura destacada en la comunidad, un hombre de unos 35 años, conocido por su apariencia física: alto, blanco, ojos azules y de buena presencia. Además, era pariente del autor y de otros miembros de la comunidad, siendo un Navarro típico.

Don Elpidio tenía tres hijos y varias hijas. El hijo mayor llevaba el mismo nombre, Elpidio, pero solían llamarlo "Pillo" y era mi amigo, recuerdo que tenía apenas uno o dos años menos que yo.

Un día Pillo y otros niños estaban en el campo jugando futbol. De pronto surge un conflicto entre Pillo y otro niño, aparentemente por un desacuerdo durante el juego.

Lo que sigue es un episodio que termina en tragedia. Elpidio Navarro, al enterarse del conflicto entre su hijo Pillo y el otro niño, decide tomar medidas drásticas. En lugar de buscar una solución pacífica, Elpidio reacciona violentamente al encontrarse al otro niño en la calle. Este último llevaba un balde de agua con dos botes colgando de un aro, y al verlo, Elpidio lo confronta, arrebatándole el balde y golpeándolo con él.

La madre del niño agredido, al ver a su hijo llegar a casa malherido, le pregunta qué le ha sucedido. El niño, aún con lágrimas en los ojos, confiesa que Elpidio lo golpeó. La madre, angustiada por la situación, decide relatar lo ocurrido a su esposo, quien no estaba presente en ese momento, ya que había estado ausente en La Capilla.

Esta serie de eventos fue haciendo daño en las relaciones entre aquellas familias y estaban todos a la defensiva, de hecho, don Elpidio desde entonces no salía de su casa sin estar armado. Un día visitó la tienda de don Luis Gutiérrez y cuenta que se les vio a ambos hombres conversando en el fondo del establecimiento, apoyados en el mostrador.

De manera sorpresiva y sin previo aviso, Elpidio toma su pistola y dispara a quemarropa a don Luis Gutiérrez, quien cae abatido al instante. La acción es rápida y despiadada, dejando a todos los presentes estupefactos por la violencia del acto. Elpidio, tras cometer el asesinato, huye del lugar como un fugitivo.

En ese momento, no había presencia policial cercana que pudiera perseguir al homicida. Sin embargo, se encontraba en las proximidades Cacheras, sobrino de Elpidio y hermano de don José Navarro, quien pronto se enteraría del crimen y de la identidad del asesino. Cacheras, joven y valiente, decide emprender la persecución de su tío.

Con valentía y determinación, Cacheras desarma a Elpidio y lo entrega a las autoridades. El asesino es arrestado y posteriormente trasladado al infame Penal de Guadalajara, la prisión más grande y conocida de la región. Aunque no se menciona cuánto tiempo Elpidio pasaría tras las rejas, lo que queda claro es que su destino se encuentra sellado.

Estos lamentables sucesos nos invitan a reflexionar sobre el trágico curso de los acontecimientos y nos desafían a cuestionar si había alguna otra alternativa que hubiera evitado estas desgracias.

Pillo, a pesar de su juventud, se sintió profundamente afectado por la muerte de su padre y experimentó una profunda culpa. Esto lo llevó a buscar consuelo en el alcohol, convirtiéndolo en un alcohólico crónico. Pillo, en su esencia, era un joven amable y amigable, recuerdo con cariño los momentos compartidos.

Idas a Guadalajara

Las idas a Guadalajara eran una fuente de emoción para mí, disfrutaba cada trayecto en el camión, observando con asombro los lugares por donde pasábamos. Estos viajes solían culminar en la casa de mi tía Carmen, y mi tío Lorenzo, quienes constituían una familia amable y amorosa. Los anfitriones eran los padres de mis primos Alfonzo y Lencho, con quienes establecí lazos familiares muy profundos.

Mi tío lorenzo tenía una tienda de abarrotes conocida como "La Concha", ubicada frente al templo de la Purísima Concepción.

La tía Carmen y el tío Lorenzo siempre nos hacía sentir como en casa, su generosidad y el cariño era evidente, siempre se preocupaban por que los niños comiéramos bien durante la visita.

La tía Carmen, era como una segunda madre para mí, una mujer de gran corazón que nunca se mostraba enojada con nadie. Su relación con el tío Lorenzo destacaba como un ejemplo de amor conyugal. Mi abuelita Chita, también vivía en su casa y ocupaba una habitación aparte.

Durante mi visita a Guadalajara, disfrutaba de la compañía de mi adorada mamá Chita. Esta mujer sabia y amorosa desempeñó un papel fundamental en mi vida, ella me contaba historias y me compartía conocimientos sobre mi padre, mis abuelos y otros antepasados. Fue de Mama Chita que obtuve gran parte de la información que he plasmado en este libro. Además, mamá Chita era una devota del rezo y del rosario, ocasionalmente yo la acompañaba en sus plegarias. Su espiritualidad y devoción a la Virgen de Guadalupe dejaron una huella profunda en mí, pues ella solía rezar fervientemente a la "Morenita Guadalupana".

Mama Chita también tenía una pasión por las corridas de toros y seguía con entusiasmo las narraciones en la radio, demostrando un conocimiento profundo de las reglas y movimientos taurinos.

En Guadalajara también vivía mi tío Antonio, un hermano de mi abuelito. Estas visitas constituyeron momentos especiales en mi vida, ayudándome a fortalecer los lazos con esta parte de mi familia, y nutriéndome con sus maravillosas costumbres.

Recuerdo que mi tía Carmen y yo hicimos un viaje a pie hacia la casa de mi tío Rafael. Este pintoresco viaje nos permitió explorar los detalles de la ruta y los encuentros inolvidables a lo largo del camino.

Una de las paradas memorables en este trayecto era un puesto donde vendían nieves de diferentes sabores. De hecho, en este puesto de nieve surgió una divertida anécdota; mi tía me compró una nieve y como estaba muy sabrosa me apresuré en comerla, lo que me causó una congelación en la garganta. Al ver esto el dueño del puesto me ofreció un vaso de agua, haciendo que el dolor desapareciera como por arte de magia. Esta historia refleja la sencillez y la bondad de las personas que encontrabas por aquellos caminos.

También recuerdo lo impresionado que quedé al conocer el "Cuartel Colorado", un cuartel del Ejército Federal que destacaba por sus grandes dimensiones y sus paredes de color rojo, de donde provenía su nombre. Había numerosos caballos en el cuartel, todos del mismo color: pelaje claro y patas blancas. Y recuerdo la presencia de cientos de soldados bien uniformados y una banda de guerra que marcaba el ritmo de los desfiles, una imagen inolvidable.

Mi querida Capilla - El encuentro con Tachín

El retorno a mi amada Capilla fue un momento emocionante, lleno de sentimientos encontrados que sólo puede experimentar alguien que anhela su tierra natal. Al acercarme, mi corazón comenzó a latir más rápido, y esa sensación de pertenencia y familiaridad se apoderó de mí. El lazo profundo que uno tiene con su lugar de origen es incomparable y, al llegar a Capilla, sentí la calidez de casa.

Mi bien querido amigo Tachín me recibió con entusiasmo, y su alegría se reflejaba en su rostro. Siempre llevaba su característico sombrero, aunque con el tiempo, las lluvias habían dejado su huella, y el sombrero ahora casi le cubría los ojos. Pero no importaba, seguía siendo el mismo Tachín que recordaba.

Recordé algunas anécdotas compartidas con Tachín, como aquella vez en la plaza cuando le quitaba su sombrero y él me seguía juguetonamente. También hubo momentos en los que desafié a Tachín a pelear, aunque no tenía experiencia en boxeo. Al principio, él se resistía, pero finalmente aceptó el reto. Fue un encuentro memorable que nos hizo reír y fortaleció nuestra amistad.

El regreso a La Capilla no sólo me llenó de nostalgia, sino que también me brindó la oportunidad de reencontrarme con viejos amigos y revivir recuerdos entrañables. Cada rincón de mi amada Capilla guardaba historias y experiencias que atesoraré por siempre.

Mi querida Capilla - Un sueño hecho Realidad

En ese período de mi vida, ya no era el niño intrépido de antes. A medida que crecía, mi percepción del mundo se ampliaba, y comenzaba a tener más experiencias. Tenía alrededor de 13 años, casi 14, y mi amor por mi querida Capilla sólo crecía con el tiempo. Suspiraba al recordar esos momentos, porque fue entonces cuando llegué a apreciar aún más mi pueblo y los hermosos ranchos circundantes.

Con la adolescencia llegaron nuevos sentimientos y emociones. Empecé a notar más a las jóvenes y señoritas bonitas que abundaban en La Capilla. De todas las formas y colores, las chicas con cabello negro y rubio destacaban especialmente. En ese momento, me enamoré de una niña de mi edad, y ella también mostró interés en mí. Era hermosa, de tez blanca, ojos verdes y cabello rubio, una verdadera belleza.

Nuestro enamoramiento floreció en un ambiente donde todo parecía perfecto. Cada día en La Capilla se volvía una aventura, y cada rincón del pueblo estaba lleno de recuerdos especiales. La adolescencia trajo consigo un mundo de emociones y descubrimientos, y mi querida Capilla fue testigo de cada paso de mi crecimiento. En este capítulo, celebro ese sueño hecho realidad, un amor joven en un lugar tan querido.

Mi Capilla querida y la güera de Victoria

La güera de Victoria, como cariñosamente la llamábamos, era un nombre que resonaba en mi corazón. Recuerdo un alegre domingo en el que estábamos en la plaza, rodeados de jóvenes y muchachas, todos disfrutando de una serenata. Fue entonces cuando me encontré con La güera de Victoria, una joven casi convertida en señorita, y entre nosotros había una conexión que venía gestándose desde hace algún tiempo.

La güera de Victoria era hermosa, de tez blanca y cabello rubio, con unas mejillas sonrosadas que me dejaban sin aliento. Yo creía que éramos novios, y un día, después de mucha emoción y nerviosismo, me armé de valor y le expresé mis sentimientos. Le pregunté si quería ser mi novia, y aunque las palabras me costaban trabajo, ella respondió con una sonrisa que llenó mi corazón de alegría.

Nuestros encuentros eran sencillos pero especiales. En una ocasión, corté un ramo de flores del jardín de mi abuelita María en grandes cantidades y se las llevé a la güera de Victoria durante otra serenata en la plaza, donde ella estaba con sus primas. Fue un gesto de cariño inocente, pero que simbolizaba el amor y la ternura que sentía por ella en aquellos tiempos de juventud. La emoción me embargaba cuando le entregué un ramo de flores.

La güera de Victoria parecía un ángel descendido del cielo, con sus mejillas sonrosadas y sus ojos verdes claros que brillaban como joyas preciosas. Sus rasgos eran tan hermosos que me dejaban sin aliento.

Un día, la vi de nuevo en la tienda de don Luis Gutiérrez. Tenía una amiga llamada Josefina Navarro, sobrina de don Luis, y nuestra conversación fue amena. La güera Victoria me regaló un retrato, un recuerdo que todavía conservo con cariño. Pero la vida a veces juega sus cartas, y descubrí que ella estaba enferma del corazón. Partió de este mundo siendo aún muy joven, y yo ni siquiera supe de su partida.

En aquellos tiempos, la güera de Victoria tuvo otro novio. A ese joven que ocupó su corazón en ese momento y al que no llegué a conocer, le felicito, pues debía ser alguien realmente especial para ganarse su afecto. Una joven tan hermosa como ella debía de tener muchos pretendientes.

En 1949, nos mudamos a San Luis Potosí, y desde entonces, sigo recordando a la güera de Victoria con un cariño puro y sincero, sin malicia. A esa edad, a veces Dios decide llevar a alguien temprano al cielo. Espero que algún día, cuando me toque, la encuentre allá arriba, en ese lugar de paz y amor eterno. Su cariño fue efímero, pero dejó una huella imborrable en mi corazón.

CAPÍTULO 23

La Presa de Gómez

Para alejar la tristeza, prefiero hablar del rancho de La Presa de Gómez, que fue parte de nuestra vida durante esos mismos años en los que la güera de Victoria y yo compartimos ilusiones. ¿Qué puedo decir de La Presa de Gómez? Es un lugar hermoso, pero aún más hermosa es su gente. Los habitantes de este lugar tienen corazones generosos, dispuestos a tender una mano amiga a cualquier persona de buen corazón.

Son profundamente religiosos, sin caer en el fanatismo, y demuestran su amor por Dios y la Virgen de Guadalupe con sus rezos diarios del rosario y otras oraciones tradicionales. Siguen las mismas costumbres que nuestros antepasados castellanos trajeron desde Castilla, España, y mantienen viva esa conexión con su herencia espiritual.

En La Presa de Gómez, la gente es excepcionalmente amable y generosa. Son hospitalarios y siempre están dispuestos a ayudar al prójimo con justicia y alegría. Cuando alguien viene de visita, lo reciben con entusiasmo. Quiero compartir esto porque cuando yo tenía alrededor de 13 años, tuve la oportunidad de pasar unos días en este lugar maravilloso.

La presencia de Gómez se extiende por todos lados, con apellidos como Aceves y Martín predominando. En este lugar, la alegría es contagiosa, y casi todos saben tocar la guitarra, incluyendo a las mujeres, y cantan de manera preciosa. Los Aceves, en particular, parecen haber nacido para cantar y alegrar el mundo.

Recuerdo que, en una de mis visitas, me prestaron un caballo con el que exploré la zona en compañía de un amigo algo mayor que yo al que llamaban tío Domiro, quien a su vez era conocido como Atilano Gómez. Atilano tenía vastas tierras y una gran cantidad de ganado. Fue en este lugar donde aprendí a manejar el arado con una yunta de bueyes. Aquí me enseñaron cómo trazar surcos para sembrar y también a cuidar de los bueyes, colocándoles los collares en los cuernos y dirigiéndolos con el arado. Durante la temporada de ordeñar, aprendí a realizar esta tarea de manera efectiva.

En La Presa de Gómez, aprendí muchas cosas nuevas. Me enseñaron a ordeñar vacas, extrayendo la leche fresca de sus ubres. También me involucré en el trabajo con los terneros, pero a veces me encontraba en situaciones cómicas, siendo arrojado al aire como una hoja llevada por el viento. Me reía junto con los demás mientras caía al suelo después de un fuerte sacudón causado por los zapatazos de los terneros.

A pesar de los desafíos, me gustaba mucho este ambiente rural. Aunque aún no había comenzado la temporada de siembra y el campo no lucía verde, las mañanas tempranas eran hermosas. Recuerdo especialmente las alboradas, que eran verdaderamente preciosas.

Antes de marcharme, firmamos en una casa de los Aceves, quienes nos invitaron a un evento especial. Parecía ser una celebración, posiblemente un cumpleaños, ya que había música con algunas guitarras y dos acordeones, y muchas personas se habían congregado.

Cuando llegamos, la casa estaba llena de gente y algunos ya estaban bailando. Alguien me llamó "Chaparrito", dado que en ese momento yo todavía no había crecido lo suficiente y apenas llegaba al hombro de los demás. Fue un momento alegre y festivo en La Presa de Gómez.

En La Presa de Gómez, viví momentos inolvidables. Recuerdo una ocasión en particular en la que fuimos invitados a una casa de la familia Aceves. Allí, disfruté de la música y la alegría de la fiesta.

Había una hermosa joven de la familia que se destacaba, aunque era bastante alta. Fue un día de diversión y risas.

La música tocaba un zapateado y, a pesar de mi falta de habilidad para bailar con la joven alta, todos se reían de mi entusiasmo desenfrenado. Saltaba y daba patadas en todas direcciones sin coordinación, pero estaba feliz. Me decían que así es como se aprende, y la joven alta también se reía de mis movimientos descoordinados. Incluso pararon de bailar para vernos.

Tenía una energía inagotable y disfrutaba enormemente de la música y la diversión, brincando como un chiquillo feliz. Aunque no era un bailarín experto, la gente aplaudía mi entusiasmo y el buen rato que estábamos pasando.

Este día memorable en La Presa de Gómez fue como una despedida involuntaria, ya que mi padre me llevaría pronto a San Luis Potosí para que lo ayudara en la oficina de carga de camiones de Los Altos. A mis 13 o 14 años, ya podía ser de utilidad en esa labor.

Antes de partir, recuerdo dos cosas en particular. La primera es un conflicto que tuve con un amigo apodado "el Carioca". Discutimos sobre cómo se colocaban los anillos de acero en las carretas.

El Carioca

El Carioca era un joven como yo, tenía alrededor de 13 o 14 años. En una tarde común, nos encontrábamos en la plaza, rodeados de otros muchachos, buscando ideas para hacer alguna travesura. Como no teníamos ninguna idea en ese momento, a algunos muchachos les pareció una buena idea provocar una pelea entre el Carioca y yo. Les encantaba organizar peleas entre compañeros para divertirse.

Dos muchachos se acercaron a mí y me dijeron: "el Carioca dice que es mejor que tú en peleas y que te rompe la boca en cualquier momento". Sin pensarlo, respondí con un exceso de confianza: "Eso lo veremos, que venga cuando quiera". Ni siquiera había dicho nada el Carioca, y me di cuenta de que estaba siendo ingenuo al caer en su provocación.

Luego, fueron y le dijeron lo mismo a el Carioca. Creo que, a su edad, era más inteligente que yo. Él respondió de inmediato que no me tenía miedo, pero en realidad lo hizo para no darles el gusto a los demás. Después, se dieron cuenta de que no podían divertirse a costa nuestra, así que se fueron poco a poco, dejándonos solos.

Fue en ese momento en el que me di cuenta de mi propia imprudencia y de cómo había caído en la trampa de los otros muchachos.

El Carioca se acercó a mí como una persona más madura y me dijo: "Sabes, Zorro (en ese tiempo ya no me llamaban Zorrito), yo no te tengo miedo, pero no les voy a dar el gusto de pelear contigo". En ese momento, yo ya ni quería pelear, pero me mantuve firme en mi respuesta. Le dije: "Está bien, cuando quieras". Él respondió: "No, mejor vámonos a la orilla del pueblo, así nadie se dará cuenta y evitaremos problemas".

Acepté su propuesta, y mientras caminábamos hacia la orilla del pueblo, nos encontramos con Pillo González, que montaba uno de los finos caballos de su padre. Pillo había estado en la plaza con nosotros y, al vernos caminar en silencio, nos preguntó a dónde íbamos. Le respondí evasivamente, y Pillo, sin decir nada más, nos siguió en su caballo hasta llegar a la orilla del pueblo.

Llegamos a la orilla del pueblo, donde había una cerca de piedra. La última casa era la de Agustín, el cocinero que mencioné cerca del potrero. Saltamos la cerca y continuamos hacia la siguiente casa, que creo que pertenecía a don Feliciano Navarro. Pillo se quedó observándonos desde arriba de su caballo mientras comenzamos a darnos algunos trancazos. Pillo estaba disfrutando de la escena.

Sin embargo, en ese momento comenzó a desatarse una fuerte tormenta. El Carioca me dijo que debíamos resguardarnos para no mojarnos, así que corrimos hacia un tejaban que se encontraba en un corral frente a la casa de Agustín, el cocinero. Mientras esperábamos a que pasara la tormenta bajo el tejaban, noté un montón de rajitas de madera que seguramente iban a utilizarse para hacer fuegos y poner los anillos de hierro en las ruedas de las carretas.

Mientras estaba allí con El Carioca, esperando a que la tormenta pasara para volver a pelear, empecé a pensar en cómo detener la pelea. Él no mostraba señales de detenerse a pesar de los trancazos que nos habíamos dado. Entonces, recordé la fiesta en La Capilla, donde su padre era el encargado de los fuegos artificiales, a los que llamábamos "coheteros".

El Carioca trabajaba con los "coheteros", aquellos que eran contratados para realizar los castillos de pólvora y los fuegos artificiales en las fiestas. En una de las festividades de La Capilla, me encontré con él cerca de la plaza. Al vernos, noté que no le agradó mi presencia y me lo hizo saber. Me dijo que me besaría, a lo que respondí de manera grosera. Entonces, se acercó a mí y me retó a pelear. Sin saber cómo reaccionar, me acerqué dispuesto a enfrentarlo.

La pelea comenzó, y en un momento, el Carioca me propinó un fuerte golpe que oscureció mi visión y me hizo ver estrellas. Sentí un dolor intenso y le dije que había ganado. Fue entonces, mientras esperábamos bajo el tejaban para evitar la lluvia, que se me ocurrió hacerle lo mismo que el muchacho me había hecho en la fiesta de La Capilla. Decidimos pelear nuevamente, esta vez solos, lanzándonos golpes como auténticos boxeadores.

Pillo se había ido debido a la tormenta, por lo que estábamos solos en nuestra pelea. En un momento, logré conectar un buen golpe al Carioca y le acerté en el rostro, lo que lo dejó aturdido y me dio la victoria en esa pelea.

Después de la pelea con el Carioca, ambos quedamos viendo estrellas debido al dolor. Finalmente, él se sentó en el suelo y me dijo que yo había ganado. Esperé a que se le pasara el dolor y luego consolidamos nuestra amistad, ya que no solíamos juntarnos mucho antes.

Decidimos irnos saltando la cerca, pero la mala suerte nos alcanzó cuando un perro, propiedad de Agustín, el mismo perro que me había mordido cuando era más joven y todavía tenía la cicatriz en la pierna, nos salió al paso. A menudo nos gustaba provocarlo y subirnos a los barandales de las ventanas. Sin embargo, en esta ocasión, cuando fui a entregar un encargo, el perro me reconoció y me mordió.

A pesar de ese incidente, logramos escapar y refugiarnos en un tejaban cercano. Allí, había un corral grande donde parecía que se almacenaba combustible. José, el herrero, estaba ocupado poniendo anillos en ruedas de madera para carretas, pero debido a que estaban esperando que pasara un mueble que obstruía el camino, parecía que íbamos a tener que esperar un poco más.

El último enfrentamiento que tuve en mi infancia fue con el Carioca, y nunca olvidaré esa pelea. Después de salir del tejaban, pasamos por la primera esquina, justo al lado de la casa de Agustín "el Cucho". Allí se encontraba la herrería de José, el herrero, y nos detuvimos un rato para observar cómo forjaba los frenos, calentándolos y golpeándolos con maestría.

José tenía unos ayudantes que estaban colocando herraduras en los caballos, mientras él forjaba un anillo para una rueda de carreta. Era impresionante ver cómo doblaba el metal poco a poco con el calor y lo moldeaba a la medida exacta. Explicó cómo era su proceso de trabajo y nos invitó a ver cómo colocaba los anillos esa noche.

José, el herrero

Don José, el herrero, era un artesano maravilloso que tenía dos asistentes cuyos nombres no recuerdo con precisión. Les expliqué dónde se encontraba la herrería, que solían llamar "la Yunque". José y sus ayudantes realizaban un trabajo admirable en ese lugar, y yo estaba ansioso por aprender más sobre su oficio.

La herrería de José siempre estaba llena de caballos, ya que, en aquel tiempo, la gente se desplazaba de un lado a otro a menudo, y muchos dependían de estos animales para moverse por la zona. Había muchas carretas en ese entonces porque pocas personas tenían camionetas, y las carreteras no estaban tan desarrolladas para los vehículos.

El taller de la herrería era un lugar espacioso con dos grandes hornos. José era una persona muy amable y, a veces, me permitía manejar el soplador, que se usaba para avivar el carbón y mantener viva la llama en los hornos. Él era un experto en su oficio y solía recibir redes de los rancheros que necesitaban reparación. También fabricaba rejas ornamentadas para las puntas de los cercados y ventanas, así como cerraduras grandes para las puertas de las casas, todas hechas a mano con gran destreza.

Don José también fabricaba anillos que servían incluso para la defensa personal, no eran joyas de lujo, pero pesaban alrededor de medio kilogramo cada uno. Como mencioné anteriormente, también elaboraba anillos de acero para las ruedas de las carretas. Recuerdo una vez que nos refugiamos con el Carioca en el tejaban de la herrería mientras llovía. Había allí algunas ruedas de madera, anillos de acero y muchas ramas de mezquite, ya que estaban esperando a que parara la lluvia para encender una fogata y calentar los anillos.

Casi todos los días, el Carioca y yo íbamos a la herrería de don José para divertirnos viendo cómo forjaba el hierro y cómo herraba a los caballos.

A veces, incluso ayudamos a sujetar las patas de los caballos mientras les ponían las herraduras y clavaban los clavos. Un día, escuchamos a don José decir que esa noche iban a colocar los anillos en las ruedas de las carretas, ya que habría una noche con luna llena, y habían preparado todo para cuando oscureciera. Esto se debía a que en la oscuridad se ve mejor el color incandescente de los anillos y pueden colocarse golpeándolos poco a poco con martillos, al mismo tiempo que queman la madera para ajustarlos perfectamente.

Así fue cómo crearon dos ruedas con ranuras y madera de la misma medida que los anillos. Colocaron los anillos cuidadosamente sobre ellas y encendieron una fogata. A pesar de la hermosa luna llena, la luz de la fogata iluminaba perfectamente la escena. También habían preparado algunas ruedas de madera cerca para cuando estuvieran listos los anillos.

Después de conversar un rato para esperar a que las brasas se volvieran más incandescentes, estaban listos. Don José el herrero, sus ayudantes y el dueño de las ruedas con manijas especiales (para no quemarse) sacaron el primer anillo y lo colocaron con precisión en la rueda que yo mismo había preparado con madera. Mientras sujetaban el anillo, cuatro personas con martillos esperaban, y al colocar el anillo en la rueda caliente, golpeaban los cuatro lados simultáneamente. El anillo entraba perfectamente en el centro de la rueda sin moverse en absoluto. Una vez que terminaron con el primero, procedieron con el segundo anillo.

Después de que todo quedó bien con las ruedas, don José el herrero sabía que era hora de disfrutar de una deliciosa comida. Había traído un costal lleno de mazorcas de maíz amarillo para preparar una "esquitada". Nos pidió a los muchachos que lo ayudáramos a desgranar el maíz, y pronto teníamos suficientes brasas de madera lista, ya que el maíz estaba desgranado.

Comenzamos a arrojar el maíz a las brasas, aplastándolo para asegurarnos de que no se quemara. Pronto, las palomitas de maíz comenzaron a saltar, y estábamos felices comiendo esquites. Nuestras caras se llenaban de ceniza debido al calor, pero estábamos contentos disfrutando de la comida. Así terminó esa operación junto a don José el herrero y el dueño de la carreta, quien estaba satisfecho porque sabía que pronto iba a estrenar su carreta en el pueblo. Este era el tipo de movimiento que caracterizaba a don José.

Con el paso del tiempo, la competencia en la vida cotidiana comenzó a cambiar el panorama en la herrería de don José. Ya no llegaban tantos caballos para ser herrados, ya que habían sido reemplazados por camionetas e incluso vehículos más modernos. Lo único que perduró más tiempo fueron las juntas de bueyes, hasta que también fueron reemplazadas por tractores.

Ante esta situación, don José decidió cambiar de rumbo y se dedicó a criar cerdos, un negocio que resultó más rentable para él en tiempos modernos.

El mesón de don Severo

El mesón de don Severo, conocido cariñosamente como "el Rebusnidos", merece una mención especial. Este mesón siempre estaba lleno de burros, mulas, caballos y arrieros que llegaban de otros lugares con sus cargas o simplemente buscaban un lugar para descansar y alimentar a sus animales antes de pasar la noche. Además de servir como refugio para los arrieros, el mesón también tenía habitaciones disponibles para ellos.

Este lugar era un punto de encuentro crucial para aquellos que viajaban, y siempre estaba lleno de actividad y vida.

Recuerdo la primera vez que entré en el mesón, allá por el año 1942. Al ingresar, me recibió un amplio corredor empedrado que conducía a la oficina de don Severo. En esa oficina, había sillas de montar y arreos para los burros y mulas, todos acumulados en el corredor.

Los corrales estaban repletos de animales que disfrutaban de su comida, y este mesón era el único hotel en la zona en ese momento. Una anécdota que aún perdura en mi memoria es la llegada de las mulas de don Pedro Chico en esa fecha. Venían desbocadas, arreadas por ese camino por el cual tenían que pasar frente al Rebusnidos. En un momento de caos, algunas de las mulas llegaron a ingresar al mesón, aunque no todas pudieron hacerlo debido a la gran cantidad que formaba parte de la manada. Era una escena digna de recordar.

El mesón de don Severo, conocido como "el Rebusnidos", era un lugar donde se reunían todos los arrieros, y en cierta ocasión, se enfrentaron a una situación complicada. Don Severo, a pesar de ser una persona sencilla, mostró su temple cuando las mulas se asustaron y quedaron atrapadas al tratar de sacarlas de una carreta.

En ese momento, todos los arrieros se unieron para resolver el problema. Quitaron la carreta y comenzaron a liberar a las mulas. También recuerdo que don Severo vivía cerca del mesón, en la misma esquina. Su esposa compartía su amabilidad, y en su casa tenían un hermoso cuadro religioso conocido como el "Divino Rostro", que adornaba su hogar de manera natural y preciosa.

Un día, en el Rancho El Palenque, construyeron una pequeña capilla y le dedicaron un hermoso altar. Recuerdo la inauguración, a la que asistieron personas de La Capilla y yo mismo. Fuimos juntos con Tachín, quien lucía su famoso sombrero. Participamos en la matanza con el permiso de su abuelo Mártir, ya que mi tío Eulogio estaba ocupado en el norte. Fue un día inolvidable en el que compartí momentos especiales con mi hermana.

El mesón de don Severo: La peregrinación

Un día, presté un burro y partimos hacia una peregrinación que parecía sacada de las páginas de don Quijote y Sancho Panza. La peregrinación estaba llena de gente cantando y llevando flores, indicando que era principios de septiembre, cuando comenzaban las celebraciones. Después de la procesión, algunas personas continuaron adelante, incluyendo a Tachín y a mí.

Caminamos con calma a través de un potrero conocido como "El Potrero de la Nopalera". Sin embargo, la falta de acción nos aburrió un poco. Fue entonces cuando Tachín, con su espíritu juguetón, comenzó a picar al burro que montaba, instándolo a correr. Me encontraba sobre el burro y no podía controlarlo, ya que sólo tenía una rienda y un lazo en la mano.

Finalmente, el burro comenzó a correr a toda velocidad, y yo no podía detenerlo. En un momento de desesperación, salté hacia atrás del burro, agarrándome firmemente de su grupa para evitar caer. Sin embargo, creo que lo apreté en un lugar sensible, lo que hizo que el burro reaccionara de manera inesperada.

Aquella travesía en el burro se volvió aún más emocionante cuando el viento me hizo dar la vuelta y caer de espaldas sobre el animal. Fue como un breve vuelo, pero esta vez fue peor, ya que caí sobre la grupa del burro, golpeando fuertemente mi espalda y lanzando otro alarido. Finalmente, caí al suelo sentado, jadeando y sintiendo cómo el coraje fluía a través de mí.

Mi primo Tachín y yo, con ganas de pelear, estábamos enojados por la situación, pero no podíamos hacer mucho. Además, la vergüenza aumentó cuando nos dimos cuenta de que un grupo de personas de La Capilla que también iban a la inauguración nos vio en medio de la escena cómica.

Nos miraron riéndose a carcajadas al verme volar por los aires y caer al suelo. Algunos de ellos me gritaron apodos juguetones como

"Cacheras", mientras que otros se ofrecieron a ayudarme a levantarme. Entre ellos, estaba Simón Navarro, una persona muy amable y divertida. Simón tenía un hermano llamado Liob, ambos parte de la pandilla de "Cacheras". También tenían otro hermano conocido como "la Lepora", y su padre se llamaba Simón, si mal no recuerdo.

La risa de los Navarro era contagiosa y distintiva, una característica alegre que siempre asocié con la familia Navarro de La Capilla. Imagínense la escena cuando finalmente lograron sujetar al burro y levantarme del suelo. Las risas no paraban, pero al menos logré ganarme algunas risas junto con mi orgullo herido.

Después de aquel inesperado episodio de volar desde el burro, me levanté y recogí algunas piedras, en caso de que Tachín intentara golpearme nuevamente. Ambos continuamos nuestro camino en el burro, cada uno con una piedra en la bolsa por si acaso.

Finalmente, llegamos a la hermosa capillita de "Palenque", y la inauguración fue una verdadera maravilla. Habían decorado arcos con flores, la mayoría de ellos dedicados a Santa María. La misa que siguió fue hermosamente cantada, y luego todos disfrutamos de una suculenta carne asada. Habían cocido una gran cantidad de elotes y preparado una gran cantidad de adoberas de queso, lo que nos llenó de alegría y satisfacción.

Después de disfrutar de la comida, Tachín se subió a su caballo "Panzón" que le prestó su abuelo, "Pito". Decidimos dar un paseo por el Cerro Gordo, pero pronto nos dimos cuenta de que no estábamos solos. Caminamos aproximadamente un kilómetro hacia arriba y comenzamos a encontrarnos con muchas serpientes de cascabel. Cuanto más avanzábamos, más serpientes aparecían. Para defendernos, cortamos algunas varas de jarra, que son las mejores armas contra las serpientes venenosas. Logramos matar a tres o cuatro de ellas y las asamos para comerlas y hacer adornos con sus cascabeles.

Así continuamos nuestro día, lleno de aventuras inesperadas y emocionantes, en aquel lugar especial donde la vida estaba llena de sorpresas y momentos memorables.

Ese día, en la inauguración de la hermosa capillita en el Palenque, con el Divino Rostro que don Severo generosamente donó, vivimos momentos especiales. Comimos elotes, cazamos algunas víboras y disfrutamos de La Capilla de mi pueblo. Así pasaron unos años, y luego llegó don José el herrero, marcando un nuevo capítulo en nuestras vidas.

Fue en junio de 1948 cuando don José nos propuso un emocionante viaje a San Luis Potosí. Nos embarcamos en esta aventura, dejando atrás la güerita de Victoria, y así comenzó un nuevo capítulo en mi vida.

En ese mismo año, al principio de 1948, mi papá recibió una oferta de trabajo en San Luis Potosí, una oportunidad que mejoraría nuestras vidas. Con su éxito en ascenso, participó en la formación de un servicio de transporte de carga, y pronto lo enviaron a San Luis Potosí para supervisar el servicio de carga. Después de varios meses de trabajo, llamó a mi mamá para que se uniera a él en esta nueva etapa de nuestra vida.

CAPÍTULO 24

San Luis Potosí: Mis primeras impresiones

Cuando mi padre me llevó a San Luis Potosí, Miguel y Rubén se quedaron bajo el cuidado de mi abuelita Chita en La Capilla. Ya tenía casi 14 años, pero aún parecía que tenía diez. Mi crecimiento era gradual, y siempre me preocupaba si me quedaría chaparro, pero poco a poco iba creciendo.

San Luis Potosí, qué hermosa ciudad. Me encantaba explorar y conocer más sobre ella. Tenía un encanto particular que me cautivó y que aún recuerdo con cariño. Uno de los aspectos más destacados eran sus calles, en lugar de estar pavimentadas, estaban hechas de bloques de cantera, lo que le daba a la ciudad un carácter único y hermoso.

También tuve la oportunidad de visitar la Alameda, un gran parque frente a la estación de tren. Todas las bancas del parque estaban hechas de cemento y tenían un trabajo especial que las hacía parecer auténtica piedra. Era un lugar encantador para pasear y disfrutar de la belleza de la ciudad.

San Luis Potosí: Una ciudad de encanto

San Luis Potosí, una ciudad que dejó una profunda impresión en mí. Al llegar, quedé maravillado por la belleza de sus calles, todas construidas con bloques de cantera en lugar de pavimento, lo que le daba a la ciudad un carácter único y encantador. Pero lo que más destacaba eran las bancas de la Alameda, hechas de cemento, pero meticulosamente diseñadas para imitar troncos de árboles. El detalle era asombroso, con incluso el color de las cáscaras de los troncos perfectamente recreado.

El genio detrás de este diseño merece un premio por su habilidad en la imitación. La ciudad debería honrarlo por su talento. Además, la cercanía de la estación de tren hizo que San Luis Potosí fuera aún más especial para mí. Los silbidos de los trenes se convirtieron en una parte querida de mi vida diaria. No hay nada como escuchar el sonido de un tren en cualquier otro lugar que te haga pensar en esta maravillosa ciudad.

Sin embargo, la estación de tren de San Luis Potosí también guarda historias intrigantes. Se dice que, en 1914, el general Thomas Urbina, compadre de Pancho Villa, invadió la ciudad para saquear y robar las riquezas de los ciudadanos, incluyendo oro, plata y dólares. Este tesoro se convirtió en un punto de conflicto entre Urbina y Pancho Villa, quien lo reclamó más tarde. Esta ciudad tiene una historia fascinante que me sigue maravillando hasta el día de hoy.

San Luis Potosí: Tierra de leyendas

San Luis Potosí, una tierra llena de leyendas y episodios históricos intrigantes. Uno de los momentos más destacados de la historia ocurrió durante la Revolución Mexicana, cuando el general Álvaro Obregón perdió un brazo debido a un cañonazo. Sin embargo, la historia también involucra a otro personaje influyente, Pancho Villa, quien, en lugar de seguir los consejos de su artillero, Miguel Ángel, perdió una batalla crucial y huyó a Sonora.

En su derrota, Villa rodeó Chihuahua con la esperanza de llegar a una hacienda donde su compadre, Thomas Urbina, guardaba un gran tesoro que había saqueado en San Luis Potosí. Villa llegó a Urbina en busca de ayuda, argumentando que necesitaba el tesoro para continuar su lucha. Sin embargo, Urbina, movido por la avaricia, se negó a ayudar a su compadre, dejando a Pancho Villa desilusionado por la traición de su amigo.

La situación se volvió aún más tensa cuando el general Fierro, mano derecha de Villa, intentó tomar represalias contra Urbina, pero Villa lo detuvo, respetando su relación de compadres. A pesar de todo, continuaron su camino en busca de nuevos horizontes. Sin embargo, en el transcurso de su viaje, la ira del general Fierro creció hasta un punto insostenible, y finalmente regresó para enfrentar a Thomas Urbina y apoderarse del tesoro acumulado de San Luis Potosí.

Esta historia llena de intrigas y traiciones es sólo una de las muchas que envuelven a San Luis Potosí, una tierra rica en historia y misterio.

San Luis Potosí: La ciudad en transformación

San Luis Potosí, una ciudad en constante evolución, me recibió con sus brazos abiertos cuando la visité por primera vez. Como mencioné anteriormente, ya les hablé de la majestuosidad de la Alameda y la estación de tren, pero había mucho más por descubrir.

Al cruzar la calle hacia el oeste desde la Alameda, me encontré con la estación de pasajeros de los Camiones de los Altos. En ese momento, estaban finalizando la construcción de un edificio imponente de unos cinco pisos. En la planta baja, se estaba creando un hotel, mientras que la terminal y la taquilla se encontraban en los pisos superiores. La oficina de carga, por otro lado, estaba ubicada a unos kilómetros al oeste, frente a un hermoso parque.

Este parque me dejó una impresión duradera, ya que los troncos de los árboles eran impresionantemente gruesos, y en su centro se alzaba una iglesia antigua con una arquitectura clásica y hermosa. Además, en ese momento, recordaré siempre los carros de sitio que se encontraban en el parque, aunque la memoria me traiciona un poco en cuanto a los colores exactos, creo que eran azules con detalles amarillos.

Un día, mientras caminaba por el parque en dirección a la iglesia, pasé junto a uno de los carros de sitio y, al tocarlo con la mano izquierda, recibí una descarga eléctrica que me hizo saltar como un chivo asustado. Parecía que el chofer había colocado algún tipo de trampa eléctrica en el vehículo, lo que me llevó a preguntarme si esto era algo que solían hacer con los niños.

Mi primer impulso fue enfadarme y querer darle algunos golpes al conductor que estaba sentado en la parte trasera del vehículo. Sin embargo, dada mi corta edad en ese momento, me limité a sentirme molesto por la experiencia.

San Luis Potosí, una ciudad que se transformaba ante mis ojos, me brindó recuerdos tanto asombrosos como curiosos. Cada rincón de esta ciudad tenía algo especial que ofrecer.

San Luis Potosí: Un lugar de personas notables

En la oficina de boletos de pasajeros de la estación, me encontré con un amigo cercano de mi padre, quien también era originario de La Capilla. Su nombre era San Cevenatas de La Capilla, y al igual que mi padre, había sido enviado a San Luis Potosí. Este amigo había venido a la ciudad con su familia, incluyendo a su esposa, doña Lupe, quien era del Rancho de Juanacasco, el mismo rancho que pertenecía a mi tatarabuelo, don Miguel Franco el Grande.

Doña Lupe era una señora excepcionalmente amable, y su matrimonio con don Santiago había dado como resultado varios hijos e hijas. Don Santiago, por su parte, era un amigo cercano de mi padre y también uno de los mejores amigos que tuvo. Siempre estaba dispuesto a hacer reír a todos a su alrededor y era conocido por su alegría.

Don Santiago trabajaba en la oficina de pasajeros en turnos rotativos, siendo uno de los tres empleados que se encargaban de esta tarea. Su presencia en San Luis Potosí añadió un toque especial a mi experiencia en esta ciudad en constante cambio.

En San Luis Potosí, me encontré con una serie de personas notables que dejaron una impresión duradera en mi memoria. En la estación de pasajeros de Camiones de Los Altos, donde estaba trabajando en ese momento, conocí a varios individuos que se destacaron por su amabilidad y carácter.

Uno de los trabajadores de la estación, de apellido González y originario de Tepatitlán, se desempeñaba en turnos de 24 horas. Era una persona excepcionalmente amable y trabajadora. Otro señor que se unía a este equipo era igualmente una buena persona. Ambos eran socios y se les conocía cariñosamente como "el Quemado" y "Roberto". El apodo del segundo empleado, Roberto, surgió después de un accidente en el que resultó quemado con ácido en un choque de camiones en Tepatitlán. Este accidente le dejó cicatrices en la cara y en todo el cuerpo, al igual que otro hombre de Tepatitlán conocido como "el Quemado", quien sufrió un destino similar en el mismo accidente.

A pesar de sus desfiguraciones faciales, ambos hombres eran considerados bellas personas, y la comunidad en San Luis Potosí los apreciaba por su amabilidad. Además de estos dos individuos, mi padre y otros miembros del equipo habían sido enviados a trabajar en San Luis Potosí como parte de sus responsabilidades laborales.

Durante nuestra estancia en la ciudad, mi madre y yo vivimos algunas experiencias notables. En una ocasión, mi madre visitó a una pariente que residía en San Luis Potosí. Recuerdo que tomamos un camión urbano para llegar al lugar, y al bajarnos, nos encontramos con una multitud de hombres armando un escándalo en la plaza.

San Luis Potosí: Un encuentro inolvidable

En San Luis Potosí, viví un encuentro inolvidable frente a un establecimiento de negocios. Mientras pasaba por allí, uno de los hombres presentes decidió lanzarle flores a mi madre, aunque yo todavía era bastante joven. A pesar de que ya tenía casi 14 años, aparentaba tener sólo 10 o 11. La situación me sorprendió y me tomó desprevenido.

Lo que sucedió a continuación me dejó perplejo. Uno de los hombres, con gran audacia, intentó agarrarme del cabello. Casi logra arrancarme un mechón, pero en ese momento, mi instinto de supervivencia se activó y estuve a punto de contraatacar. Sin embargo, reflexioné y me di cuenta de que enfrentar a esos hombres sólo me llevaría a problemas.

A pesar de la situación incómoda, la gente que nos rodeaba no pudo evitar reírse de la situación. Decidí alejarme y continuar con mi día. Finalmente, llegamos a visitar a la pariente de mi madre, una señora amable que nos prestó una pelota para que yo jugara afuera en la calle. La calle pertenecía a sus hijos, y yo me dispuse a patear la pelota contra la pared.

Mientras jugaba solo, se acercaron dos jóvenes que eran aproximadamente de mi edad. Se mostraron amigables y me preguntaron si quería unirme a ellos para jugar a la pelota juntos. Fue un gesto amable que me hizo sentir más cómodo en un entorno nuevo y desconocido, pero pronto descubrí que tenían segundas intenciones: planeaban robar la pelota.

Cuando acepté unirme a ellos, rápidamente agarraron la pelota y comenzaron a correr, dejándome desconcertado. Sin embargo, en lugar de dejarme llevar por la situación, recordé las lecciones de supervivencia que había aprendido en La Capilla. Me invadió una mezcla de coraje y determinación, y decidí no ceder ante su intento de robo.

En lugar de perseguirlos desesperadamente, opté por quedarme parado, observándolos mientras se alejaban. Corrieron casi dos cuadras riéndose de su travesura, pero yo permanecí imperturbable. Parecía que me habían subestimado, pero no iba a rendirme tan fácilmente.

Cuando dieron la vuelta en la esquina, aproveché mi oportunidad. Corrí tres cuadras adicionales, una más allá del lugar donde habían girado. Luego, me detuve en la segunda esquina donde habían dado la vuelta. Desde allí, los observé mientras jugaban con la pelota, asegurándome de que no me vieran cruzar la calle. Aprovechando mi posición estratégica, planeé encontrarlos en la siguiente esquina.

Finalmente, llegué a la esquina donde los esperaba, escondido. Los vi acercarse, inconscientes de mi presencia. Me sentía como un gato acechando a su presa, y estaba listo para recuperar mi pelota.

Cuando estuvieron lo suficientemente cerca, me lancé, agarré la pelota y eché a correr. Los dejé atrás con la boca abierta y continué corriendo como un campeón.

Sin embargo, no se rindieron fácilmente y me persiguieron con determinación. Eran mayores y estaban a punto de alcanzarme. En mi desesperación, llegué a un lugar concurrido, cerca de un mercado donde había mucha gente caminando. Me acerqué a un hombre mayor y le pedí ayuda. Le expliqué que esos muchachos estaban tratando de robarme mi pelota. Mientras los dos muchachos se acercaban y negaban mis acusaciones, el hombre mayor decidió intervenir y me apoyó.

Le dijo a los muchachos que se fueran, ya que había llamado a un policía cercano. Aterrorizados ante la idea de enfrentar a la autoridad, los jóvenes decidieron dar media vuelta y desaparecer. Agradecí al hombre que se convirtió en mi ángel de la guarda en ese momento.

Mientras seguía caminando, me quedé reflexionando sobre cómo afrontar las nuevas situaciones que la vida me presentaba en este lugar desconocido.

La odisea en San Luis Potosí

Mi llegada a San Luis Potosí estuvo llena de sorpresas y desafíos. Mientras exploraba el nuevo vecindario, perdí la pelota de vista y me sentí desorientado. La casa donde mi madre se había dirigido para visitar a unos conocidos parecía un laberinto en ese momento.

Recordaba haber visto una bomba de agua para los bomberos en la esquina de la casa, así que me dirigí rápidamente hacia ella en busca de orientación. Sin embargo, la casa no estaba a la vista, lo que me desconcertó aún más. Me puse a caminar por diferentes cuadras, buscando desesperadamente la casa, pero en casi todas las esquinas encontré bombas de agua, todas del mismo color. El miedo empezó a apoderarse de mí, y mi madre, al no verme, también comenzó a preocuparse por mi paradero.

Después de dar vueltas y más vueltas, finalmente encontré la casa. Al llegar, mi madre y la amable señora que nos hospedaba estaban muy preocupadas. El esposo de la señora estaba trabajando, y los hijos estaban en la escuela, por lo que no sabían qué hacer ante mi desaparición momentánea.

Les expliqué lo que había sucedido, y la señora, con su amabilidad característica, me reconfortó, diciéndome que una pelota no era nada y que debía haber vuelto antes. Aunque la pelota pudo haberse perdido, mi regreso seguro y la preocupación de mi madre y la señora demostraron que la verdadera riqueza radicaba en el amor y la unidad de la familia.

Un vínculo indisoluble con mi gente y mis raíces

Cada vez que vuelvo a pensar en San Luis Potosí, no puedo evitar sentir una conexión profunda con mi gente y mis raíces. Buenas o malas experiencias, todos ellos forman parte de mi familia, de mi misma sangre. También siento la presencia de los espíritus de mis antepasados, a quienes quiero profundamente y sé que me esperan con los brazos abiertos cuando llegue el momento en que emprenda el viaje hacia una vida mejor.

Sin embargo, en ocasiones me desvío del relato sobre San Luis Potosí para compartir otras vivencias de ese periodo en el que mi madre y yo estábamos juntos. Una de esas experiencias fue el momento en que alguien trajo una noticia preocupante. Silviano, el hermano mayor de mi padre y socio de la Cooperativa, informó a mi padre que mi hermano Miguel había tenido un enfrentamiento con un chico de su misma edad en La Capilla, mi pueblo natal. Esta noticia conmocionó a mi madre, y las lágrimas comenzaron a brotar de sus ojos. Mi padre, en su papel de consolador, trató de obtener más información sobre el incidente.

Mi tío Eulogio llegó con detalles adicionales, ya que también trabajaba como cobrador en los Camiones de Los Altos. Según su relato, Miguel, al quedarse con Mans y Chita junto a Rubén, se vio involucrado en un altercado. Mi padre, preocupado por la situación, sacó su pistola, que pertenecía a mi tío Liborio y que estaba envejecida por el tiempo, pero aún cargada de significado y recuerdos.

Un incidente que cambió el rumbo de las cosas

En aquella ocasión, me encontraba en pleno proceso de preparación (como si estuviera esperando un breve respiro) cuando sucedió un incidente que cambiaría el rumbo de las cosas. Según parece, Miguel estaba en su casa jugando con un amigo y la pistola que tenía en sus manos se disparó accidentalmente. La bala atravesó sus costillas, un giro del destino que le permitió sobrevivir. Miguel actuó con rapidez, deshaciéndose del arma como si nada hubiera ocurrido.

En ese momento, don Herminio, quien era el comandante y a quien ya he mencionado en ocasiones anteriores, pasó junto a él. Miguel tomó algunas monedas de plata que mi padre tenía en el bolsillo y se dirigió rápidamente al portal, frente a la Cantina de don Herminio Alcalá, el comandante. Allí, encontró un camión de carga, se subió velozmente y partió rumbo a Guadalajara.

Desde Guadalajara, llegó a la casa de mi abuelo, Antonio, quien era el padre de mi madre. Posteriormente, se trasladó a la Ciudad de México, donde se encontraban algunos conocidos de La Capilla que trabajaban en una construcción. Miguel apenas tenía 16 años en ese momento, y aunque desconozco a qué se dedicó exactamente durante ese período, sé que vivió un tiempo en un edificio en la ciudad.

CAPÍTULO 25

Un regreso a La Capilla después de un triste incidente

La dirección era calle Mezones #33, en un edificio que, posteriormente supe, llevaba el nombre de "Edificio Alfonso". Sin embargo, tras la tragedia que ocurrió con mi hermano Miguel, mi madre tuvo que regresar a La Capilla. Había dejado a mi hermano menor, Rubén, al cuidado de mi abuelita Chita. En ese momento, yo me quedé en San Luis con mi padre, quien trabajaba en la oficina de Transportes de Carga.

Pronto aprendí a ayudarle eficientemente en su labor, y un día decidió tomarse unas cortas vacaciones para resolver algunos asuntos en La Capilla y llevar a toda la familia a establecernos en San Luis Potosí. Así fue como, después de trabajar juntos durante poco más de dos meses, nos dirigimos hacia mi pueblo natal, y yo estaba emocionado.

El viaje de regreso a La Capilla coincidió con la temporada de lluvias, probablemente en septiembre, ya que pude observar que los cultivos de maíz estaban maduros y listos para la cosecha. Cuando llegamos a Tepatitlán, mi corazón se llenó de alegría, pues me sentía nuevamente cerca de mi querida Capilla. Sin embargo, como el destino tenía preparado para mí, las cosas habían cambiado desde mi última visita.

El regreso a La Capilla: Un camino lleno de emoción

El camión que solía ir a Arandas y pasaba por La Capilla ya se había ido, y no habría otro hasta la tarde. Fue entonces cuando mi padre decidió optar por un carro de sitio y se dirigió a buscar a su amigo, apodado "el Indio". Recuerdo bien su nombre, Antonio Gómez, una persona de gran calidad. Sin dudarlo, Antonio se ofreció de buena gana para ayudarnos, ya que se tenían un gran aprecio mutuo.

La carretera aún no estaba completamente pavimentada, y aproximadamente a unos 64 kilómetros antes de llegar a La Capilla, la superficie de la carretera se convirtió en pura tierra. Además, había algunas zonas donde los vehículos se atascaban debido a charcos profundos. Los conductores tenían que rodear estos obstáculos bajando por la carretera. En un punto, el carro se quedó atascado. Para superar este obstáculo, se necesitó la ayuda de una yunta de bueyes que trajeron desde algún lugar cercano, conocida como "La Paleta Grande". A pesar de estos contratiempos, sentí una emoción indescriptible cuando divisé el horizonte de La Capilla desde lo alto de la carretera.

Eran alrededor de las 11 de la mañana, y mi anhelo por llegar a La Capilla se hacía cada vez más intenso. Sentía un imán que me llamaba de vuelta a mi amada Capilla, donde me esperaban mis amigos a quienes extrañaba enormemente

En ese momento, el templo de La Capilla tenía una sola torre, y parecía que habían pasado años desde mi última visita, aunque en realidad sólo habían transcurrido tres meses. Sentí un impulso incontenible de correr para llegar cuanto antes.

Al llegar a la entrada de La Capilla, el amigo de mi padre, El Indio Gómez, estaba absorto en una animada conversación con él, ya que eran amigos cercanos. Sin embargo, no se percató de otros atascos que se habían formado debido a las lluvias y al paso continuo de vehículos pesados. El Indio nos sugirió que bajemos del carro para inspeccionar la situación. Mientras estábamos afuera, tuvimos un encuentro inesperado.

Un amigo conocido como "Chuy", montado en su caballo alazán, se acercó. Chuy venía de su rancho en Coleto, que se encontraba cerca del rancho de don Victoriano Navarro, un pariente cercano a mi padre. Chuy solía hacer este recorrido diariamente, y su presencia en ese momento fue un agradable reencuentro.

Me saludó con alegría y me contó sobre sus habilidades como jinete, mencionando que era un destacado miembro de la Asociación de Charros de La Capilla. Recordé cómo, en las festividades, se vestía con elegancia de charro, destacando por su distintivo bigote y su impecable caballo alazán. Su pasión por la equitación y la tradición charra se reflejaban en su atuendo y en su caballo, que también era un alazán.

Este encuentro con Chuy marcó el comienzo de nuestro regreso a La Capilla, un viaje lleno de emociones y reencuentros con las personas y lugares que tanto apreciamos.

El regreso a La Capilla: Un encuentro con la Morenita Guadalupana

Nuestro viaje de regreso a La Capilla continuó sin problemas, y al llegar a la plaza, el amigo "el Indio" decidió regresar a Tepatitlán. Mi padre, sin embargo, tenía un importante propósito en mente antes de regresar a casa: visitar a la Morenita Guadalupana en el templo local.

Como era su costumbre, mi padre se refería a la Virgen de Guadalupe con cariño como "Mi Morenita". Él tenía un profundo respeto y devoción por la Virgen, y no quería llegar a casa sin antes rendirle homenaje. Era un hermoso día de domingo, y la plaza estaba llena de actividad, con puestos de frutas y alimentos típicos que aparecían cada semana.

Al llegar al templo, mi corazón latía con emoción. Era un Domingo especial, y la iglesia estaba llena de fieles. Al entrar, mi padre me instó a avanzar y saludar a la Morenita Guadalupana. Justo adelante, vi a Victoria, una joven de cabello rubio que tenía una sonrisa que parecía un ángel. Mi corazón casi se salía de mi pecho, y las emociones se acumulaban en mí.

Nos saludamos desde lejos, ya que ella estaba con su familia y mi padre me acompañaba. Sin embargo, su alegría al verme fue evidente. Luego, nos dirigimos hacia mi abuelita Chita y mi madre, quienes también estaban emocionadas por nuestro regreso, a pesar de la prisa causada por el accidente.

Este encuentro en el templo con la Morenita Guadalupana y los seres queridos en La Capilla marcó un momento especial en nuestro regreso, lleno de emociones y gratos reencuentros.

Nuestro regreso a La Capilla estuvo marcado por las preocupaciones de mi madre por mi hermano Miquel, quien se encontraba en la Ciudad de México después del incidente del balazo. Aunque su amigo se estaba recuperando bien, mi madre no dejaba de preocuparse por él y se preguntaba cómo estaría pasando el tiempo en la gran ciudad.

Mientras tanto, mis padres comenzaron a discutir sus planes y opciones para el futuro. Mi padre había recibido una oferta para trabajar como encargado del transporte de carga, lo que requería nuestra mudanza a San Luis Potosí. Esta decisión implicaba una separación temporal de mi abuelita Chita, quien se mudó a vivir con mi tía Carmen y mi tío Lorenzo en Guadalajara.

La llegada a San Luis Potosí fue un tanto caótica, ya que nos estábamos adaptando a una nueva vida sin la presencia de Miguel. Sin embargo, poco a poco nos fuimos acomodando a nuestro nuevo entorno. Nos asignaron una casa cerca de la oficina y la bodega de carga, lo que nos permitió establecernos en la ciudad.

Este capítulo de nuestra vida estuvo marcado por cambios y adaptaciones a un nuevo lugar y una nueva rutina en San Luis Potosí.

Nuestra estancia en San Luis Potosí fue muy confortable, encontramos una acomodación que nos brindó comodidad y bienestar. Mi padre estaba satisfecho con su trabajo, y a mí me agradaba mucho ayudar en la oficina. Aprendí rápidamente y me sentía importante atendiendo a los clientes y haciendo nuevos amigos de los conocidos de mi padre. Siempre había tiempo para mantener conversaciones interesantes.

Mi padre, reconociendo la importancia de la educación, decidió que ambos ingresáramos a la escuela. Me inscribí en el Instituto Potosino, un colegio católico de maristas. Aunque mi hermano Miquel optó por otro colegio, yo disfruté mucho mi experiencia en el Instituto. Los maristas eran excelentes educadores y me enseñaron con dedicación. Además de las materias académicas, nos proporcionaban media hora de educación religiosa, que a mí me interesaba profundamente.

En el ámbito deportivo, tuve la oportunidad de jugar fútbol y fui admitido en un equipo gracias a mis habilidades en el campo. Esto me permitía combinar mis responsabilidades en la oficina con mis compromisos escolares y deportivos. Durante esta etapa, tuve la oportunidad de vivir numerosos acontecimientos y experiencias en San Luis Potosí.

En la oficina, llegaba un señor mayor que conocía a mi padre desde los tiempos de La Capilla, aunque habían pasado muchos años desde entonces. Este encuentro nos recordaba las conexiones y vínculos que manteníamos con nuestro lugar de origen, a pesar de haber establecido una nueva vida en la ciudad.

CAPÍTULO 26

Permanencia en San Luis: El encuentro con don Luis

Durante nuestra permanencia en San Luis Potosí, tuvimos el privilegio de conocer a don Luis, un hombre que había decidido establecerse en la ciudad junto con su familia. Aunque no recordamos su apellido, don Luis solía contar que había llegado a San Luis siendo un niño. Cuando llegó, su padre había emprendido un negocio en la ciudad.

Don Luis también tenía un hermoso rancho en la región de la Guasteca Potosina, cerca de una ciudad llamada Río Verde. Un día, nos invitó a visitar su rancho, que era realmente espectacular. En el rancho, había una gran variedad de animales, incluyendo ganado bovino y cebú en gran cantidad, típico de esa región. Además, la zona estaba rodeada de una exuberante vegetación, parecida a una jungla, que albergaba una diversidad de animales silvestres, como venados e incluso, en ocasiones, leopardos.

La región era impresionante, como todas las selvas de México, que se dividen en tres: la Tamaulipeca, la Potosina y la Veracruzana. Durante nuestra visita al rancho, disfrutamos de una deliciosa carne asada, la cual decían que provenía de un venado que habían cazado recientemente. La experiencia nos permitió conocer también a la esposa de don Luis, y fue un momento enriquecedor durante nuestra permanencia en San Luis Potosí.

Don Luis era un hombre de apariencia distinguida y estaba acompañado de sus dos hijos, quienes parecían tener alrededor de 11 y 12 años. Era un caballero afable y sociable, y desde el principio entabló una conversación animada con mi madre.

Más tarde, después de haber disfrutado juntos de una comida, mi padre le preguntó a don Luis sobre un tema que había despertado nuestra curiosidad. Queríamos escuchar de primera mano la dramática historia de cómo había experimentado la muerte y la posterior resurrección. Mi padre ya nos había adelantado algunos detalles, pero queríamos conocer la historia completa.

Don Luis comenzó su relato explicando que cuando era un joven de unos 19 o 20 años, todavía vivía en casa con su padre y dos hermanas, una más joven que él y otra mayor que él por unos 5 años. Su madre había fallecido, y en ese momento, una epidemia asoló la región. La causa de esta epidemia se debía a razones que aún hoy resultan misteriosas.

La historia de cómo don Luis "se murió y revivió" nos dejó atónitos, y estábamos ansiosos por escuchar todos los detalles que él tenía para compartir. Era un relato que prometía ser asombroso y misterioso.

El desafío de la epidemia: La increíble historia de y asombro de don Luis

En medio de la crisis provocada por la epidemia, la historia de don Luis, quien vivía en una época donde la fiebre amarilla azotaba sin piedad, emerge como un relato increíble de resiliencia y asombro. En aquellos días oscuros, donde los cementerios se veían abrumados por la cantidad de difuntos, su vida tomó un giro inesperado.

Don Luis, un hombre joven de alrededor de 19 o 20 años en ese momento, aún residía en la casa de su padre junto a sus dos hermanas. La epidemia se propagó con ferocidad, cobrando numerosas vidas y llevando a la saturación de los cementerios en México y más allá, incluyendo los Estados Unidos. En este contexto desolador, don Luis también fue víctima de la enfermedad.

Según su relato, la fiebre amarilla lo afectó de manera tan intensa que finalmente sucumbió a la enfermedad. Con su padre y sus dos hermanas llorando inconsolablemente, don Luis se convirtió en el único varón de la familia. La hermana mayor, abrumada por la responsabilidad, también enfermó gravemente debido a la angustia.

La noche oscura se cernía sobre el cementerio, y al amanecer, cuando llevaron el cuerpo de don Luis para su sepelio, se encontraron con una escena inusualmente abrumadora. El cementerio estaba abarrotado de personas fallecidas, y no quedaba espacio para enterrar a los nuevos difuntos. El encargado del lugar les indicó que debían colocar su tumba sobre otra preexistente debido a la falta de espacio, una escena que simbolizaba la magnitud de la tragedia.

La historia de don Luis se vuelve aún más asombrosa cuando relata su experiencia después de ser colocado en el ataúd sobre la tumba. En medio de la oscuridad de la noche, casi al amanecer y con un frío intenso, experimentó lo impensable: volvió a la vida. Abriendo sus ojos en la penumbra, se dio cuenta de que aún estaba con vida. Su historia es un testimonio de la fragilidad de la vida y la capacidad del ser humano para superar circunstancias aparentemente insuperables.

La increíble historia de don Luis nos recuerda la importancia de la esperanza, la fe y la resistencia en tiempos de adversidad, así como la capacidad del espíritu humano para superar incluso las pruebas más desafiantes.

La historia de don Luis se torna aún más extraordinaria cuando relata su experiencia después de ser colocado en el ataúd sobre la tumba preexistente. En medio de la oscuridad, con el amanecer aún lejano y el frío de la madrugada, ocurrió lo impensable: don Luis volvió a la vida. Abriendo los ojos en medio de la penumbra, se dio cuenta de que seguía con vida. Su resurrección fue un testimonio conmovedor de la fragilidad de la existencia humana y la capacidad de superar circunstancias inimaginables.

La asombrosa historia de don Luis nos recuerda la importancia de la esperanza, la fe y la resistencia en tiempos de adversidad. Su regreso de entre los muertos es un recordatorio de que, a veces, la vida puede ofrecernos milagros inesperados que desafían toda lógica.

Cuando su hermana abrió la tapa del ataúd para despedirse de él, quedó atónita al ver el semblante pálido y cadavérico de don Luis. Su rostro reflejaba el peso de la enfermedad, y había perdido una cantidad significativa de peso. La escena era conmovedora y escalofriante a la vez. Don Luis, quien parecía muerto, abrió los ojos y trató de comunicarse con su hermana. Sin embargo, sus palabras apenas salieron de sus labios antes de que volviera a perder el conocimiento.

La hermana, sobresaltada por este inesperado retorno a la vida, llamó a su otra hermana para que la ayudara. La segunda hermana llegó corriendo y quedó igualmente asombrada al ver a don Luis en el ataúd. Mientras intentaban comprender lo que sucedía, don Luis recuperó la conciencia por un breve momento, lo suficiente como para decirles que seguía con vida. Sin embargo, su apariencia, con el rostro demacrado y sin fuerzas, dificultaba creerle.

La familia, llena de emociones encontradas, intentó despertar a la hermana mayor, quien estaba profundamente dormida y parecía no responder a sus esfuerzos. Después de varios intentos fallidos, decidieron buscar ayuda médica para entender lo que estaba sucediendo.

Don Luis, aún débil pero vivo, se vistió apresuradamente y se dirigió en busca de un médico. La luz del amanecer revelaba un nuevo día y una segunda oportunidad para él. La historia de don Luis, un hombre que desafió la muerte y regresó de entre los difuntos, es un testimonio de la fragilidad de la vida y la capacidad de la esperanza para superar incluso las situaciones más sombrías.

La presa que desencadenó una tragedia: San Luis Potosí en peligro

En la tranquila ciudad de San Luis, un evento trascendental sacudió la vida de sus habitantes y dejó una huella imborrable en la memoria colectiva. Corría el año 1949, cuando la comunidad fue testigo de un trágico suceso que había ocurrido muchos años atrás, un desastre que involucró la ruptura de una presa en plena madrugada.

La presa, ubicada al oeste de San Luis, había retenido sus secretos durante mucho tiempo. Sin embargo, en esa fatídica madrugada, cedió bajo la presión del agua y se desató una avalancha que parecía provenir de un mundo desconocido. Las aguas, furiosas y despiadadas, avanzaron rápidamente hacia un barrio de modestas viviendas, donde la mayoría de las personas aún dormían, ajenas al peligro que se cernía sobre ellas.

La avalancha, con una altura de casi diez metros, avanzó silenciosamente mientras la gente dormía plácidamente en sus hogares. El estruendo ensordecedor de la colisión de las aguas con las casas finalmente despertó a la población, sumiéndose en un estado de confusión y miedo. El caos se apoderó de las calles, y aquellos que tenían niños o personas mayores a su cuidado se vieron especialmente afectados. Muchos de ellos perdieron la vida, víctimas de la avalancha que los arrastró sin piedad.

Aquellos que sabían nadar intentaron valientemente sobrevivir, mientras otros buscaban refugio en los techos de sus casas, luchando por mantenerse a salvo. Cuando finalmente la avalancha retrocedió, la ciudad se sumió en un silencio sobrecogedor. La tragedia dejó un rastro de destrucción y pérdida que la comunidad no podría olvidar fácilmente.

El número de víctimas era incierto, ya que muchos cuerpos quedaron atrapados o fueron arrastrados por las aguas. La ciudad, conmovida por la magnitud de la catástrofe, se movilizó para ayudar a los sobrevivientes, rescatar a los atrapados y recuperar los cuerpos de los fallecidos.

La llegada del amanecer no trajo consigo el alivio esperado. La ciudad se encontraba en un estado de conmoción, mientras la comunidad se esforzaba por rescatar a los sobrevivientes y recuperar los cuerpos de los fallecidos. El recuento final de víctimas permaneció incierto, pero la magnitud de la tragedia quedó grabada en la memoria de todos.

Las voces críticas no tardaron en hacerse oír, señalando a la ciudad y su aparente falta de previsión como responsables de la catástrofe. Se preguntaba por qué no se habían consultado a ingenieros expertos antes de la construcción de la presa, o si acaso había sido un acto de negligencia por parte de aprendices inexpertos.

Este trágico suceso, conocido por pocos, se ha perdido en las páginas de la historia de San Luis Potosí. Sin embargo, sirve como recordatorio de la fragilidad de la vida y la importancia de tomar decisiones responsables cuando se trata de la infraestructura que afecta a una comunidad entera.

El accidente de mi primo Silviano: Un giro peligroso

En la sinuosa carretera, donde el peligro se escondía en cada curva pronunciada, mi primo Silviano se encontraba en un viaje que cambiaría su destino para siempre. El camión de pasajeros que conducía se enfrentaba a un desafío desalentador, una curva traicionera que pronto se convertiría en el escenario de un accidente.

El destino, con su misterioso designio, tenía otros planes para Silviano en ese fatídico día. Mientras navegaba por la peligrosa curva, los frenos del camión comenzaron a fallar, y la situación se tornó caótica en cuestión de segundos. Silviano luchó con todas sus fuerzas para mantener el control del vehículo, pero la fuerza de la curva y la falla en los frenos conspiraron en su contra.

El camión se deslizó irremediablemente fuera de la carretera y se precipitó hacia una pequeña barranca. San Luis, con su característico entorno de nopales espinosos, presenció el dramático suceso. La gente que viajaba en el camión gritó en medio de la confusión y el miedo que se apoderó de todos.

Sin embargo, la suerte le sonrió a Silviano en ese momento crítico. El camión se detuvo en un montón de nopales, evitando un desenlace aún más trágico. A pesar del susto inicial y los heridos en el camión, la tragedia pudo haber sido aún mayor si el vehículo hubiera caído en una barranca más profunda.

Silviano, en un acto de valentía y determinación, se dio cuenta de que no podía quedarse atrapado en el camión. Con determinación, rompió la ventana a patadas y encontró una vía de escape a través de los espinosos nopales. Pero, ¡imaginen cuántas espinas atravesaron su cuerpo en ese desesperado intento! El dolor de las espinas clavándose en su piel fue un precio pequeño a pagar por su supervivencia.

Cuando finalmente logró salir del camión, se encontró con otro vehículo de la misma línea que había llegado al lugar del accidente. Sin perder tiempo, subió a toda prisa para evitar represalias y garantizar que la noticia llegara lo más rápido posible a las autoridades de tránsito.

Silviano regresó a San Luis, donde lo esperábamos con preocupación. Su apariencia estaba lejos de ser la misma. Los arañazos y espinas que cubrían su cuerpo lo hacían parecer un ser espinado. Su caminar era incierto, como el de alguien que ha enfrentado una prueba extrema.

Después de este incidente, Silviano cambió su rol en la empresa de camiones. Dejó de ser chofer y ascendió a inspector, un puesto que no lo exponía al peligro constante de la carretera.

Aunque Silviano se libró ileso de ese episodio, no pudo evitar sentir tristeza por las familias que perdieron a sus seres queridos en el accidente. La vida, a veces, nos muestra su lado más frágil y vulnerable, recordándonos que cada día es un regalo que debemos apreciar.

Cena de mi tío Eulogio: Amistad y anécdotas

Una noche en San Luis, mientras el bullicio de la ciudad cedía ante la oscuridad, tres grandes amigos se reunieron en la oficina de boletos. Roberto, apodado "el Quemado", quien anteriormente había sido chofer, ahora trabajaba en la oficina. Junto a él estaba mi tío Eulogio, ocupado en la tarea de recaudar los pasajes de quienes subían al camión en su recorrido por los pequeños pueblos. Completando el trío se encontraba don Santiago Padilla, quien dejaba el turno de la tarde.

Aquella velada fue especial, llena de risas y anécdotas compartidas. Los tres amigos se divertían recordando un día en particular cuando llegaron a San Luis a bordo de su camión. Tras finalizar su jornada, solían dirigirse a una vecindad amplia donde abundaban las habitaciones disponibles para los viajeros. La dueña de este lugar era una encantadora mujer llamada Josefina, cariñosamente apodada "Chepina".

Chepina se encargaba personalmente de recibir a los huéspedes y ofrecía una hospitalidad excepcional. En su cocina, una talentosa cocinera preparaba comidas deliciosas que deleitaban a todos los que tenían el privilegio de probarlas.

Aquella noche, "el Quemado" y mi tío Eulogio llegaron a la vecindad acompañados de don Santiago, quien había llegado temprano. La atmósfera estaba llena de alegría y camaradería, y los amigos compartieron risas mientras disfrutaban de una comida deliciosa.

Cuando llegaron a la cenaduría, se encontraron con la grata sorpresa de que aún quedaba un poco de "pozole". Chepina les dijo que tenía suficiente para servirles a todos. Los platos eran generosos, como acostumbraba en ese lugar, y se llenaron con el delicioso pozole acompañado de tostadas, ya que en esa cenaduría sabían que el pozole se disfrutaba mejor con tostadas en lugar de tortillas.

Don Santiago y "el Quemado" quedaron satisfechos con sus porciones, pero mi tío Eulogio, conocido por su apetito insaciable, aún tenía hambre. Con su característico entusiasmo, preguntó si quedaba más pozole. La cocinera le informó que tenía un poco más, pero que ya no quedaba carne, sólo dos lenguas grandes.

Sin importarle la falta de carne, Eulogio respondió con decisión: "Póngalo todo, incluso sin carne". Así, continuó disfrutando de su plato de pozole con las dos lenguas grandes mientras don Santiago y "el Quemado" compartían anécdotas y conversaciones amenas.

Cuando Eulogio terminó su segundo plato de pozole, todos estaban asombrados por su apetito voraz. Se prepararon para irse, pero Eulogio les dijo que esperaran un momento, ya que aún tenía un poco de hambre. La noche continuó con risas y anécdotas, y Eulogio no dejó de sorprender a todos con su capacidad para disfrutar de la comida.

Decidieron quedarse y pidieron unas cobijas para tenderse en el suelo del espacioso comedor. Rápidamente, comenzaron a acomodarse, con "el Quemado" y yo tendiendo colchonetas en el suelo. La mesa, que era más cómoda, fue dejada para Eulogio, quien tenía la intención de disfrutar de su comida con tranquilidad antes de descansar.

La hora avanzaba, y ya era de noche cuando finalmente se acomodaron para dormir. Sin embargo, el sueño se les escapaba debido a la incertidumbre sobre si Eulogio se congestionaría después de comer tanto pozole. Eran alrededor de las 2 de la mañana cuando finalmente cerraron los ojos.

Pero la tranquilidad duró poco. Eulogio, que había disfrutado del pozole con gran entusiasmo durante la cena, comenzó a roncar ruidosamente. Se levantaba, se acostaba y se levantaba nuevamente con desesperación. Emitía ruidos que parecían truenos, lanzando los granos de pozole con tal fuerza que rebotaban en las paredes y el techo. La luz del foco que provenía de la cocina iluminaba la escena, y todos los presentes observaban con asombro mientras esperaban el momento en que Eulogio se congestionaría.

Le despertábamos de vez en cuando para asegurarnos de que estuviera bien. Sin embargo, él sólo murmuraba en su sueño, y mientras tanto, el amanecer se acercaba.

Cuando finalmente decidimos despertarlo, ya era de día. Le llamamos, "Eulogio, Eulogio", y cuando finalmente abrió los ojos, nos miró sorprendido. Había pasado la noche roncando sin darse cuenta de la diversión y las preocupaciones que había causado entre nosotros.

Fue una noche de camaradería y sabores, donde la hospitalidad de Chepina y la buena comida se unieron para crear un recuerdo especial en la vida de estos amigos. La cenaduría de Chepina se convirtió en el escenario de una velada inolvidable, donde la amistad y el pozole se disfrutaron al máximo.

El cierre de una cena inolvidable

La luz del amanecer comenzaba a iluminar la habitación, y mi tío Eulogio nos lanzó una mirada intrigante, preguntándonos de manera descarada: "¿Será ya hora de ir al menudo?". Don Santiago y el Quemado continuaron su conversación, entre risas, como si nada hubiera sucedido.

Mi padre y yo nos quedamos sorprendidos por la propuesta de Eulogio. Después de habernos mantenido despiertos toda la noche con sus ronquidos, parecía que tenía un estómago sin fin. Nos preguntábamos si ya era hora de disfrutar de un buen plato de menudo.

La cena de mi tío Eulogio se convirtió en un tema recurrente de conversación, y cada vez que recordábamos esa noche, no podíamos evitar reírnos. Aquella cena se convirtió en una anécdota que nos brindó diversión durante mucho tiempo.

Y así concluye esta parte de mi relato sobre nuestra permanencia en San Luis Potosí. Aunque fue un período relativamente corto, alrededor de seis meses o tal vez un año, nunca olvidaré la agradable experiencia que vivimos allí.

Mi deseo era quedarme más tiempo, pero las circunstancias nos llevaron a Tepatitlán, ya que mi padre fue ascendido a un mejor puesto. Pronto compartiré más sobre mi querido Tepatitlán y nuestras vivencias, algunas llenas de alegría y otras marcadas por la tristeza.

¡ADVERTENCIA!

No todo lo escrito aquí es cien por ciento verificado, pero es una recolección de memorias de individuos, libros leídos y otras formas de información colectada entre la vida de

Liborio Gutiérrez.

CAPÍTULO 27

Mis últimos pensamientos y nobleza de mi vida

Los refranes que escribo aquí, unos son míos y otros los aprendí en algún libro, los oí de alguien o de la Biblia.

Proverbios, refranes y dichos

Cuando un hombre bueno se esfuerza, el mal aparece – *Mr. Robert Ward.*

La pluma, sin duda, es más fuerte que la espada.

Nunca le preguntes a un ciego cuál es el camino correcto – *Proverbio alemán.*

La vida es una larga lucha en la oscuridad – *Lucretius.*

El amor es quizá el único brillo que vamos a tener en la eternidad – *Helen Hayes.*

El amor hace que alargue el tiempo juntos.

Le pido a Dios que la diferencia entre nosotros nunca llegue – *Gladys Taber.*

El dardo de Cupido duele más cuando sale que cuando entra.

Mientras tengas una ventana, la vida existe.

Los altos resultados de la educación son la tolerancia.

El hombre es más duro que el hierro, más fuerte que una roca y más frágil que una rosa – *Proverbio Turkses.*

Una lengua filosa y una mente opaca siempre se encuentran en la misma cabeza.

El precio de la grandeza es la responsabilidad – *Winston Churchill*.

¿Qué es Política? Política es saber explicar lo que se prometió y no se cumplió – *Winston Churchill*.

Mis grandes aspiraciones son un desafío para intentar lo imposible – *Albert A. Michelson*.

Muchas veces la gente me ha ladrado, pero nunca me ha tumbado y sigo – *Liborio Gutiérrez*.

El carácter de un hombre se enseña en su perseverancia – *Heraclitus*.

Sin amor, la vida no tiene ningún sentido.

La experiencia en la vida se logra a base de errores corregidos.

En mi principio nace mi fin; si no tienes principio, tampoco tienes fin.

Para lograr realzar las cosas más importantes de la vida, es la puerta de la sabiduría – *Bertrand Russell*.

Honestidad es el primer capítulo en el Libro de la "Sabiduría" – *Presidente Thomas Jefferson*.

Me gustan más los sueños del futuro que la historia del pasado – *Presidente Thomas Jefferson*.

Más allá de la imaginación está Dios – *Américo Vespucio*.

Siempre hay un héroe dormido en cada alma – *Martin Luther King, USA*.

El que tenga el derecho a criticar, tiene que tener el corazón para ayudar – *Abraham Lincoln*.

El respeto al derecho ajeno es la paz – *Benito Juárez, Presidente de México*.

No preguntes qué puede hacer la patria por ti, pregunta mejor qué puedes hacer tú por tu patria – *Presidente John F. Kennedy*.

Prefiero Morir de Pie que Vivir Siempre de Rodillas – *Emiliano Zapata, San Antonio, Texas.*

El hambre es la mejor salsa del mundo – *Miguel de Cervantes.*

El mejor regalo que les puedes dar a tus nietos son las raíces de responsabilidad y las alas de independencia – *Denis Waitley.*

La experiencia en la vida se logra a base de errores corregidos – *Liborio Gutiérrez.*

Cualquiera que tenga la habilidad de ver el mundo bonito nunca se hará viejo – *Franz Kafka.*

Al que le guste matar, tiene que estar listo para morir – *Mr. Robert Ward.*

Para ser una estrella, tienes que brillar con tu propia luz, seguir tu propia vereda y no preocuparte por la oscuridad – *Autor desconocido.*

Un hombre con coraje es una mayoría – *Andrew Jackson.*

Toda persona debe tener un niño, plantar un árbol y escribir un libro – *Proverbio chino.*

Trabaja como si no necesitaras dinero, ama como si nadie te hubiera herido, y baila como si nadie te estuviera viendo.

Para que seas un hombre respetable y que te respeten, tienes que respetar a los demás. El respeto es una luz que brilla sobre ti cuando haces las cosas bien. O también puedes ser una estrella brillante con mucha luz en la vida de otros – *Willie Johnson.*

La amabilidad es la cadena de oro que une a la sociedad en buena armonía.

Cuando aceptamos nuestros errores, somos capaces de superarnos.

A los habladores se les va toda la fuerza por la boca – *Autor desconocido.*

Evita que se creen problemas para no recibir castigos – *Confucio.*

Quien no castiga el mal, ordena que se haga – *Leonardo da Vinci.*

Las mentes son como un paracaídas, funcionan únicamente cuando están abiertas. Tenga su mente abierta para que comprenda lo que es difícil comprender y así no cause mellas irreparables – *Autor desconocido, San Antonio, Texas.*

Nada en el mundo es más peligroso que la ignorancia y la estupidez – *Martin Luther King.*

El castigo empieza cuando el pecado se comete – *Autor desconocido.*

Nadie aguanta un cañonazo de diez mil pesos – *General Álvaro Obregón, 1920.*

La belleza no se descubre con los ojos, sino con el corazón – *Autor desconocido.*

La felicidad no es algo que se regala, es algo que se consigue – *Autor desconocido.*

La belleza en la vida está escondida en los pequeños detalles – *Autor desconocido.*

Bueno es que azuza ratones para que no se sepa quién se come el queso.

La vida es un problema para ser resuelto, pero un misterio para vivirla.

El sabio nunca dice lo que piensa, pero sí piensa lo que dice.

La ignorancia y la mala comprensión son manantiales del mal humor.

Es tanta la ligereza que a los malvados les parece que todo les sale bien – *Víctor Hugo.*

La paciencia es un árbol de raíces amargas.

La idiotez es una enfermedad estandarizada; lo malo es que a ellos no les afecta, pero hacen sufrir a todos los que los rodean.

No pretendas resolver una inundación con agua, ni trates de apagar un incendio con fuego – *Confucio*.

La mente es la casa de un gran tesoro.

La memoria es un tesoro y guardián de todas las cosas.

Haz lo mejor en cada momento porque ese momento ya nunca volverá.

Un genio es un hombre con dos ideas – *Jacob Bronowski*.

No es una grandeza cuando no hay simplicidad, bondad y verdad – *León Tolstói*.

Cuando la duda te provoque coraje, ten calma y piensa primero para que no tengas una posible equivocación – *Liborio Gutiérrez*.

Tú no puedes poner una gran esperanza en un alma pequeña – *Jan Smith*.

No hay secreto para el éxito; es el resultado de la preparación, el trabajo duro y aprender del fracaso – *Colin Powell*.

La malicia descubre la lógica y las dos fortalecen la inteligencia – *Liborio Gutiérrez*.

El triunfo es conseguir lo que tú has deseado y encadena con alegría lo que todos has logrado – *Liborio Gutiérrez*.

Bueno es siempre lo Bueno y lo Malo es siempre lo Malo – *Liborio Gutiérrez*.

Una fotografía vale sin duda mil palabras – *Fred Barnard*.

La mejor cosa sobre los animales es que ellos no hablan mucho – *MG Thornton Wilder*.

Una vida no es importante excepto por el impacto que tengas en los demás – *Jackie Robinson*.

Estos refranes y citas reflejan los resultados de la preparación, el trabajo duro, y lo que se ha aprendido en las derrotas. Esto no es un secreto sensacional.

Este es un proverbio de un amigo de EE. UU.

> In your life, three things you got to do:
> Do the right thing.
> Do your best.
> Treat people with respect.

Robert Ward

Y también incluye otras tres cosas:

> The love of God.
> Be humble.
> Do everything you do with love for others.

Liborio Gutiérrez

En la vida, tres cosas debes hacer para vivir sin preocupación y problemas:

> Haz las cosas correctas.
> Hazlas lo mejor que puedas.
> Trata a todas las personas con respeto.

Y también incluye otras tres cosas:

> El amor a Dios.
> Sé humilde en tu vida cotidiana.
> Haz con amor todas las cosas que hagas para los demá

Mis alimentos

Dios bendito, Padre de Jesucristo, Rey del Universo,

Tú, que alimentas al mundo con tu bondad y provees para todas tus criaturas.

Señor, te agradecemos por tu gran nombre y tu poder.

Gracias por brindarnos alimento.

www.ingramcontent.com/pod-product-compliance
Lightning Source LLC
Chambersburg PA
CBHW032026290426
44110CB00012B/689